博士后文库

中国博士后科学基金资助出版

基于商业生态的移动制造服务理论与技术

张 卫 石涌江 顾新建 唐任仲 潘晓弘 著

科学出版社
北 京

内 容 简 介

本书结合商业生态系统宏观理论和移动互联网微观技术，针对制造与服务融合的目标，提出移动制造服务理论框架，主要包含移动制造服务需求的价值挖掘、移动制造服务模块的生态控制和移动制造服务系统的生态演化等。本书尝试从整体角度，以生产性服务和制造服务化为对象，构建移动制造服务的三个主体，即服务企业、制造企业和终端用户之间的制造服务运作环境，同时建立移动制造服务基于商业生态系统随时随地运作的理论和技术体系。

本书可作为从事先进制造领域研发和工程应用的科技人员、高校院所的研究人员的技术参考书，也可作为机械工程、工业工程、管理科学与工程等相关专业本科生及研究生的教学辅助资料。

图书在版编目(CIP)数据

基于商业生态的移动制造服务理论与技术/张卫等著 .—北京：科学出版社，2016.6

(博士后文库)

ISBN 978-7-03-048379-9

Ⅰ.①基… Ⅱ.①张… Ⅲ.①制造工业—服务经济—研究 Ⅳ.①F407.7

中国版本图书馆 CIP 数据核字（2016）第 115084 号

责任编辑：陈　婕 / 责任校对：张凤琴

责任印制：张　伟 / 封面设计：陈　敬

科 学 出 版 社 出版

北京东黄城根北街 16 号

邮政编码：100717

http://www.sciencep.com

北京凌奇印刷有限责任公司 印刷

科学出版社发行　各地新华书店经销

*

2016 年 6 月第 一 版　开本：720×1000 B5

2020 年 5 月第二次印刷　印张：12 3/4

字数：250 000

定价：88.00 元

(如有印装质量问题，我社负责调换)

《博士后文库》序

博士后制度已有一百多年的历史。世界上普遍认为，博士后研究经历不仅是博士们在取得博士学位后找到理想工作前的过渡阶段，而且也被看成是未来科学家职业生涯中必要的准备阶段。中国的博士后制度虽然起步晚，但已形成独具特色和相对独立、完善的人才培养和使用机制，成为造就高水平人才的重要途径，它已经并将继续为推进中国的科技教育事业和经济发展发挥越来越重要的作用。

中国博士后制度实施之初，国家就设立了博士后科学基金，专门资助博士后研究人员开展创新探索。与其他基金主要资助“项目”不同，博士后科学基金的资助目标是“人”，也就是通过评价博士后研究人员的创新能力给予基金资助。博士后科学基金针对博士后研究人员处于科研创新“黄金时期”的成长特点，通过竞争申请、独立使用基金，使博士后研究人员树立科研自信心，塑造独立科研人格。经过30年的发展，截至2015年年底，博士后科学基金资助总额约26.5亿元人民币，资助博士后研究人员5万3千余人，约占博士后招收人数的1/3。截至2014年年底，在我国具有博士后经历的院士中，博士后科学基金资助获得者占72.5%。博士后科学基金已成为激发博士后研究人员成才的一颗“金种子”。

在博士后科学基金的资助下，博士后研究人员取得了众多前沿的科研成果。将这些科研成果出版成书，既是对博士后研究人员创新能力的肯定，也可以激发在站博士后研究人员开展创新研究的热情，同时也可以使博士后科研成果在更广范围内传播，更好地为社会所利用，进一步提高博士后科学基金的资助效益。

中国博士后科学基金会从2013年起实施博士后优秀学术专著出版资助工作。经专家评审，评选出博士后优秀学术著作，中国博士后科学基金会资助出版费用。专著由科学出版社出版，统一命名为《博士后文库》。

资助出版工作是中国博士后科学基金会“十二五”期间进行基金资助改革的一项重要举措，虽然刚刚起步，但是我们对它寄予厚望。希望通过这项工作，使博士后研究人员的创新成果能够更好地服务于国家创新驱动发展战略，服务于创新型国家的建设，也希望更多的博士后研究人员借助这颗“金种子”迅速成长为国家需要的创新型、复合型、战略型人才。

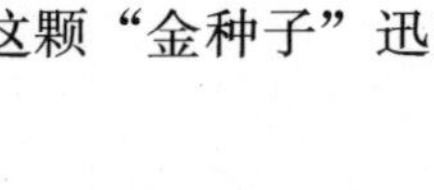

中国博士后科学基金会理事长

《博士后文库》序

前　言

物联网、云计算和大数据等新兴技术的逐步应用给制造业信息化带来了新的机遇，同时对于更加复杂的制造服务也提供了有力的技术支持。为了解决制造与服务的融合，可以在移动互联网环境中基于商业生态系统研究制造服务运作，从而更好地在制造企业、服务企业和终端用户之间实现制造服务资源的智能化应用，促进中国制造业走出大而不强的困境。本书结合国家自然科学基金、中国博士后科学基金特别资助和浙江省博士后科研择优资助等项目，对移动制造服务需求价值挖掘、移动制造服务模块生态控制、移动制造服务系统生态演化等移动制造服务理论与技术进行了深入研究。

本书构建了移动制造服务的理论体系，主要内容包括如下四个部分。第 1 章主要介绍本书的研究背景和主要研究内容阐述。第 2 章、第 3 章主要介绍理论框架构建与制造服务运营模式刻画，通过商业生态系统理论和移动互联网技术综述，界定制造服务与移动制造服务内涵，提出基于商业生态的移动制造服务的理论与技术体系框架，建立基于一切即服务的移动制造服务基本运营模式，并探讨了几种典型的移动制造服务变异运营模式，还提出生产性服务与制造服务化的运营模式和信息化方法。第 4 章、第 5 章、第 6 章是本书的重点部分，主要介绍移动制造服务三方面的核心技术体系的建立，针对移动制造服务需求，提出了一组基于企业价值理论和数据挖掘技术相结合的移动制造服务需求价值挖掘技术方法；针对移动制造服务模块，提出了一种基于生态位理论和模块化技术相结合的移动制造服务模块生态控制技术方法；针对移动制造服务系统，提出了一套基于企业生态理论和系统演化技术相结合的移动制造服务系统生态演化技术方法。第 7 章为总结与展望，简要指出移动制造服务的核心技术、研究难点以及应用前景。

本书是在石涌江、顾新建、唐任仲、潘晓弘等教授的指导下完成的，凝聚了导师们的观点和方法，也包含了作者在博士和博士后以及访问学者期间的研究成果。作者自 2008 年起致力于制造服务领域研究，结合制造业信息化与工业工程背景，从多学科角度考察制造服务的本质与运作，分别尝试了制造服务链、制造服务信息化、第四方制造服务运营环境等多个视角研究，取得关于制造服务的初步认识。针对制造服务的运作环境，考虑商业生态系统和移动互联网技术，提出移动制造服务的概念，通过项目实践和理论思考，逐步建立起制造与服务融合的理论体系。

本书内容也来源于国家自然科学基金项目（51205353）、中国博士后科学基金特别资助项目（2013T60586）、浙江省博士后科研择优资助项目（BSH1202053，BSH1402022）等的研究成果，并受益于国家自然科学基金项目（71571161、51175463、51175464）、国家“863”高科技研究发展计划资助项目（2013AA041304，2011AA040601，2015AA042102）、国家科技支撑计划资助项目（2013BAF02B10）等，十分感谢这些项目的资助。本书第一作者单位为浙江师范大学，第二作者单位为剑桥大学，其余作者单位为浙江大学，特别感谢浙江师范大学工学院鄂世举教授的大力支持，以及王冬云、田景红等同事的热心帮助。

制造服务研究是一个多学科交叉领域，相关研究还不成熟，并且对于制造服务本身内涵认识还处于初步阶段，国外学者从定性角度以公司案例确定制造服务性质是较好的研究方法，国内专家从企业角度以解决方案实现制造服务应用也是较好的研究思路。本书只是探索和尝试将生产性服务和制造服务化统一起来，顶层设计一种研究框架，指导后续深入研究。鉴于作者水平和经验有限，书中难免有疏漏之处，恳请专家及读者批评指正。

张　卫

2015 年 9 月于剑桥

目　录

第1章 绪 论

制造与服务融合的问题近年受到了先进制造领域专家的普遍关注，同时也是国家制造业由大变强进程中的核心问题之一。专家们的关注点在生产性服务和制造服务化两方面，且更多关注的是将二者集成的服务型制造模式。研究表明，服务企业通过生产性服务获得更多价值，制造企业通过服务化提升竞争力，终端用户随着产品和服务的集成供应得到更多实惠，这三方的工程实践促进了制造与服务融合，进而促进制造业的升级转型。然而，工程中三方的业务往来存在需求不统一、控制不智能、组织不及时等问题，这就需要在制造业信息化的基础上研究制造服务理论与技术，使制造服务活动产生的需求价值化、移动制造服务模块化以及制造服务系统生态化来统一配置三方的制造服务资源，使三方利益达到价值共享、资源优化和合作共赢的目的。本书基于制造和服务融合的目标，从商业生态系统和移动互联网技术角度提出移动制造服务的概念及其理论与技术体系。

1.1 研究背景

制造业与服务业的界限逐渐淡化并出现融合的趋势，制造业的产品核心正在由产品服务系统来代替，服务业的生产性服务正在制造业中获得更深入的应用。各种模式的制造服务化在工程界取得显著的成效，学术界也在深入研究服务型制造、云制造等模式的服务化技术，《中国制造 2025》战略在提出智能制造的同时，也将积极发展服务型制造和生产性服务业作为九大任务和重点之一。

1.1.1 制造服务研究的重大意义

从提出微笑曲线的制造业价值链开始，中国制造就深刻反思处于利润较低价值位的原因，尽管在制造核心技术上取得了不小的进步，但中国仍然没有实现从制造大国向制造强国转变。在众多的落后因素之中，忽视服务业作用是值得重视的因素之一。服务业在价值链上处于利润较高位，却没有引起足够的重视，直到2008年，才从国家层面改变这种局面，开始启动制造与服务融合方面的研究，制造服务的核心专注于将服务渗透到产品生命周期来获得价值增值，产品生产过程的增值空间较小，在产品前期研发和后期销售过程的增值空间较大，而且在这两个过程中，制造与服务的融合更容易实现。因此，有必要研究制造服务的内涵、作用和关键技术，以此来促进制造业与服务业的融合。

(1)制造服务是中国制造业发展战略的现实需求。中国制造是新型工业化道路的重要组成部分，新型工业化道路决定了中国制造业发展战略的内涵式发展，就是从劳动密集型向知识密集型转变。制造与服务的融合就是内涵式发展的具体措施之一，特别是面对环境和资源约束的增强，服务型制造获得了制造业战略的普遍认可。分析中国经济发展和国际工业竞争环境就可以发现，制造服务在发达国家已经广泛应用，而国内核心企业纷纷转向制造服务化的实践，这就促使制造业发展必须依赖于制造服务的推广应用。

(2)制造服务是中国制造业转型的重要途径。近年来传统制造业遇到更多的瓶颈，外部环境迫使中国制造业转型。制造服务使得制造业的价值创造获得新的提升，服务型制造成为制造业转型的主要途径，同时也是制造服务的集中反映。服务型制造不仅反映出生产性服务对于制造业的作用，也反映出制造服务化的具体实现。加快制造与服务的协同发展，推动商业模式创新和业态创新，促进生产型制造向服务型制造转变是中国制造业发展的必由之路。

(3)制造服务是中国服务业创新的关键动力。服务业在国民经济中所占比重越来越大，它提供了众多的就业岗位，特别是信息产业创新在服务业中成效显著。生产性服务是服务业的重要部分，随着生产性服务在制造业中的渗透，出现了许多的服务创新模式，如电子商务、物流服务的创新，促进了大批新兴产业的发展。在生产性服务的创新中，制造服务成为重要源泉，特别是基于制造业信息化的集成制造系统，为制造业的改造贡献巨大。随着服务创新的深入，制造服务会促进制造业中更多的应用服务模式，在价值分配过程中获取更大的收益。

1.1.2 制造服务的相关支撑技术

制造服务研究从一开始就以信息化为手段，将制造业信息化和服务业创新的理论成果结合在一起，并不断应用新兴信息技术改进制造服务的运作。比较有代表性的有服务型制造、服务工程方法、产品服务系统等，而制造服务相关支撑技术有互联网计算、大数据、云计算、物联网、面向服务架构、WEB服务、ASP模式等。

制造服务是在制造战略研究的基础上提出的。制造战略源于1969年Skinner把制造职能和企业战略相联系[1]，随后制造战略的概念体系和方法论等内容获得深入研究，并且取得大量的成果[2-24]。新技术的出现就会催生新的制造战略，新的制造战略也影响着制造业的发展。然而,以往服务业在制造业中的作用没有得到足够的重视。制造业面对的各种压力催生了制造服务[25],随着制造全球化的发展,各国的制造新战略中逐步将制造服务列入重要任务。

2006年,服务型制造由西安交通大学孙林岩教授提出[26]:作为新的生产模式,服务型制造是制造与服务相融合的新产业形态,它是服务的制造,也是制造的服务[27,28]。一方面,生产性服务企业和制造企业共同为顾客提供产品服务系统,产品全生命周期的业务流程和服务由生产性服务企业为制造企业和顾客提供;另一方面,产品制造可以应用制造企业之间相互提供工艺流程级的制造过程服务来完成[29-32]。国外对于服务型制造研究各有其名,英国称为产品服务系统,美国称为基于服务的制造,澳大利亚称为服务增强型制造,日本称为服务导向型制造等。国内对于服务型制造开展了大量研究,取得了丰富的成果,并且在《中国制造2025》中有所提及。

2004年,IBM公司提出服务科学、管理与工程(service sciences,management and engineering,SSME)的概念,试图从计算机科学角度,整合相关学科形成服务科学学科[33]。其中的服务科学研究服务系统及其自身的运作规律;服务管理研究服务需求预测、高满意度服务提供、高质量服务设计、高效率服务运作等问题;服务运作研究服务的具体执行技术;服务工程研究利用IT来支持服务系统的设计、构建和部署。2007年,哈尔滨工业大学徐晓飞教授提出一种用以刻画服务系统建模、构建与部署的服务工程概念性框架[34],该框架是可定义、可实现、可评价的服务模型驱动体系结构。同时,他们还研究了组合Web服务的价值分析方法[35]、支持大规模个性化功能需求的服务网络构建[36]、制造服务及其成熟度模型[37]、基于E3-Value的服务供应链运作管理流程和方法[38]、基于分层超图的服务价值依赖模型[39]、多层次图形化服务价值建模方法[40]、面向双边资源整合的服务创新模式[41]等。

产品服务系统(produce service system,PSS)作为制造服务化的结果,是集成产品与服务提供给终端用户的系统方案[42-44]。一般认为,产品服务系统有面向产品的PSS、面向效用的PSS、面向应用的PSS等[45,46]。剑桥大学制造研究院(Institute for Manufacturing,IfM)Evans教授的工业可持续(industrial sustainability)研究组定性研究了产品服务系统相关问题,为产品服务系统实现提供了有益参考[47-53],并在企业咨询中获得成功。国内对于产品服务系统研究也取得一些成果[54-62]。浙江大学顾新建教授等通过在杭州汽轮机、海尔家电等企业中的制造服务实践,提出了产品服务系统的共性关键技术[63],既包括面向产品服务的设计技术、产品维修服务技术、面向产品服务的用户需求挖掘技术、产品服务的人性化技术、产品服务信息采集技术等,又包括产品服务系统的组织和过程优化理论、产品服务全生命周期管理理论和方法等。西安交通大学江平宇教授对工业产品服务系统的概念及其执行逻辑进行了详细定义,并提出工业产品服务系统的分类方法[64],以及工业产品服务系统关键技术,其中关键技术主要包括工业产品服务系统生产能力建模、工业产品服务系统运作模式与过程建模、工业产品服务系统服务价值分析等。

与制造服务相关的支撑技术具体介绍如下。

1)互联网计算

20 世纪 60 年代,人工智能之父图灵奖得主 John McCarthy 提出效用计算的愿望可以通过互联网计算来表征,它是一种按需计算的能力。互联网计算是构建互联网分布式系统的相关方法、原理和理论体系,是云计算、网格计算、Web2.0、面向服务架构、软件即服务等各种计算模式的共性支撑,这些模式本质上都是互联网计算[65-68]。在互联网内利用互联网资源实现用户按需提供服务的分布式系统就是互联网分布式系统,各类互联网资源应用互联网分布式系统按需集成,并且广泛共享。互联网计算的特征主要有:满足大规模多样性的用户需求;支持资源的跨域共享与集成;支持开放环境下的可用性和可靠性保障;以面向服务为基本范型;采用“软件即服务”的部署、运营和使用模式;支持开放环境下的可伸缩性;可在线演化和动态优化等。

2)大数据

大数据(big data)是一种海量、多样化、高增长率的信息资产,这些信息资产需要新处理模式才能获取其价值[69-76]。最初,更新网络搜索索引需要同时进行批量处理或分析的大量数据集称为大数据,它用于 apache org 的开源项目 Nutch。后来,谷歌的 MapReduce 和 Google File System(GFS)发布,大数据概念包含了处理数据的速度。大数据是以容量大、类型多、存取速度快、应用价值高为主要特征的数据集合,正快速发展为对数量巨大、来源分散、格式多样的数据进行采集、存储和关联分析,从中发现新知识、创造新价值、提升新能力的新一代信息技术和服务业态。大数据技术、大数据应用、大数据科学、大数据工程等领域组成大数据的研究范围。大数据技术是从各种类型的数据中快速获得有价值信息的能力;大数据应用是将大数据分析方法用于特定环境获得价值的过程;大数据科学是指发现和验证大数据的规律及其与自然和社会活动之间的关系;大数据工程是指大数据的规划建设运营管理的系统工程。大数据的特征反映在数据体量巨大、处理速度快、数据类型繁多、价值密度低而商业价值高四个层面。2015 年 8 月 31 日,国务院印发《促进大数据发展行动纲要》,提出发展工业大数据等应用。

3)云计算

云计算(cloud computing,CC)作为一种商业计算模型,是用大量分布式计算机构成的资源池来承担计算任务的分布,并且用户可以获取计算力、信息服务、存储空间[77-83]。基础设施即服务(infrastructure as a service,IaaS)、软件即服务(software as a service,SaaS)、平台即服务(platform as a service,PaaS)是云计算的基本形式。规模超大、按需服务、服务虚拟化、可扩展性高、可靠性高、费用廉价、具有通用性等是云计算的基本特征。云计算在亚马逊、IBM、谷歌、微软、雅虎等公司都有发展:如 2008 年,两个云计算中心由 IBM 在无锡和北京建立;中国移动研究院建立的云计算实验中心内含 1024 个 CPU;世纪互联推出的 CloudEx 产品线可以提供在线存储虚拟化服务、互联网主机服务等;北京大学云计算课题组研究了云计算模式下资源的有效管理和优化等。

4)物联网

物联网(the internet of things,IOT)是物物相连的互联网,于 1999 年提出。物联网是一种智能化识别、跟踪、定位、监控和管理的网络,实现方法是利用信息传感设备来连接物品与互联网,然后进行信息交换和通信[84-97]。常见的信息传感设备有射频识别(radio frequency identification,RFID)、全球定位系统、红外感应器、激光扫描器等。物联网的概念一经提出,就获得产业界和学术界的重视,并得到深入研究,现已应用到各个领域。在互联网延伸到物联网的同时,网络化发生了质的变化,促进了信息化发展,也催生了物联网相关产业。各国在先进制造战略中都强调物联网的应用。在制造业信息化过程中,物联网将扮演重要角色。

5)面向服务的体系结构

面向服务的体系结构(service oriented architecture,SOA)是一整套企业应用构造方法和企业环境,企业应用构造方法主要是编程模型、架构风格、运行环境等,企业应用软件建设的生命周期表现为建模、开发、整合、部署、运行、管理等[98-100]。SOA 的概念于 1996 年由 Gartner 公司首先提出,它被认为是一种架构风格,是以业务驱动、面向服务为原则的 IT 架构方式。作为一个组件模型,SOA 利用接口和契约来联系应用程序的不同功能单元(称为服务)。接口独立于实现服务的硬件平台、操作系统和编程语言,具备了中立特征,可以实现异构系统之间的交互。服务化、模块化、易集成、数据标准化、灵活业务定制、用户体验良好等都是 SOA 的主要特点。SOA 为制造服务的运作提供了坚实的技术基础。

6)Web 服务技术

Web 服务(web service,WS)是模块化思想在互联网中的应用,它提高了网络环境中软构件的性能[101,102]。WS 提供具有平台无关性和松散耦合性的系统集成环境,它统一封装了数据、消息、行为以及业务逻辑流程等,作为对象或组建部署在 Web 上,用户可以在线访问 WS 来完成某种功能。WS 已经具有"一切即服务"的思想,服务的提供方和使用方相互独立,不仅可以实现企业应用的动态组合,还可以为企业应用提供粒度较小、松散的业务对接。在制造领域,企业的某些业务逻辑组件应用 WS 的形式封装成 WS 在网上发布,整合企业的业务逻辑,用户可以在线调用 WS 来满足需求。在此基础上建立的网络化制造平台大大推进了中小企业的制造业信息化。

7)应用服务提供模式

应用服务提供(application service provider,ASP)是基于软件租赁思想的应用服务模式,它利用广域网从数据中心为多个实体提供和管理应用服务[103-105]。实现方式是通过用户支付租金来在线使用平台提供的应用服务,ASP 平台以租赁方式,通过中央服务器实施、管理和远程托管套装应用软件。制造业信息化的硬件成本高昂,软件维护困难等瓶颈可以通过 ASP 模式来突破。ASP 源于美国,并在欧洲和日本等地快速发展。中国也及时跟进,国家高技术研究发展计划(863 计划)支持了多项关于 ASP 平台的网络化制造项目,且已取得了一批成果,如四川省面向汽车产业链协作 ASP 平台、重庆市以分销为主体的 ASP 协作平台、青岛市服装纺织行业进销存 ASP 平台、贵州省面向机电行业的应用服务平台、浙江省轻纺区域网络化制造系统平台等。

1.1.3　从制造服务到移动制造服务

制造服务活动是在制造业和服务业融合过程中逐步产生的,如生产性服务和制造服务化。生产性服务是服务业和制造企业互动过程中渗透到制造业的相关领域;而制造服务化是制造业和终端用户互动过程中融入服务业的相关领域。为了便于研究制造服务可以进行以下假设,服务企业是服务业中专门为制造企业提供中间性服务的企业,制造企业是从服务企业获得生产性服务并为终端用户提供制造服务化的企业,终端用户是在制造服务化过程中使用制造服务的消费者。制造服务是三类制造服务主体(服务企业、制造企业和终端用户)形成两类制造服务关系(生产性服务和制造服务化)的服务活动,也是在制造服务主体之间的价值创造和价值分配活动。

制造服务的实现是通过信息化技术支撑的。在制造业信息化的基础上,计算机集成制造系统与网络化制造都是制造服务的运作环境,为它提供了数据传输、信息共享和知识发现等功能。随着企业竞争和商业交易的频繁,制造服务需要引入商业生态系统,一方面制造服务交易不仅仅是简单的产品买卖,还涉及制造服务主体之间动态交互的服务,而且这种服务难以分析和控制,利用商业生态系统理论可以较好地实现制造服务的生态控制;另一方面有限的制造服务通过组合可以扩展制造服务资源的应用范围,而制造服务组合过程又是一个复杂系统的演化过程,利用商业生态系统理论也可以较好地实现制造服务的生态演化。因此,在制造服务研究中使用商业生态系统理论是一次有益的尝试。

相对于互联网环境,移动互联网提供了更多的可能性,使制造服务运作环境产生了新的飞跃。特别是智能手机等移动终端的普及,使得制造服务主体之间的复杂关系能够随时随地响应,制造服务主体不必局限在工作台或者车间进行制造服务活动。移动互联网环境给制造服务带来新的机遇和挑战,机遇在于制造服务的方便快捷运作,挑战在于移动制造服务的商业模式研究。在中国互联网的发展过程中,个人电脑互联网已日趋饱和,移动互联网却呈现井喷式发展。根据统计资料,截至2014年4月,中国移动互联网用户总数达8.48亿户,在移动电话用户中的渗透率达67.8%;手机网民规模达5亿,占总网民数的八成多,手机保持第一大上网终端地位。中国移动互联网发展进入全民时代。

工业和信息化部最新发布的《移动互联网产业发展报告(2014—2015)》数据显示,2014年中国移动互联网市场总规模首次突破2000亿元大关,达到2134.8亿元,同比增长115.5%,平均每天有近10万个各类移动互联应用产品,通过终端平台入口接入移动互联网。而截至目前,智能手环、血压计等智能硬件接入量,仅微信平台就已经突破2500万个,接入设备厂商近3000家,覆盖过亿人群。中国在国家"互联网+"战略的支持和鼓励下,全球移动互联网市场规模2015年接近4000亿美元,移动互联网市场仍保持近80%的高速增长,中国移动互联网及其所衍生出的互联网金融、交通旅行、在线教育等各类应用服务,已经成为推动中国新常态下经济增长的生力军,总市场规模有望突破4000亿元。

在此背景下,有必要研究基于移动互联网的移动制造服务。从制造服务到移动制造服务,制造服务主体和制造服务的关系没有改变,改变的只是制造服务的运作环境。但是移动制造服务必然产生移动互联网门槛,对终端用户很容易通过移动终端进入移动互联网环境,而服务企业和制造企业进入移动互联网环境就需要更多的技术支持。在制造业信息化基础上,随着5G技术的突破,增加移动互联网应用会变得更加容易,这就为制造服务向移动制造服务转变提供坚实基础。

制造服务本身的移动化并不复杂,只是将原来发布在互联网环境中的制造服务通过技术处理发布在移动互联网中。移动制造服务只是软件化制造服务形式上的变化,其背后的制造服务活动不变,就好像以前通过固定电话沟通,现在变成了移动手机而已。当然在商业生态系统环境中,移动制造服务更具优势,市场交易的即时信息可以通过移动互联网准确把握,复杂多变的移动制造服务关系也更容易处理。

1.2　制造服务相关理论与技术研究现状

制造服务研究是一个多学科交叉的系统工程,机械工程学科提供了产品设计与制造的核心技术以及制造系统的实现模式;计算机科学与技术学科提供了制造业信息化的核心技术以及服务工程的平台架构;管理科学与工程学科提供了服务系统运作与管理的核心技术以及制造融合服务的概念特征;其他学科也为制造服务研究提供专门知识。工程界的制造服务主要是企业针对个性化顾客需求进行服务创新,以产品服务系统改进单纯产品来实现价值增值。学术界的制造服务主要研究生产性服务和制造服务化理论。国内学者立足制造,提出现代制造服务、服务型制造、产品服务系统等概念,同时基于新兴信息技术,提出云制造、制造物联等制造服务模式。宏观层面,在美国提出振兴先进制造计划之后,德国、英国、中国等国都在近期制定了制造业发展新战略,其中也涉及制造服务的内容,为制造服务研究提供了明确的导向。

1.2.1　生产性服务与制造服务化

国外制造服务研究从 20 世纪 60 年代开始,先是生产性服务研究,而后出现了对应的制造服务化研究。21 世纪初,国内研究服务业的学者开始关注并将生产性服务概念引入国内,同时也引入了制造服务化概念。

1. 生产性服务

生产性服务是服务业中和制造业互动的服务活动,这种服务活动不针对终端用户,具有中间需求性。银行和金融、中介服务、通信服务、咨询策划、专业服务、商业服务等都属于生产性服务,生产性服务内涵广泛,还没有确切的定义来描述。生产性服务具有服务的基本性质,同时也具有一些显著的特征,如生产性服务具有可贸易性;生产性服务的产业关联性强;生产性服务依赖知识和人力资本;生产性服务中间投入性强等。生产性服务是制造与服务融合的重要桥梁,一方面,制造业的分工深化和升级换代依赖于生产性服务;另一方面,服务业的改善投资环境和低成本高效率交易也依赖于生产性服务。

生产性服务的概念最早由美国经济学家Greenfield于1966年提出[106]，是为了方便研究服务业及其分类。他强调生产性服务为生产和商务活动提供服务，并将这种特征称为中间投入服务，这种服务对象不包括最终消费者。后来针对服务业的分类，Healey和Ilber提出将服务业分为消费性服务和生产性服务[107]。生产性服务为其他公司提供服务的概念由Howells和Green提出[108]。生产性服务可以提高生产过程不同阶段产出价值和运动效率[109]，它的内涵也包括办公清洁、货物储存与分配、科学服务等[110]。弹性生产方式由Coffey和Bailly提出，用于研究生产性服务业的增长和区位间关系[111]。Harrington提出英国生产性服务业还包括信息技术服务、就业增长相关服务等[112]。这可以界定出生产性服务内容之一是制造业信息化服务[113]，它可以为制造企业提供中间产品。1990年，Goe提出制造部门是西方发达国家应用生产性服务的主要部门[114]，这种观点逐渐适用于中国，生产性服务将为制造业提供重要支持，也是制造服务研究的重要对象。另外，国外对于生产性服务的内涵提出了各种观点[115-117]，值得借鉴。

国内关于生产性服务的研究起步较晚，中山大学李江帆团队在第三产业研究基础上[118]，最先引入国外生产性服务概念[119,120]，其中毕斗斗等研究了生产性服务的演变与发展[121-123]。甄峰从地理经济学角度综述了西方生产性服务研究[124]，吕政提出了中国生产性服务的战略选择[125]。更多学者的研究集中在生产性服务与制造业关系方面[126-132]，从分工和竞争力两个视角研究生产性服务业与制造业互动的机制。从产业层面看，生产性服务能够提高经济效益，促进经济分工，增加就业等；从企业层面看，生产性服务能够支持创业，提高企业竞争能力，降低企业成本等。需求遵从论、互动论、供给主导论、融合论是制造业与生产性服务业之间关系的主要形式。

(1)需求遵从论主张生产性服务应该遵从制造业，制造业是生产性服务的基础和前提，生产性服务是制造业的附属品。这种观点关注制造业扩张过程中引起的服务需求，这种服务需求映射到生产性服务，促进生产性服务的发展。

(2)互动论主张生产性服务与制造业相互依赖、相互作用，不存在主次关系，而是共同发展的互动关系。一方面，制造业扩张导致生产性服务需求的增加，制造企业生产率会提高；另一方面，生产性服务增长也导致制造业的中间投入增加，服务企业竞争力会增强。

(3)供给主导论主张生产性服务的重要性更大。生产性服务是制造业的基础和前提，制造业由生产性服务影响。这种观点关注生产性服务优势，生产性服务水平决定制造企业的竞争能力。

(4)融合论主张生产性服务和制造业应该统一起来运作。由于工业化和信息化的深度融合,生产性服务和制造业之间的边界逐渐模糊,趋向融合。

以上四种观点是不同阶段的相对认识,互动论与实际比较相符,需求遵从论和供给主导论是强势企业立足自身的阶段性选择,融合论是产业演变的趋势。针对生产性服务和制造业的融合深化了生产性服务研究,更能促进制造与服务的融合。

2. 制造服务化

制造服务化是将制造企业的产品转变为产品服务系统的过程,这种转变通过服务增强来实现价值增值,并提高产品竞争能力。制造服务化的服务增强利用服务差异化来实现,以实体产品为核心的外围服务要素构成的实体产品差异化使服务的基础性增强,它侧重于服务对产品竞争力的增强;以核心服务提供作为价值来源的服务本身差异化使服务提升性增强,它侧重于服务价值的创造。

制造服务化是研究制造业中服务业的地位是否上升问题,物品向服务转移的思想是 Becker 在 1962 年首先提出的,可以看做制造服务化的源头,然后有学者提出非工业化[133]、后工业社会、服务经济[134]等概念。同时,西方许多学者考察制造业的重要性时发现制造业中存在服务化趋势[135-140]。20 世纪 80 年代之后的制造服务化研究主要有两方面:一方面,针对制造业服务化趋势的探讨[141];另一方面,针对服务化和环境关系的研究[142]。2003 年,Szalavetz 提出服务要素在制造业的全部投入中占比增加[143],服务成分在制造业的全部产出中占比也增加。关于制造服务化主要有三个代表性的定义,一是 1988 年 Vandermerwe 和 Rada 提出的 Servitization[141],把制造服务化定义为制造企业提供解决方案,该解决方案是物品服务包,通过物品服务包可以实现价值增值;二是 1999 年 White 提出的 Servicizing[142],把制造服务化定义为一种动态的变化过程,即制造商角色从物品提供者转变为服务提供者的过程;三是 2003 年 Szalavetz 提出的 Tertiarization[143],把制造服务化定义为制造企业竞争力,包括制造活动的效率和内部服务的有效组织提供,同时外部服务重要性逐渐提高。剑桥服务联盟(Cambridge Service Alliance)主任 Neely 教授研究组定性研究了制造服务化相关问题[144-150],以商业模式创新方法为企业的制造服务化提供支持,研究制造服务化过程的价值创造、服务性能、服务复杂性等问题,处于国际制造服务化研究的前沿。

制造服务化在价值链上表现为注重服务的作用来提升竞争优势[151-153],中山大学李江帆团队的刘继国从投入和产出两方面分析制造服务化内涵[154-156]。投入服务化关注制造企业的核心投入以服务要素替代实物要素;产出服务化关注制造企业的提供产品以服务产品替代实物产品。具体来说,制造的投入服务化是指服务要素在制造业全部中间投入中占比增加的现象,服务要素是价值链上的服务企业为制造企业提供的服务环节,如融资服务;而制造的产出服务化是指服务产品在制造业的全部产出中占比增加的现象,服务产品是价值链上企业向顾客提供的服务环节,如售后服务。

另外,清华大学技术创新研究中心蔺雷与吴贵生等在服务创新研究的基础上,研究了制造业的服务增强(service enhancement)[157-163],提出了制造业服务增强的概念、特征及其机理。通过服务转型实现价值增值和利用服务来增强企业产品竞争力的现象称为制造业服务增强。国外研究制造业服务增强是以定性方法研究服务增强的宏观表现、微观机理及模式等,提出了服务增强型制造业、服务增强型产品等概念,探讨知识经济环境下制造业的发展道路问题等。浙江大学创新与发展研究中心顾新建教授和祁国宁教授等提出服务增强的知识型制造业概念[164];柏昊等研究服务增强在制造业产品创新中的作用[165];陈煜等提出增值服务模式图[166],以及制造业供应链环境下增值服务内容等。

1.2.2 云制造与制造物联

云计算与物联网技术已经形成巨大的产业,在工业界和学术界获得了广泛认可,大量的成功应用案例也证明了技术可靠性,在制造领域首先以云计算为基础的云制造模式融合了制造服务理念,相关的研究成果颇丰。

1. 云制造

云制造(cloud manufacturing,CMfg)是一种制造服务,是在云计算基础上构造的新型制造模式,这种制造模式整合产品全生命周期的相关资源,提供规范、标准、可共享的制造服务。云制造可以面向区域,也可以面向行业或企业,它融合制造技术、信息技术、管理方法等,贯穿制造即服务理念。云制造是网络化制造、制造网格、应用服务提供商平台等概念和技术的延伸和拓展。云制造的基本方法如下:首先,把各类制造能力和制造资源虚拟化、服务化,以此来建立虚拟化制造资源和制造能力池;其次,智能化管理和经营这些虚拟的制造资源,在特定范围内共享和协同,实现多方共赢;最后,为用户提供这些虚拟的制造资源,以云制造服务平台实现制造全生命周期服务的随时获取、安全可靠、按需使用、优质廉价等。

2010 年,北京航空航天大学李伯虎院士提出云制造的概念[167],认为云制造是一种为用户提供各类按需制造服务的制造新模式。同时,中国航天科技集团总工程师杨海成指出云制造是以制造即服务理念,通过云计算等信息技术,为产品提供的服务[168]。云制造理念一经提出就获得广泛关注,国家高技术研究发展计划(863 计划)在“十二五”期间大力资助云制造研究,并取得显著成果。

云制造的雏形来源于网络化制造的几种模式[169-171],网络化制造为云制造的实现提供了坚实的基础[172-174],云制造可以看做网络化制造的最新模式[175]。针对云制造,国内外学者进行了深入研究,获得了重要进展[176-193]。云制造的主要技术特征表现在制造资源和能力的物联化、制造资源和能力的服务化、制造资源和能力的虚拟化、制造资源和能力的协同化、制造资源和能力的智能化等,其综合体现为智慧化制造技术特征[194-196]。云制造在融合云计算的同时,也渗透了制造即服务思想。云制造的关键技术主要有[197-202]:云制造模式、体系架构、相关标准和规范;云服务的综合管理技术;云端化技术;云制造业务管理模式与技术;云制造安全技术等。

2. 制造物联

制造物联(internet of manufacturing things,IOMT)是一种基于物联网技术改造制造业的新型制造模式,该制造模式融合制造技术和信息技术,特别是物联网技术,针对产品制造和服务过程,实现其全生命周期中的智能处理与优化控制,并实现制造资源与信息资源的动态感知。制造物联是智能制造的基础,致力于构造先进制造的技术环境,将网络资源结合传感器技术,应用于制造业。制造物联是制造业信息化的最新内涵,它是制造系统全球化、智能化、信息化、绿色化、服务化的基础设施,也是制造服务运作的支撑技术。

华南理工大学姚锡凡等探讨当前制造物联的定义、体系结构和关键技术等问题[203],通过分析现有制造模式,给出了制造物联的定义与特征,探讨了制造物联体系结构和关键技术,分析了制造物联与智能制造和云制造的关系。中国海洋大学侯瑞春等论述了制造物联的概念与技术特征,提出制造物联是一种新型制造模式和信息服务模式[204],并研究了该模式下制造物联技术架构针对不同协议设备的通信问题、基于制造物联协议仓库核心设备问题、企业应用问题等。

制造物联的技术特征强调业务的无关性,为了实现制造资源信息和产品信息的实时获取,需要对制造环境因素进行状态追踪与协同,而不需要管控制造过程。制造物联的技术特征具体表现为全面感知、按需架构、异构集成、互操作、自适应等方面[205-208]。全面感知是为了采集多源信息,需要应用信息技术、传感网技术、自动化技术等,实现制造资源信息和产品信息感知;按需架构是指随时向制造过程管理信息系统提供数据信息服务以满足用户需求;异构集成是指支持分布异构的制造设备、人员、物料、产品等制造过程的信息集成;互操作是企业间制造过程相互的互操作,应用制造资源信息和产品信息的虚拟化来实现;自适应是指为了实现制造资源、产品与制造活动之间的交互协调和优化,需要动态智能地响应制造过程;制造物联的关键技术主要包括:网络化传感器技术、多尺度动态建模与仿真、数据互操作、数据挖掘与知识管理、事件驱动的面向智能制造服务架构、可伸缩的多层次信息安全系统、物联网的复杂事件处理等。

另外,浙江大学顾新建等提出智慧制造企业的概念[209],智慧制造企业是以IBM智慧地球为基础,用智慧的创新网络、智慧的制造网络和智慧的管理网络组成的[210-212]。智慧制造是基于智慧制造企业的制造模式,是智能制造概念的延伸,侧重于制造的社会智能性,包涵更多的环境因素。同时,他还研究了智慧制造与智慧城市的关系,智慧城市与智慧制造相互促进[213],一方面,智慧城市对智慧制造需求巨大,智慧城市生态环境改善、智慧工业城市创新能力提升、智慧城市基础设施改进等都离不开智慧制造;另一方面,智慧制造为智慧城市提供制造服务,智慧制造保障智慧城市居民的衣食住行,智慧制造也支持智慧城市结构布局优化。智慧制造对智慧城市的影响往往是长期的、模糊的、大范围的。

1.2.3 《德国工业4.0》与《英国制造2050》

在制造全球化背景下,各国重新考量制造业的地位,全球产业结构也随之进行调整。主要发达国家开始重视制造业发展,并相继提出基于信息技术的先进制造战略,以赢得新一轮的制造能力竞争。美国政府于2012年2月正式发布了《先进制造业国家战略计划》,德国政府随后在2013年4月推出了《德国工业4.0》战略,英国政府在2013年10月也推出了《英国制造2050》战略。2015年5月8日,中国政府公布了《中国制造2025》,作为实施制造强国战略第一个十年的行动纲领。美国、德国、英国制造战略报告封面如图1.1所示。

最近,美国政府再次赋予机械工业行业更大的优先权,努力实行积极的产业政策以创造就业机会和鼓励制造业回归美国。2011年夏,奥巴马总统推出了“先进制造伙伴计划(AMP)”,这是一个汇集了来自研究、商业和政治部门的代表私营机构,来共同描绘“投资和促进新兴技术发展”的路线[214-218]。AMP指导委员会由顶尖级工程大学(麻省理工学院、加州大学伯克利分校、斯坦福大学、卡内基梅隆大

图 1.1　美国、德国、英国制造战略报告封面

学、密歇根大学和佐治亚理工学院)校长和美国知名企业(包括卡特彼勒公司、诺斯罗普·格鲁门公司、康宁公司、福特公司、霍尼韦尔公司、英特尔公司、陶氏化学、强生公司、宝洁公司和联合技术公司)老总组成。2012 年,AMP 提出了一份带有 16 条详细建议的报告,包括建立一个全国制造创新研究院网络(NNMII)建议。这些研究院采取公私合作形式,试图充当“区域性卓越制造的枢纽”,旨在提高美国商业的全球竞争力和增加对美国制造设施的投入。

此外,美国政府正在将更多的研发资金用于制造业研究。在 2013 年预算中,先进制造业拨款增加了 19%,至 22 亿美元。负责标准化的国家标准与技术研究院(NIST)获得 1 亿美元资金,通过提供研究设备和技术诀窍来支持本国制造业。NIST 也负责先进制造门户网站工作,该门户网站是在 AMP 的建议下成立的,旨在促进该领域政府、大学和私人之间活动的联网。美国政府的工作和创新加速挑战倡议组织投资 2 千万美元在先进制造领域的 10 个进一步的公共-私营伙伴关系。CPS 和物联网(IOT)已经在美国的公共资助中获益了数年。事实上,CPS 系统早在 2006 年就被美国国家科学基金会(NSF)确定为关键研究领域。实际上在制造业中很少具体使用 CPS。网络信息技术研究开发计划(NITRD)召集 18 家研究机构以协调包括在人机交互和信息管理等不同 IT 领域的研究。2011 年,NITRD 有超过 30 亿美元的预算供其支配。

1.《德国工业 4.0》

2010 年,德国政府推出的《高技术战略 2020》,其中有一个以智能制造为基础实现大规模生产高度个性化产品的项目获得广泛关注，被称为《德国工业 4.0》(Industry 4.0)。德国推动工业 4.0 标准，并在欧洲甚至全球推行。工业 4.0 就是实现数字化制造，并使物联网、数据网、服务网等成为工业基础。2013 年 4 月的汉诺威工业博览会上，《德国工业 4.0》正式推出，德国工程院、弗劳恩霍夫协会、西门子公司等机构积极推进，并获得德国联邦政府 2 亿欧元投入[219-223]。构建产品与服务的生产模式是工业 4.0 的核心目标，这种生产模式要实现生产的分散式增强型控制、生产的数字化、生产的个性化等。制造业将呈现新的特征，如出现新活动领域和合作形式，模糊行业界限，重组产业链分工，改变创造价值过程等。工业 4.0 概念一经提出就被认为是以智能制造为主导的第四次工业革命。该战略将实现制造业的智能化转型，核心技术是结合信息通信技术和网络空间虚拟系统的信息物理系统(cyber-physical system)。

《德国工业 4.0》包含智能生产、智能工厂、智能物流三个基本内容。智能生产是车间层次的智能化，智能工厂是企业层次的智能化，智能物流是供应链层次的智能化。智能生产是工业 4.0 的基础，在工业生产过程中，应用信息技术实现制造执行系统的智能化，考虑中小企业作用，使得中小企业在智能化生产技术的应用中获益，并参与产品制造过程；智能工厂主要是生产系统智能化，以分布式生产设施完成企业内部生产过程的智能化，克服地域上的限制，组织企业的生产过程；智能物流是对供应链上的物流资源进行整合，设计快速高效的物流匹配，利用物联网、服务网(the internet of things and services)等手段，支持物流供需双方的实时运作。

《德国工业 4.0》注重关键领域的物联网和服务网渗透，在生产过程中广泛使用服务技术和物联网技术，会影响到价值创造、工作组织、商业模式等，也会促进现有的技术和经济潜力。工业 4.0 的技术特征反映在贯穿整个价值链的端到端的垂直集成、通过价值网络实现的横向集成等。垂直集成是指把不同层次的 IT 系统集成起来，提供一种端到端的解决方案，如生产管理、企业计划、传感器等系统的集成；横向集成是指把不同阶段的 IT 系统集成起来，提供一种端到端的解决方案，如市场营销、生产过程、采购物流等。

2.《英国制造 2050》

在欧洲，与物联网相关的研究获得了第七研究框架计划(2007—2013 年)的持续支持，其中超过 90 亿欧元的最大预算拨款被优先专用于信息和计算机技术。在这项计划中，有多种在制造业中实现物联网的跨领域措施。西门子主导的物联网工作工程已被注入了 580 万欧元预算来发展在实际情境下的即插即用方案。与此同时，24 亿欧元已经投入到 ARTEMIS 技术平台来促进包括制造和生产自动化及 CPS 的 8 个子方案的研发项目。除此之外，12 亿欧元已经投入到“未来的工厂”这一公私合作计划，该计划每年征集有关智能、ICT 驱动的制造业领域的申请。在这一计划的支持下，以 SAP 主导的“行动计划 T”最近提交了它的“制造 2.0 愿景”，拟作为第八研究框架计划——《地平线 2020(2014—2020)》下的未来研究资助计划的讨论稿。《地平线 2020》提出了 800 亿欧元预算建议，这将使其成为世界上最大的研发经费计划。

作为第一次工业革命的受益者，英国制造领先世界数百年。由于信息化应用和资源限制，英国推行了去工业化战略，转移制造业到发展中国家，集中发展高端服务产业。2004 年英国制造业退步到世界第七位，2008 年国际金融危机之后，英国制造重新受到重视，英国企业把生产业务转移回英国，带动了制造业就业，提高了生产效率。但是，制造业在英国经济中所占的比重小于 10%，市场竞争激烈，新兴产业不断涌现，产品和服务需求改变等因素促使英国政府启动制造业战略研究，即《英国制造 2050》。《英国制造 2050》战略旨在复苏英国制造，并应对美国、德国、中国等国的挑战，于 2012 年 1 月启动，于 2013 年 10 月完成制定，最终形成报告 *The future of manufacturing: a new era of opportunity and challenge for the UK*(《未来制造业：一个新时代给英国带来的机遇与挑战》)[224]。

《英国制造 2050》服务于英国制造业从业者、英国的政策制定人员及立法人员等，该战略展望了 2050 年英国制造业的发展状况，并分析了英国在制造方面存在的问题；并在此基础上，提出针对英国政府的四个关键特征：一是要更快速、更密切地响应客户；二是需要更好的可持续发展；三是出现新的市场机遇；四是对高技能人才的利用；同时，提出三个值得政府关注的系统性领域：一是明确制造价值链的具体阶段目标；二是更加系统地、完整地看待制造领域的价值创造；三是增强政府长期的政策评估和协调能力。

《英国制造 2050》与《德国工业 4.0》相比，具有较大差异。《德国工业 4.0》强调技术上的领先优势，而《英国制造 2050》强调商业上的模式创新；《德国工业 4.0》侧重于智能制造应用，而《英国制造 2050》侧重于工业可持续；《德国工业 4.0》面对企业实践，而《英国制造 2050》面对政府决策。《英国制造 2050》是一项长期的制造业战略，从政策角度宣告英国制造的回归，根据英国的工业定位，深化对制造业的认识，在制造服务化方面取得领先的地位。英国制造也将在制造服务、可持续制造、商业生态系统等方面获得独特发展。

3. 其他国家的物联网战略

创新资金是印度五年计划(2012—2017)核心优先事项之一,公共和私人的研发投资增长将至GDP的2%。在2011年,“CPS创新中心”项目在通信与信息部支持下主导了对各种领域的研究,包括人形机器人。此外,Bosch公司于2011年11月在班加罗尔创立了CPS研究中心。弗劳恩霍夫协会和一些印度研究中心正以顾问的身份参与这个项目中。该合作伙伴关系资助了228亿欧元,旨在为未来的IT专家创造一个最佳的研究和工作环境,也将给工业界和研究机构提供支持。根据斑马技术公司最近的一项研究,印度企业目前已经是世界上采取行动并使用物联网技术的领导者。

中国也在努力扩大其机械工程行业。其第十二个五年计划(2011—2015年)提出了减少对国外技术的依赖和追求包括高端装备制造业发展与新一代信息技术的七个“战略性新兴产业”全球技术领导地位的目标。当时,为了在2015年实现这个目标,中国政府投入了1.2万亿欧元,通过补贴、税收减免和其他财政激励手段来刺激供给和需求,并计划到2015年研发投入占GDP比例从1.5%增加到2%。在机床领域,重点之一是发展“智能制造装备”、“智能控制系统”和“高档数控机床”,而在IT领域的重点是物联网及其应用,包括工业控制和自动化。

2010年以来,中国对物联网的重视程度显著增长。中国物联网会议每年举办一次,首个物联网中心在第一次会议上开启。该研究中心已经收到了1.17亿美元资金,用于调查基础的物联网技术和与之相关的标准化需求。除此之外,大连理工大学软件学院在2009年用汇款建立了一个研究组,包括对自动化工程中CPS应用的研究。中国还在江苏省无锡市建立了一个有300家公司、雇佣超过70000人的物联网创新区。中国政府近几年在物联网领域总计投资8亿美元。

另外,中国政府也提出《中国制造2025》。2015年5月18日,国务院正式发布了《中国制造2025》规划[225-227],这是中国版“工业4.0计划”,也是中国实施制造强国战略第一个十年行动纲领。同时,中国成立国家制造强国领导小组,作为《中国制造2025》战略顶级领导机构,由国务院相关领导担任组长,成员由国务院相关部门和单位负责人组成。领导小组办公室设在工信部,承担日常工作。《中国制造2025》提出,坚持“创新驱动、质量为先、绿色发展、结构优化、人才为本”的基本方针,坚持“市场主导、政府引导,立足当前、着眼长远,整体推进、重点突破,自主发展、开放合作”的基本原则,通过“三步走”实现制造强国的战略目标:第一步,到2025年迈入制造强国行列;第二步,到2035年中国制造业整体达到世界制造强国阵营中等水平；第三步，到中华人民共和国成立一百周年时，中国制造业大国的地位更加巩固，综合实力进入世界制造强国前列。

围绕实现制造强国的战略目标，《中国制造 2025》明确了 9 项战略任务和重点：一是提高国家制造业创新能力；二是推进信息化与工业化深度融合；三是强化工业基础能力；四是加强质量品牌建设；五是全面推行绿色制造；六是大力推动重点领域突破发展，聚焦新一代信息技术产业、高档数控机床和机器人、航空航天装备、海洋工程装备及高技术船舶、先进轨道交通装备、节能与新能源汽车、电力装备、农机装备、新材料、生物医药及高性能医疗器械等十大重点领域；七是深入推进制造业结构调整；八是积极发展服务型制造和生产性服务业；九是提高制造业国际化发展水平。

同时，通过政府引导、整合资源，实施国家制造业创新中心建设、智能制造、工业强基、绿色制造、高端装备创新等五项重大工程，实现长期制约制造业发展的关键共性技术突破，提升中国制造业的整体竞争力。为确保完成目标任务，《中国制造 2025》提出了深化体制机制改革、营造公平竞争市场环境、完善金融扶持政策、加大财税政策支持力度、健全多层次人才培养体系、完善中小微企业政策、进一步扩大制造业对外开放、健全组织实施机制等 8 个方面的战略支撑和保障。

1.3　本书结构与主要内容

本书结合国家自然科学基金项目“第四方运作环境下面向复杂制造服务系统的自组织设计与组建”(51205353)、中国博士后科学基金特别资助项目“云计算环境下制造服务模块化与自适应匹配机制研究”(2013T60586)、浙江省博士后科研择优资助项目“物联网环境下制造服务知识建模与智能演化机制研究”(BSH1202053)和“ 基于移动互联网的制造服务需求智能化挖掘技术研究”(BSH1402022)，初步研究了制造服务理论与技术，同时在引入商业生态系统和移动互联网的基础上进一步研究了基于商业生态的移动制造服务系统理论与技术体系。

1.3.1　研究目标

中国制造业转型的目标之一就是制造业的服务化，在制造业信息化的基础上，渗透管理学、经济学的同时，逐步与服务业融合。本书从制造与服务融合的目标出发，提出移动制造服务的概念，建立移动制造服务运营模式，构建移动制造服务理论与技术体系。基于商业生态系统理论和移动互联网技术，详细研究移动制造服务需求的价值挖掘、移动制造服务模块的生态控制和移动制造服务系统的生态演化等关键技术，建立基于商业生态的移动制造服务理论与技术体系，为制造企业的全生命周期重要活动提供有益指导。

1.3.2　本书结构

本书内容、章节之间的关系及整体结构如图 1.2 所示。

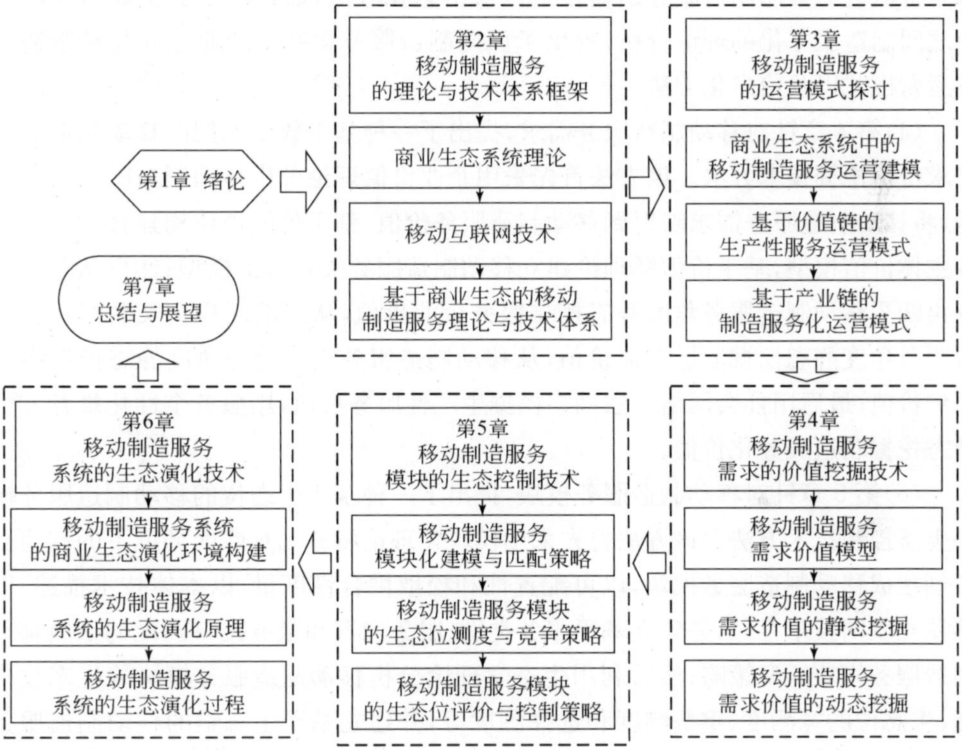

图 1.2　本书结构

1.3.3　主要内容

本书主要包括以下内容：

(1)第 1 章基于制造和服务融合的目标，阐述了研究移动制造服务的背景和重要意义；结合生产性服务与制造服务化，综述了制造服务相关理论与技术的研究现状。在此基础上，提出了本书的结构和主要内容。

(2)第 2 章分析了商业生态系统理论和移动互联网技术，即商业生态系统结构模型、系统内部企业角色战略匹配和健康状况评价模型等理论；移动互联网的移动终端、接入网络和应用服务等技术。在此基础上，提出了基于商业生态的移动制造服务的理论与技术体系框架。

(3)第 3 章在移动制造服务核心需求分析的基础上提出了基于“一切即服务”的移动制造服务基本运营模式，并探讨了几种典型的移动制造服务变异运营模式。通过对服务企业与制造企业之间的生产性服务特征分析，提出了面向生产性服务基于价值链的移动制造服务运营模式以及信息化方法；通过对制造企业与终端用户之间制造服务化的理论分析，提出了面向制造服务化基于产业链的移动制造服务运营模式以及信息化方法。

(4)第 4 章针对移动制造服务需求，提出了一种基于数据挖掘的移动制造服务需求价值挖掘技术方法。该方法首先采用企业价值理论分析移动制造服务需求内涵，将移动制造服务需求映射到移动制造服务价值，基于价值理论构建移动制造服务主体价值模型，基于价值链理论建立移动制造服务关系价值模型；然后从制造企业再购买移动制造服务角度静态挖掘服务企业价值，从终端用户交叉购买移动制造服务角度静态挖掘制造企业价值，从移动制造服务交易趋势角度静态挖掘终端用户价值；最后用社会网络方法动态挖掘生产性服务价值，用服务个性化推荐方法动态挖掘制造服务化价值。

(5)第 5 章针对移动制造服务模块，提出了一种基于生态位的移动制造服务模块生态控制技术方法。该方法首先采用模块化理论将移动互联网环境下的制造服务创建成移动制造服务模块，以可配置性和松散耦合性度量，以本体技术描述，以移动互联网技术存储，并建立基于服务类别、服务内容和服务接口匹配的三级移动制造服务模块匹配策略；然后利用生态学理论分析移动制造服务模块的生态位内涵、生态位的宽测度、重叠测度和选择测度等，并建立基于生态学的移动制造服务模块生态位竞争策略；最后采用突变理论评价移动制造服务模块的生态位，制定基于自然选择理论的移动制造服务模块生态位 r-k 控制策略。

(6)第 6 章针对移动制造服务系统，提出了一种基于商业生态的移动制造服务系统生态演化技术方法。该方法首先采用共生理论分析移动制造服务主体之间的价值分配，基于产业集群研究移动制造服务系统的生态演化规律，以演化规律指导商业生态演化环境的构建，并建立生态演化基本模型；然后利用生态学机理分析制造服务主体的生态演化机制，包括服务企业驱动生态演化的捕食模型，制造企业驱动生态演化的共生模型，以及终端用户驱动生态演化的竞争模型等；最后基于复杂系统理论，研究移动制造服务系统生命周期及演化过程，并分析生态演化中的分岔、突变和涌现过程，建立移动制造服务系统生态演化的动态适应过程模型。

(7)第 7 章总结了移动制造服务的理论技术，探讨了移动制造服务的研究难点，并展望了移动制造服务的应用前景。

1.4 本章小结

本章给出了移动制造服务的研究背景与意义，从生产性服务与制造服务化、云制造与制造物联、《德国工业 4.0》与《英国制造 2050》等方面阐述了制造服务及相关技术的研究现状，明确了本书研究的目标、主要内容及组织结构。

第 2 章　移动制造服务的理论与技术体系框架

服务企业、制造企业和终端用户在制造服务活动中产生了千丝万缕的服务关系，商业生态系统理论可以较好地描述制造服务中的复杂关系。总体来看，服务企业与制造企业之间形成了生产性服务关系，制造企业和终端用户之间形成了制造服务化关系，由于制造服务关系主要是商业市场中产生的交易等关系，所以可以用商业生态系统理论来研究制造服务关系。同时，智能手机等移动终端具有普及性、移动性和动态性等特点，互联网环境中的应用可以很容易地移植到移动互联网环境中，所以可以用移动互联网技术来构建制造服务的运营环境。明确制造服务定义、移动制造服务定义之后，就可以在商业生态系统和移动互联网的基础上建立起一套基于商业生态的移动制造服务理论与技术体系。

2.1　商业生态系统理论

商业生态系统(business ecosystem，BE)指一群相互联结、共同创造价值与分配价值的企业，它是利益相关者之间构成的动态结构系统。这些利益相关者包括客户、生产商、供应商、投资商、贸易合作伙伴、政府、标准制定机构、社会公共服务机构等。商业生态系统具有创新性，其特点表现在获取商业成功、参与者众多、动态性、有意识选择、环境约束、个体竞争又合作等。剑桥大学国际制造研究中心(International Manufacturing)主任石涌江等深入研究了商业生态系统在制造业领域的应用，提出了完整的理论体系[228-251]。近些年国内学者对于商业生态系统研究也取得很多成果[252-274]。商业生态系统理论的研究主要涉及商业生态系统的结构模型、商业生态系统的内部企业角色战略匹配、商业生态系统的健康状况评价模型等三个方面[275-291]。

2.1.1　商业生态系统结构模型

商业生态系统的组成企业之间互相影响，生态位不同，并且生态位的个体变化会引起相关企业的生态位改变。商业生态系统是以某项核心技术或者某个核心企业为主，利益相关者与之相互依赖，由服务企业、制造企业、终端用户等组成的网络系统。商业生态系统的结构模型研究主要有两方面:一方面,研究商业生态系统内部的不同组织种群和子系统,以 Moore 等为代表;另一方面,研究商业生态系统内部的交互机制,交互机制的对象是内部核心企业的合作网络,以 Garnsey 和 Leong 等为代表。

1. 商业生态系统典型结构模型

1935 年,Tansley 首度提出生态系统的概念,强调生命体与物理环境不可分割,认为两者应视为一个整体。1977 年,组织生态和企业种群等概念由 Hannan 和 Freeman 提出,引入生态学理论研究企业,把企业群落与其赖以生存和发展的外部市场环境相结合,形成企业生态观。1993 年,商业生态系统由 Moore 提出,并且取代产业的概念,被定义为一种基于组织互动的经济联合体。

Moore 在 1996 年进一步提出一个典型的商业生态系统结构模型。消费者、供应商、市场中介、企业构成商业生态系统,其主要物种是消费者、供应商、市场中介、企业。商业生态系统中还有与权力相关的物种、风险承担者、现有和潜在的竞争对手等,如消费者协会、政府部门、标准制定机构、供应商协会等。因此,商业生态系统是企业网络的一种扩展。小的企业内部商业活动的集合可以组成商业生态系统,大的企业联合体也可以组成商业生态系统;商业生态系统的规模不直接影响企业所处商业环境的状况;变化的市场需求由系统内部成员企业的共同合作来满足,商业生态系统可以超越企业和行业的边界,系统内部成员企业能够基于自然生态系统模式获利。

2. 商业生态系统内部交互机制

商业生态系统的构建方法可以利用资源基础观和演化理论来研究,Garnsey 和 Leong 提出商业生态系统的边界模糊,难以界定,针对系统内部演化的量化也很困难。他们引入企业交易环境的概念,各种与企业具有资源交换或价值创造关系的组织形成企业交易环境,并且企业的直接交易环境就是企业所处的商业生态系统。

商业生态系统内部企业的交互机制可以看成:企业的直接和间接交易伙伴都可以被包含在商业生态系统,一方面,企业所面对的竞争对手、监管机构、合作伙伴、劳动力市场等,是企业在商业生态系统内部的交易伙伴;另一方面,价值链上游的分包商、供应商和下游的分销商、客户等,也是企业在商业生态系统内部的交易伙伴。

2.1.2 商业生态系统内部企业角色战略匹配

商业生态系统环境会影响到企业战略的选择、企业战略的制定等,需要考量企业在所处商业生态系统中的角色,这个角色就是企业的生态位。商业生态系统内部企业的战略选择要和企业角色相匹配,在评价企业自身目标和能力的同时,也要评估企业所处组织体系的总体健康状况,以此来选择相应的战略。具有共生关系的企业构成的经济共同体生成商业生态系统,在系统中基于合作创造的价值是单个企业无法创造的。

1. 商业生态系统典型的内部企业角色战略匹配

1998年,Gossain和Kandiah引用Moore商业生态系统的观念来评估互联网的重要性,提出组织之间的联结性会随着网络化经济环境大幅增高。企业在构建商业生态系统时,与伙伴和供应商合作要应用网络技术,通过提供信息、产品、服务来创造新价值。2004年,Iansiti和Levin建立了一个商业生态系统内部企业角色战略匹配模型,该模型以创新动态性和网络复杂性研究企业的商业环境,其中的创新动态性表现为环境整体的动荡程度和创新性,网络关系复杂性表现为企业和系统中其他成员的关系。

企业可以结合商业环境和自身目标两方面来进行商业生态系统内部企业角色战略匹配,具体方法是确定企业在商业生态系统中的角色,然后指定适合的企业战略。企业战略一般表现为骨干型、支配型、利基型、商品型四种形式。骨干型战略是指实现价值占有和价值共享之间的平衡,在系统网络中共享问题解决方案,侧重于创设平台;支配型战略是指企业要占有大部分价值,并执行大多数价值创造活动,侧重于控制和占有价值;利基型战略是指在商业生态系统中对骨干企业提供服务的应用,侧重于专门领域的价值创造活动;商品型战略是指企业要依赖商业生态系统其他成员来创造价值,行动与收益不匹配,侧重于从系统中获取大部分价值。企业在分析商业生态系统环境的基础上,根据所承担的角色来选择以上四种企业战略。

2. 商业生态系统旗舰企业战略选择

在商业生态系统中,通常没有真正的骨干企业,系统的核心由几家旗舰企业构成。在商业生态系统中,旗舰企业是最受欢迎的企业,它们是系统的重要节点,企业的战略选择对企业生态系统的健康状况有重要影响。2010年,旗舰企业的战略选择模型由 Kim 等提出，该模型认为，旗舰企业的战略选择是根据知识密集度和环境动荡性来进行的，知识密集度和环境动荡性是商业生态系统的两个重要特征。战略选择是从稳健型、创造型、协作型、生产型四种战略中选取的。这四种战略具体表现为：如果企业通过构建风险管理系统等来增强应对外部变化的能力，则称为稳健型战略；如果企业扩大信息来源渠道，并通过整合信息开发出新产品或服务，则称为创造型战略；如果企业注重系统内部信息共享，加强与合作伙伴稳定持续的信息交流，则称为协作型战略；如果企业注重市场需求以提高市场占有率，则称为生产型战略。

2.1.3　商业生态系统健康状况评价模型

商业生态系统生命周期概念是由 Moore 提出的，分为诞生、扩张、领导、自我更新或死亡四个阶段。企业针对每个阶段不同的竞争与合作，采取不同的管理行动。Iansiti 和 Levien 将商业生态系统与生物生态系统作比较，认为商业生态系统中所有参与者的命运关联，存在大量松散联结的参与者；商业生态系统的重要性在于保障所有参与者都能够繁衍生息，而不至于在系统崩溃时利益受损。

1. 系统视角的商业生态系统健康状况评价

对商业生态系统健康状况的评价是指，评估商业生态系统保持健康状态的有利因素，或者评估商业生态系统的整体健康状况。2002 年，Iansiti 和 Levin 提出三维度评价指标体系用于评估商业生态系统的健康状况，其中三个维度分别是生产率、利基创造力、稳健性，而每个维度又可以进一步分解为多个测量指标。其中，生产率是指一个生态系统将原材料转变为生命有机体的效能，用于衡量生态系统的健康状况以及使用者从中受益的程度，商业生态系统中的生产率反映了系统把创新转化为某种新产品或服务的效能；利基创造力是指商业生态系统创造新价值利基市场的能力，用于衡量商业生态系统提高自身成员多样性的能力；稳健性是指商业生态系统在环境动态变化中的应对能力，用于衡量商业生态系统应对环境干扰和冲击的能力。对于三个维度设计合适的评价指标，综合应用这些指标，可以比较全面地评价商业生态系统的健康状况。

2. 跨层次商业生态系统健康状况评价

2006 年，Den 等提出了一个跨层次商业生态系统健康状况评价模型，从企业角度来评估企业商业环境状况。评价商业生态系统的健康状况需要从企业层次上获取数据，开发新的跨层次评价模型，保留了评价商业生态系统整体健康状况的系统视角模型，结合系统层次和企业层次来调整测量指标，以企业视角增加商业生态系统网络健康与商业生态系统伙伴健康两个维度。商业生态系统的网络健康采用合作关系数量、市场可预测性和合作伙伴多样性来衡量，商业生态系统的伙伴健康采用财务指标来衡量。企业应用这些指标可以评价所处商业生态系统和自己的合作伙伴的健康状况。

2.2　移动互联网技术

移动互联网(mobile internet，MI)是以移动网络作为接入网络的互联网及服务，它融合了互联网和移动通信网络，使得网络资源实现移动化，延伸了互联网的应用环境。移动互联网属于多学科交叉，内涵丰富，不仅包括互联网和移动通信，也包括无线网络、嵌入式系统等技术。移动终端、接入网络和应用服务是移动互联网技术的三个基本要素[292-340]，其实现方式是用户利用移动终端接入无线移动通信网络，然后访问互联网资源。2G 网络、WLAN、3G 网络、WiMax 等是常见的无线移动通信网络。移动终端具有可定位、移动性、便携性等特点，使得移动互联网可以提供位置服务、用户个性化服务、移动实时交互服务等，并且能产生更多的新型应用。

2.2.1　移动终端

在移动互联网技术中，移动终端和接入网络是应用服务的基础设施，而移动终端是移动互联网的核心技术。移动终端涉及终端操作系统、终端硬件、终端应用软件、定位、节能、软件平台、内容适配、上下文感知、人机交互等方面。

手机、平板电脑、笔记本、车载电脑、POS 机等都是移动终端。移动终端是移动通信终端的简称，是指能够在移动中使用的计算机设备，主要是具有应用功能的智能手机和平板电脑。移动终端作为通话工具使得电话功能具备移动特性，满足了实时和便携通话，在此基础上和互联网结合，又使得移动终端产生质的飞跃，成为综合信息处理平台。宽带化的网络技术把移动通信产业推进到移动信息产业，集成电路技术增强了移动终端的处理能力，可以支持更加广泛的应用。

移动通信技术是移动终端的基础，早期通信技术实现移动化延伸了通信应用的广度。2007 年，移动通信的智能化深刻影响了移动终端的性能，使得移动通信和互联网有了融合的基础，随着这种智能化的深入，互联网业务的关键入口有了新的选择，移动智能终端获得飞速发展。移动终端不仅成为新媒体、电子商务、信息服务的共享平台，而且成为移动网络资源与互联网资源的创新平台。移动互联网产业也随着移动终端的变革形成新的技术产业周期。整个 ICT 产业的战略制高点很快聚焦在移动终端的操作系统和处理器芯片上，使得移动终端像收音机、电视和互联网一样普遍应用。

移动终端技术不仅具备计算、存储和处理功能，还具备定位、触摸屏、视频摄像头等功能。更重要的是，移动终端具备智能操作系统以及开放的软件平台。谷歌的 Android、苹果的 iOS、微软的 Windows Mobile、诺基亚的 Symbian 等都为移动终端提供了智能操作系统，移动终端基于智能操作系统的支持，可以实现网络扫描、能量监控、接口选择、持久存储、蓝牙 I/O、后台处理、位置感知、节能控制等功能。具备这些功能的移动终端可以应用于医疗卫生、环境监控、社交网络、交通管理等领域，也可以应用于更多的服务业甚至制造业。

移动终端的特点分析如下：

(1)从硬件体系来说，移动终端是一个微型计算机设备，而且具备通信功能。中央处理器、输入部件、存储器、输出部件等组成移动终端。移动终端可以具有多种输入方式，如键盘、触摸屏、摄像头等，并可以根据需要进行调整输入。同时，移动终端往往具有多种输出方式，如受话器、显示屏等，也可以根据需要进行调整。

(2)从通信能力来说，移动终端的带宽通信性能高，接入方式灵活，可以自动调整通信方式来适应业务环境，用户使用方便。一方面，移动终端能够适应多种制式网络，支持 GSM、Wi-Fi、WCDMA、WiMAX、CDMA2000、TDSCDMA 等；另一方面，移动终端也能支持语音业务和多种无线数据业务。

(3)从软件体系来说，移动终端必须具备操作系统，如 Windows Mobile、Android、Symbian、Palm、iOS 等。同时，这些操作系统具备开放性，使得开发个性化应用软件成为可能，已经出现了一些满足个性化用户需求的应用软件，如通信簿、记事本、日程表、计算器、各类游戏等。另外，大量制造业信息化软件也可以在移动互联网技术持续改进的同时，移植到移动终端。

(4)从功能使用来说，移动终端可以满足人性化、多功能化、个性化。采用以人为中心模式，集成嵌入式计算、生物认证技术、人工智能技术、控制技术等。移动终端可以集成硬件和软件，增强功能，也可以调整设置适应个人需求，增强个性化。

移动终端定位是指利用已知空间中的一组参考点的位置来确定该空间中移动用户位置的过程，也称为位置感知。卫星定位技术、感知定位技术、网络定位技术等都是常用的移动终端定位技术。移动终端可以通过太空中的人造卫星来定位，卫星定位技术系统有 GPS、伽利略卫星导航系统、北斗卫星导航系统等；移动终端也可以通过传感器来定位，感知定位技术采用无线射频识别技术、蓝牙技术、红外技术等，将其部署在指定空间，在传感器的感知区域内有移动终端，就能判定移动终端的位置；移动终端还可以通过网络基站等基础设施网络来定位，网络定位技术应用 2G 网络、WLAN、3G 网络等确定移动终端的位置。根据定位原理的不同，WLAN 定位可以分为最近接入点（access point，AP）定位、位置指纹定位、几何计算定位等类型。

1）最近接入点定位

移动终端在 WLAN 中可以用 AP 位置来粗略表示位置，移动终端处于所连接 AP 的邻近区域内，该区域表示 AP 的信号覆盖范围，在该区域移动终端进入时利用 AP 连接来实现网络接入。AP 上记录所连接终端的信息，在 WLAN 中的网络管理通过 SNMP（simple network management protocol）来获取，WLAN 用户的认证通过采用 RADIUS（remote authentication doal in user service）服务器来负责。最新的 AP 定位技术无需在终端安装额外的硬件和软件，实现容易，然而定位准确性不高。

2）位置指纹定位

用户所处位置的场景特征称为位置指纹。用户所处位置的 RSS、TOA、信噪比等都可以表示位置指纹。利用位置指纹定位时是基于用户位置获取位置指纹，从样本数据集中查询位置指纹，再估计移动终端所处的位置，其中用到特定的匹配规则。在位置指纹表示中，RSS 易于测量，不需要额外的软硬件支持。RADAR 定位系统就是微软基于 RSS 设计的，该系统采用多个采样位置上测得的信号强度作为样本数据集，用户测得当前位置的信号强度信息，用匹配规则查询样本数据，就可以进行位置估计，该系统的优势在于几何计算不需要转换成到 AP 的距离。位置指纹定位包含离线采集阶段和实时定位阶段，离线采样阶段建立位置指纹库，实时定位阶段估计移动终端位置。在离线采样阶段，确定若干采样点之后，根据来自所有 AP 的 RSSI，记录在每个采样点位置的信号强度信息，位置指纹库用来表示信号强度信息和采样点位置的关系；在实时定位阶段，用户实时获取信号强度信息，匹配信号强度信息和位置指纹库信息，估计移动终端位置。

3）几何计算定位

几何计算定位是计算待测目标的位置，采用几何学的原理来进行，如角度测量法、距离测量法等。角度测量法也称为到达角度法，其原理是用户位置以两个位置已知参考点发射信号到达用户的角度来计算。距离测量法是计算待测物体位置，采用测量待定位目标与其他多个位置已知参考点之间的距离来计算。通过测量无线电信号的到达时间、往返时间或到达相位来估计距离、时间差等，可以实现距离测量。

2.2.2　接入网络

接入网络技术需要研究无线通信基础理论与技术、多跳无线网络、蜂窝网络技术，也需要研究无线局域网、移动性管理、异构无线网络融合、无线资源管理等。作为移动互联网的重要基础设施，接入网络以无线方式实现，各种方法网络覆盖范围有所差异。无线接入网络可以通过卫星通信网络、无线城域网(WiMax)、蜂窝网络(2G 网络、3G 网络等)来实现，也可以通过基于蓝牙的无线个域网、无线局域网(WLAN)来实现。各种接入网络的带宽、移动性支持能力、覆盖、部署成本等各有特点，例如，WLAN 带宽高、成本低，而覆盖范围有限，移动性管理技术不成熟；蜂窝网络覆盖范围较大，移动性管理技术比较成熟，但是带宽低、成本高。

接入网络是基于网络和无线通信来实现的，其关键技术不仅包括短距离无线通信、无线 Ad Hoc 网络、蜂窝网络、无线局域网、无线传感器网络、无线 Mesh 网络、无线资源管理、异构无线网络融合、新型网络体系结构、移动性管理，还包括信息理论与编码、多址技术、信号处理、多天线 MIMO、宽带无线传输理论、认知无线电等。

异构无线网络是多种接入技术共存，移动性管理首先要解决异构无线网络间的无缝切换问题。在异构无线网络中，为了屏蔽不同种类的无线接入网络的差异，在网络层提供异构接入网络间的切换、寻呼、位置管理等操作。IP 移动性管理是个较好的解决方案，可以支持移动终端在异构无线网络环境中应用。由于底层网络相关信息的搜集途径缺失，会存在网络发现不够及时、网络选择不够准确等问题，切换延迟也较大。解决方法是提供一套与媒体无关的切换技术，该技术在异构无线网络环境的二层协议和三层协议之间，无缝的移动性管理就是结合无关媒体切换技术和 IP 移动性管理协议。媒体无关的切换标准研究，由 IEEE 在 2003 年 1 月启动，IEEE802.21 媒体独立切换工作组成立于 2004 年 1 月。

1. IP 移动性管理

移动性管理的基本技术是移动 IPv6(mobile IPv6，MIPv6)，该技术可以自动配置地址，在 IPv6 网络范围内移动终端能够随意移动。MIPv6 具有地址空间大、安全性高等优势，也具有切换延迟长、信令开销大、数据丢包率高等劣势。移动

MIPv6 快速切换(fast handover for MIPv6,FMIPv6)和分层移动 IPv6(hierarchical MIPv6H,HMIPv6)可以克服 MIPv6 的不足。FMIPv6 通过引入链路层移动预测机制,针对移动 IPv6 中移动检测、绑定更新、新转交地址配置等过程的切换延迟问题,在终端切换到新网络前完成移动检测、重复地址检测过程、转交地址配置,实现切换延迟减小;HMIPv6 针对终端与区域网络间的信令交互的开销,利用移动锚点(mobility anchor point,MAP)来实现分级管理,进行本地注册只需要向 MAP 发送绑定更新消息,以此来减小信令交互的开销。

2. 媒体独立切换协议 IEEE 802.21

IEEE 802.21 协议是媒体独立切换(media independent handover,MIH)协议,它是针对异构网络之间的切换和互操作,在网络层和 MAC 层之间增加媒体独立切换功能(media independent handover function,MIHF)模块。不需要新的上层移动性管理协议支持,也不需要对现有的物理层和 MAC 层修改。MIHF 模块可以传递切换所需的信息,与上层的移动性管理协议、底层的无线或有线的接入协议都有接口。一方面,MIHF 模块以统一的格式整合底层模块异构的切换信息,提供给上层决策模块,上层综合所有切换信息判决切换;另一方面,MIHF 模块控制接口的切换等操作,方法是把上层指令发送给对应的 MAC 协议。媒体无关的事件服务、媒体无关的信息服务、媒体无关的命令服务是 MIHF 模块的三类主要服务。向上层提供链路特征、状态等信息由媒体无关的事件服务来实现,该服务可以使上层实时掌握底层状况;发现并获取网络相关信息由媒体无关的信息服务来实现,该服务用以协助切换;向底层下发切换相关操作的指令由媒体无关的命令服务来实现,该服务使得底层更好地支持上层决策。

2.2.3 应用服务

移动互联网的核心在于应用服务,其内容不仅包括基于智能手机感知的应用、基于云计算的服务,还包括移动搜索、移动互联网应用拓展、移动社交网络等。移动互联网服务的主要特征是个性化、移动性,个性化表现为用户可以依据需求和环境、兴趣偏好、用户位置来定制服务;移动性表现为移动互联网服务能够随时随地获取。基于 Web 2.0 技术,用户参与到信息处理中,用户能够创造信息,例如,2008 年,苹果公司的在线应用商店即依托苹果 iPod Touch 和 iPhone 的庞大市场取得成功。移动社交网络服务就是一种典型的应用服务。

1967 年,哈佛大学的心理学教授 Milgram 提出著名的六度分隔理论,该理论认为每个人最多只需要通过 6 个人就能认识任何一个陌生人。由此引发社会网络(social network)的研究,并得到广泛运用,作为互联网应用的社交网络服务(social network service,SNS)提供了信息共享与交互服务,对象是存在社会关系或拥有共同兴趣的用户,方式是以各种形式在线聚合。对应的 SNS 社交网站也相继出现,如 Facebook、MySpace 等。移动终端用户也加入到社会网络,移动 SNS 结合社会计算和移动计算,使得用户真实性、地域性明确,交互实时性增强。移动终端提供的实时交互只需保持在线;移动终端带来的多样化源于位置信息。同时,基于社会上下文的应用出现,SNS 通过社会上下文感知来决策许多关键问题,感知方法是基于用户的历史位置信息、与其他用户相遇的历史记录等。分布式移动 SNS 和集中式移动 SNS 是移动互联网中社交网络的基本应用。

1. 分布式移动 SNS

移动终端不用第三方服务器支持,直接实现交互的方式是分布式移动 SNS。以 People-Net 系统为例,该系统是一种分布式信息查询匹配系统,它获取信息的途径是通过智能手机之间的交互,从朋友以及朋友的朋友来得到,实现方法是利用每个用户的智能手机上存放相关信息的数据库。同时,从地理上对城市进行不同功能社区划分,用户查询时,利用蜂窝移动通信网络把查询请求传到相关社区,随机找几个用户,然后操作分布式查询匹配。分布式移动 SNS 相比于集中式的系统,用户获取信息的时效性、社区性、地域性等都比较好,而不需要集中存储海量信息。例如,能够自动发现移动用户共同话题的 E-SmallTalk 系统,它是一种在物理邻近区域中提供 SNS 的分布式系统,利用蓝牙、移动用户交互相关信息,匹配信息匹配,发现共同话题。

2. 集中式移动 SNS

集中式移动 SNS 基于互联网中存储在中央服务器上的用户数据,允许手机客户端用户搜索朋友和共享数据。例如,Social Serendipity 就是一个集中式移动 SNS 应用,它在中央服务器上存储个人信息,建立与蓝牙接口 MAC 地址的映射。移动用户通过蓝牙可以找到一个“陌生人”,访问其蓝牙 MAC,并提交到中央服务器,找到用户的个人信息,如果中心服务器检查相应的信息,那么用户的信息做一个相似性度量,得出一个分值。中央服务器根据分数向用户发送查询结果。用户可以决定是否符合“陌生人”的消息。People Tones 提高了在邻近地区的朋友之间的感知和互动,系统得到用户的当前位置,并通知他的朋友。Micro-blog 是一个全球信息共享、浏览和查询平台,用户可以根据自己的需求来查询该区域内的各种实时信息,同时,用户的智能手机接入各种信息上传到服务器。

2.3 基于商业生态的移动制造服务研究框架

制造服务的研究角度很多,例如,从管理学角度研究制造服务的商业模式,从计算机科学角度研究制造服务平台构建,从制造科学角度研究服务型制造理论等。本书仅从制造服务基于"一切即服务"模式运营角度,引入商业生态系统理论和移动互联网技术,构建服务企业、制造企业和终端用户在移动互联环境中形成的生产性服务和制造服务化关系,用商业生态理论研究移动制造服务的需求价值挖掘、模块生态控制和系统生态演化等内容。在界定基于商业生态的制造服务基本概念和移动制造服务基本概念的基础上,提出基于商业生态的移动制造服务理论与技术体系框架。

2.3.1 制造服务

制造服务是服务企业、制造企业、终端用户在商业生态系统环境中围绕产品生产和提供服务进行的活动,主要表现为生产性服务关系和制造服务化关系。服务企业向制造企业提供的制造服务,对整个价值链上制造企业生产过程中的所有活动提供不同程度的服务,主要是生产性服务;制造企业向终端用户提供的制造服务,对整个产业链上运作过程中与制造企业相关的价值增值活动提供的服务,主要是制造服务化。生产性服务关系和制造服务化关系共同促进制造与服务的融合,制造服务的核心在于管理创新,制造服务的内涵随着社会发展和技术进步不断扩展。

制造是把原材料加工成适用的产品,或将原材料加工成器物。从制造的本质来看,基于商业生态的制造包含资源、产品、过程、计划与控制四个主要要素。其中,资源是制造的物质基础,如设计人员、技术文档、加工设备、专家知识等;产品是制造的基本目标,产品由一组有序的过程实现,产品有最终产品和中间产品两类,其中交付给终端用户的最终产物称为最终产品,其他的是中间产品;过程是制造的核心,也是由资源来实现和完成的,如产品设计过程、采购过程、工艺设计过程、物料准备过程、装配过程、零部件加工过程、销售过程等;计划与控制是实现制造的管理方法,协调和控制资源、产品、过程之间的关系。

服务是以解决顾客问题为目标,以无形方式结合有形资源,在顾客与服务职员之间发生的一系列行为。从服务的本质来看，基于商业生态的服务是服务消费者与服务提供者之间协同实现价值增值的过程。服务可以看成能力提供体，提供给用户，用户按需获取并使用，支付货币换取服务的使用价值。服务的特性主要有开放性和社会性、无时不在及无处不在、可组合性以及组合的动态性、智慧化等。

将制造与服务融合在一起就是制造服务的目标，基于商业生态的制造服务是在制造产品的同时增加服务理念和服务活动，在提供服务的同时融合制造理念和制造活动。由于制造服务本身的复杂性特点，制造服务还没有统一明确的定义，但是工程界对制造服务的技术实践和学术界对制造服务的理论研究已经有了新的发展。从最初生产性服务业理论到制造服务化实践，从制造业服务增强到产品服务系统构建，从服务型制造到云制造等研究都从不同角度给出了制造服务的不同内涵，这些内容都包括在制造服务理论与技术体系中。但是还需要从整体角度建立制造服务的基本概念体系。

制造服务理论是研究制造服务主体之间制造服务关系的融合理论，制造服务主体就是服务企业、制造企业和终端用户，制造服务关系就是生产性服务和制造服务化。基于商业生态的制造服务的基本概念体系如下。

(1)服务企业。服务企业是只提供中间性产品或服务的企业。服务企业的范畴应限制在与制造企业之间具有生产性服务的企业中，其他企业除外，如为制造企业提供零部件的配套企业、为手机制造企业提供外包加工配件的中间企业等。

(2)制造企业。制造企业是从服务企业获得生产性服务支持生产出最终性产品或服务，并将最终性产品或服务提供给终端用户的企业。制造企业在生产性服务中获得原材料、信息服务、设计方案等，在制造服务化中提供物流服务、销售服务、维修服务等。作为制造服务的中枢连接起服务企业和终端用户，形成完整的商业生态系统，并且具有扩展性，不断融入信息化技术。

(3)终端用户。终端用户是制造企业提供最终产品或服务的终端消费者，在制造服务化中，从单纯产品使用到产品服务系统使用获得更好的用户体验，并且获得个性化需求的满足。

(4)生产性服务。生产性服务是服务企业和制造企业之间形成的一种制造服务关系。服务企业提供中间性产品或服务，制造企业利用中间性产品或服务进行最终产品或服务制造，生产性服务内涵广泛，不容易界定。

(5)制造服务化。制造服务化是制造企业和终端用户之间形成的一种制造服务关系。制造企业通过不断增强产品的服务特性来满足终端用户的个性化需求，最后形成产品服务系统。

2.3.2 移动制造服务

移动制造服务是将制造服务扩展到移动互联网环境中的制造服务。移动制造服务具有制造服务的一般特征，更重要的是将制造服务资源虚拟化为移动制造服务，通过移动终端来运营制造服务。

在移动互联网环境中，服务企业、制造企业和终端用户将各自的制造服务抽象为制造服务问题，通过对制造服务问题描述和设计转化为制造服务软构件，对制造服务软构件进行封装以 Web 服务的形式发布在互联网中，如果在制造服务软构件设计封装时考虑了移动互联网环境，满足各种技术配置条件，就形成了移动化的制造服务。移动化的过程实质上是移动互联网技术的应用，随着 5G 技术的出现，制造服务移动化的瓶颈就会克服，这样只要在互联网环境运行的制造服务软构件就很容易移植到移动互联网中，因此移动制造服务的难点在于技术和管理创新。

5G 是 4G 的延伸，专指第五代移动电话行动通信标准。第五代移动通信技术，目前还没有一个具体标准，中国的华为、韩国的三星电子、日本、欧盟都在投入相当的资源研发 5G 网络。2015 年 3 月 1 日，英国《每日邮报》报道，英国已成功研制 5G 网络，并进行 100m 内的传送数据测试，每秒数据传输高达 125GB，是 4G 网络的 6.5 万倍，理论上 1s 可下载 30 部电影，并称于 2018 年投入公众测试，2020 年正式投入商用。2015 年 3 月 3 日，欧盟数字经济和社会委员奥廷格正式公布了欧盟的 5G 公私合作愿景，力求确保欧洲在下一代移动技术全球标准中的话语权。奥廷格表示，5G 公私合作愿景不仅涉及光纤、无线甚至卫星通信网络相互整合，还将利用软件定义网络(SDN)、网络功能虚拟化(NFV)、移动边缘计算(MEC)和雾计算(fog computing)等技术。在频谱领域，欧盟的 5G 公私合作愿景还将划定数百兆赫用于提升网络性能，60GHz 及更高频率的频段也将被纳入考虑。欧盟的 5G 网络将在 2020～2025 年投入运营。

Gbps 用户体验速率是 5G 技术的标志性能力，大规模天线阵列、新型多址、超密集组网、新型网络架构、全频谱接入等都是 5G 的关键技术。5G 系统容量和速率需求利用大规模天线阵列来提升系统频谱效率；5G 网络千亿设备连接需求应用新型多址技术通过发送信号的叠加传输来提升系统的接入能力；5G 千倍容量增长需求采用超密集组网通过增加基站部署密度来实现百倍量级的容量提升；以用户为中心的更灵活、高效、智能、高开放的 5G 新型网络依赖新型网络架构基于 SDN、NFV 和云计算等先进技术来实现；5G 网络对频谱资源的巨大需求由全频谱接入技术通过有效利用各类频谱资源来满足。

基于 5G 技术的移动制造服务会更容易从技术上实现，而从制造服务到移动制造服务更多的是研究移动终端上移动制造服务主体的网络接入以及移动制造服务的应用。随着移动互联网技术的发展，移动终端和网络接入会变得更加便捷，即插即用已经不是梦想。将制造服务基本概念推广到移动互联网环境，基于商业生态的移动制造服务的理论与技术体系框架如图 2.1 所示，其基本概念体系如下。

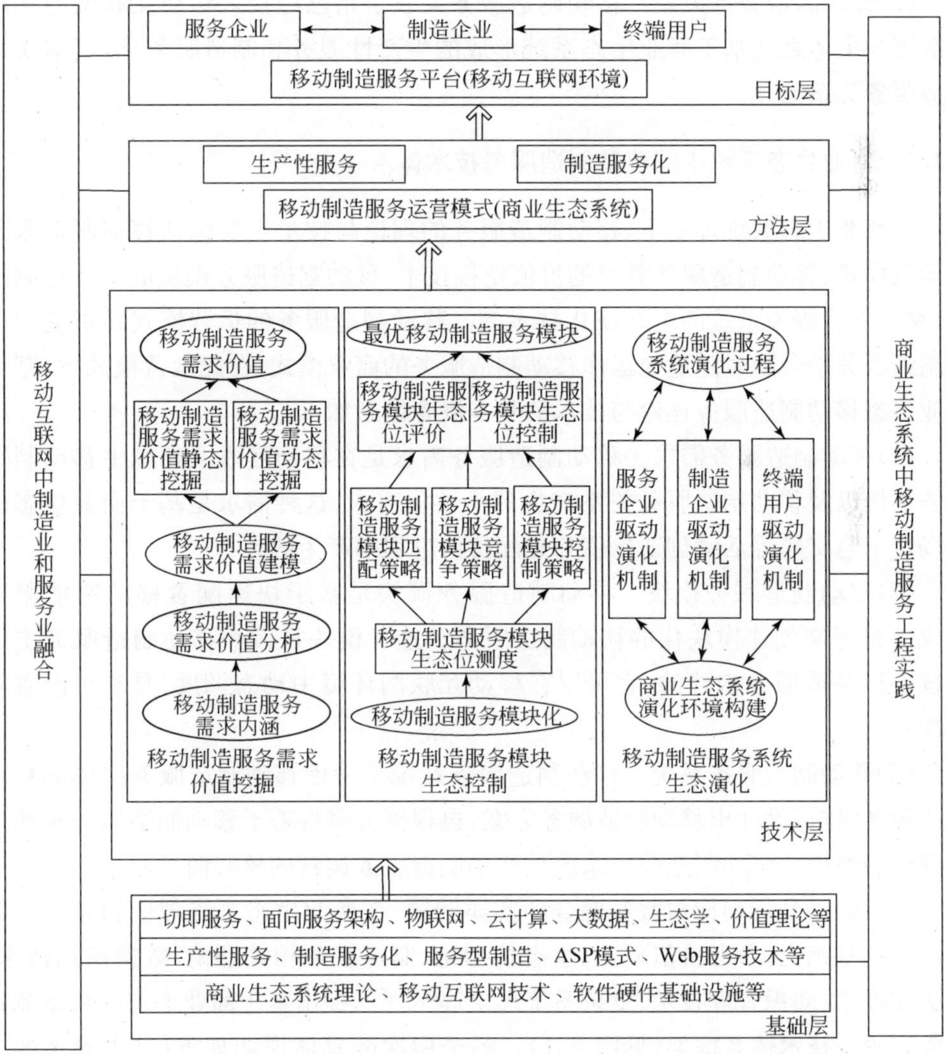

图 2.1　基于商业生态的移动制造服务理论与技术体系框架

(1)移动制造服务。移动制造服务是将制造服务资源虚拟化为信息化软构件，发布在移动互联网上的 Web 服务，其内涵是 Web 服务背后的制造服务活动，即移动制造服务主体间基于商业生态的移动制造服务关系。

(2)移动制造服务主体。移动制造服务主体是指已经接入移动互联网环境的服务企业、制造企业和终端用户。随着企业信息化不断深入，实现了互联网络支持的服务企业、制造企业和终端用户可以通过移动终端方便接入移动互联网。

(3)移动制造服务关系。移动制造服务关系是指已经接入移动互联网的移动制造服务主体之间基于商业生态系统形成的生产性服务和制造服务化，其本质和制造服务关系无异。

2.3.3 商业生态系统中的移动制造服务技术体系

在商业生态系统环境下，移动制造服务的理论与技术主要包括移动制造服务的运营模式、移动制造服务需求的价值挖掘技术、移动制造服务模块的生态控制技术、移动制造服务系统的生态演化技术等。移动制造服务的运营模式是指基于移动制造服务平台随时随地地运作移动制造服务的商业模式，在此运营模式下，基于商业生态移动制造服务理论与技术的基本概念体系如下。

(1)移动制造服务需求。移动制造服务需求是在移动互联网环境中移动制造服务主体以及移动制造服务关系产生的个性化需求，这种需求是基于商业生态的市场竞争与交易等活动创造价值和分配价值过程中产生的。

(2)移动制造服务模块。移动制造服务模块是基于快速配置移动制造服务系统的目标来创建模块化的移动制造服务。这种模块是按照移动制造服务主体的核心产品或服务构建的，它可以在移动互联网环境中动态调度，具有可配置等特性。

(3)移动制造服务系统。移动制造服务系统是考虑移动制造服务主体的移动制造服务需求，设计出移动制造服务方案，再根据方案将若干移动制造服务模块集成演化的系统。移动制造服务系统是移动制造服务运营的核心商品。

本书通过分析制造与服务融合的实质问题，在商业生态系统理论和移动互联网技术的基础上，参考价值理论、生态位理论、制造服务相关理论、数据挖掘技术、模块化技术、知识管理技术、复杂系统理论等[341-437]，提出基于商业生态的移动制造服务理论与技术体系框架(见图 2.1)。各个层次的具体说明如下(其中参考的主要理论技术列入书后参考文献，后文不再提及)。

(1)目标层。在目标层提出移动制造服务的研究目的。为了实现制造与服务的融合总目标，研究技术体系实施方案，利用移动互联网技术，使得服务企业、制造企业和终端用户的需求最大限度获得满足。

(2)方法层。在方法层提出移动制造服务研究思路方法，主要是移动制造服务的运营模式，特别是针对生产性服务和制造服务化通过商业生态系统来实现。生产性服务突出价值链形成行业特点，制造服务化突出产业链达到区域优势。

(3)技术层。在技术层提出实现目标的关键技术。关键技术是移动制造服务需求的价值挖掘、移动制造服务模块的生态控制和移动制造服务系统的生态演化等。

对于移动制造服务需求的价值挖掘，首先采用企业价值理论分析移动制造服务需求内涵，实现移动制造服务需求到移动制造服务价值的映射，基于价值理论构建移动制造服务主体价值模型，基于价值链理论建立移动制造服务关系价值模型；然后从制造企业再购买移动制造服务角度静态挖掘服务企业价值，从终端用户交叉购买移动制造服务角度静态挖掘制造企业价值，从移动制造服务交易趋势角度静态挖掘终端用户价值；最后用社会网络方法动态挖掘生产性服务价值，用服务个性化推荐方法动态挖掘制造服务化价值。具体技术将在第 4 章介绍。

对于移动制造服务模块的生态控制，首先采用模块化理论将移动互联网环境下的制造服务创建成移动制造服务模块，以可配置性和松散耦合性度量，以本体技术描述，以移动互联网技术存储，并建立基于服务类别、服务内容和服务接口匹配的三级移动制造服务模块匹配策略；然后利用生态学理论分析移动制造服务模块的生态位内涵，以及生态位的宽测度、重叠测度和选择测度等，并建立基于生态学的移动制造服务模块生态位竞争策略；最后采用突变理论评价移动制造服务模块的生态位，制定基于自然选择理论的移动制造服务模块生态位 r-k 控制策略。具体技术将在第 5 章介绍。

对于移动制造服务系统的生态演化，首先采用共生理论分析移动制造服务主体之间的价值分配，基于产业集群研究移动制造服务系统的生态演化规律，以演化规律指导商业生态演化环境的构建，并建立生态演化基本模型；然后利用生态学机理分析制造服务主体的生态演化机制，包括服务企业驱动生态演化的捕食模型，制造企业驱动生态演化的共生模型，以及终端用户驱动生态演化的竞争模型等；最后基于复杂系统理论，研究移动制造服务系统生命周期及演化过程，并分析生态演化中的分岔、突变和涌现过程，建立移动制造服务系统生态演化的动态适应过程模型。具体技术将在第 6 章介绍。

(4)基础层。在基础层主要提供移动制造服务研究的理论基础以及技术基础，包括商业生态系统、移动互联网技术、一切即服务、面向服务架构、云计算、物联网、大数据、生态学、价值理论、ASP 模式、Web 服务技术、生产性服务、制造服务化等。

2.4 本章小结

本章的主要研究工作如下：

(1)综述了商业生态系统理论，包括商业生态系统结构模型、系统内部企业角色战略匹配和健康状况评价模型等。

(2)综述了移动互联网技术，包括移动互联网的移动终端、接入网络和应用服务等技术，特别是移动终端定位技术、移动性管理技术和移动社交网络技术等。

(3)在定义制造服务和移动制造服务基本概念的基础上，提出了基于商业生态的移动制造服务理论与技术体系。

第3章　移动制造服务的运营模式探讨

移动制造服务运营是将分散在移动互联网环境中的制造服务资源通过某种商业模式创造价值和分配价值的过程，在制造业增强服务的实践中出现了许多成功的商业模式，而对于一般企业还没有普遍适用的运营模式。基于商业生态系统构建新兴的移动制造服务运营模式是本章探讨的重点，首先建立移动制造服务核心需求的分析方法，在此基础上研究移动制造服务的基本运营模式，探讨变异运营模式。然后再构建两种典型移动制造服务的运营模式，生产性服务和制造服务化包含了大多数移动制造服务的特征，可以从这两方面研究移动制造服务的运营模式。虽然生产性服务和制造服务化的差异较大，但是可以通过制造服务平台将服务企业、制造企业和终端用户连接起来，基于“一切即服务”技术实现移动制造服务随时随地的运营。在云计算、物联网、大数据等移动互联网技术的支撑下，可以将制造服务平台扩展到移动制造服务平台，移动制造服务主体可以更加便捷地运营。

3.1　商业生态系统中的移动制造服务运营建模

依托生产性服务、制造服务化等理论，在商业生态系统环境中构建移动制造服务活动的行为规律分析理论体系；再依据上述理论体系通过对应用移动制造服务以后，取得经济效益的企业典型案例研究，比较分析应用移动制造服务前后企业制造服务活动的动机和行为规律最新动向；同时分析初创企业的典型案例，研究在企业各类人员进行移动制造服务活动时的动机及行为规律特征，在此基础上初步建立移动制造服务基本运营模式和变异运营模式。

3.1.1　移动制造服务核心需求

首先，调查研究企业生产性服务的核心需求。以已有文献对生产性服务的研究成果为基础，分别就初创企业和成功企业对企业运营、资本运作、技术培训、信息化实施、企业管理、市场竞争程度及财务稳定性等方面，向经验丰富的企业各类人员问卷调查和访谈，得出较为重要的生产性服务核心需求。

其次，实证研究企业制造服务化核心需求。分别以初创企业和成功企业为样本，对样本企业采购管理、客户关系管理、质量跟踪、物流管理、销售管理、供应链管理等产业链因素量化处理并进行描述性统计及单变量检验，总结样本企业在服务化方面的规律特征。对通过显著性检验的指标进行神经网络模型回归分析，进一步验证显著性指标的判别能力，从而得出较为重要的制造服务化核心需求。

然后，运用模糊 AHP 法计算制造服务核心需求指数，即 AHP 法和模糊综合评价法结合的方法，对移动制造服务核心需求评价的单个指标采用模糊综合评价法来量化，对移动制造服务核心需求评价的整个指标体系采用 AHP 法。同时，采用 MySQL 数据库，设计包含成功企业定性和定量移动制造服务核心需求的数据库，从综合和分类两个角度，与其他相关研究的模型进行比较、验证移动制造服务核心需求综合评价模型的预测效果，并对相关指标及权重进行优化调整，得出最优的移动制造服务核心需求综合评价模型。

最后，以经优化的移动制造服务核心需求综合评价模型为中心并结合数据库系统平台编写能应用于实践的移动制造服务核心需求指数软件，分别发布综合和分类的实时移动制造服务核心需求指数。

3.1.2　移动制造服务的基本运营模式构建

以服务形式提供网络化软件能力和资源的方式称为一切即服务(anything as a service，XaaS)，这种方式在移动互联网技术支持下获得广泛应用。一切即服务主要包含软件即服务(software as a service，SaaS)、数据即服务(data as a service，DaaS)、平台即服务(platform as a service，PaaS)、基础设施即服务(infrastructure as a service，IaaS)等，核心思想是将问题或者事件转化为软件，通过网络来解决问题或者完成事件。

一切即服务也是一种运营模式，其概念模型如图 3.1 所示，服务提供者、服务消费者和服务运营者是运营模式的三类角色，该模式类似于 WEB 服务模式，可以很容易移植到网络环境中应用。其中的服务提供者是独立软件开发商；增值服务开发商或最终用户是服务消费者；而服务运营者是第三方平台，进行基础服务、业务服务和增值服务的运营。移动制造服务的基本运营模式就是基于一切即服务构建商业生态系统环境下的移动制造服务运营。

一切即服务模式的体系结构如图 3.2 所示，主要包括运营支撑服务和业务支撑服务，运营支撑服务负责处理处理软件运营，如用户注册、服务开通、在线咨询等；业务支撑服务负责处理服务业务流程，如服务存储、服务调度、服务组合

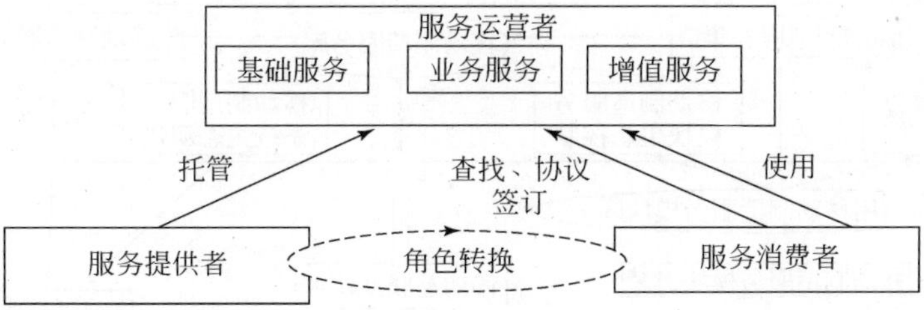

图 3.1　一切即服务模式的概念模型

等。一切即服务模式可以为企业提供搭建信息化所需要的所有网络基础设施及软件、硬件运作平台，并负责所有前期的实施、后期的维护等一系列服务。其突出特点是企业无需购买软硬件、建设机房、招聘 IT 人员，即可通过互联网使用信息系统。

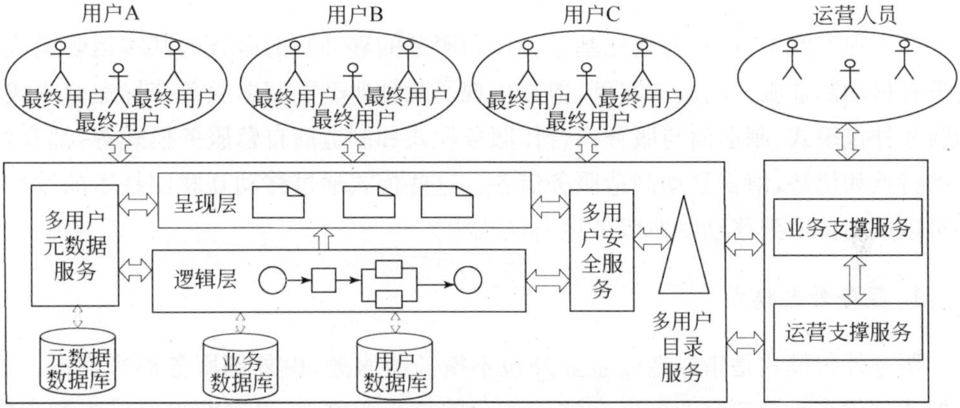

图 3.2　一切即服务模式的体系结构

移动制造服务的基本运营模式是基于一切即服务的移动制造服务集成与协同。移动制造服务集成阶段是移动制造服务运营者与移动制造服务提供者的交互，采用模块化的思想，通过制造服务提供者提供的移动制造服务进行模块化，然后移动制造服务模块封装、存储、管理，最后基于移动制造服务需求价值进行生态控制集成移动制造服务，测试发布。移动制造服务协同阶段是移动制造服务运营者和移动制造服务消费者的交互，通过移动制造服务系统生态演化，调度移动制造服务资源，优化移动制造服务系统质量，为移动制造服务消费者服务。基于一切即服务的移动制造服务的基本运营模式如图 3.3 所示。

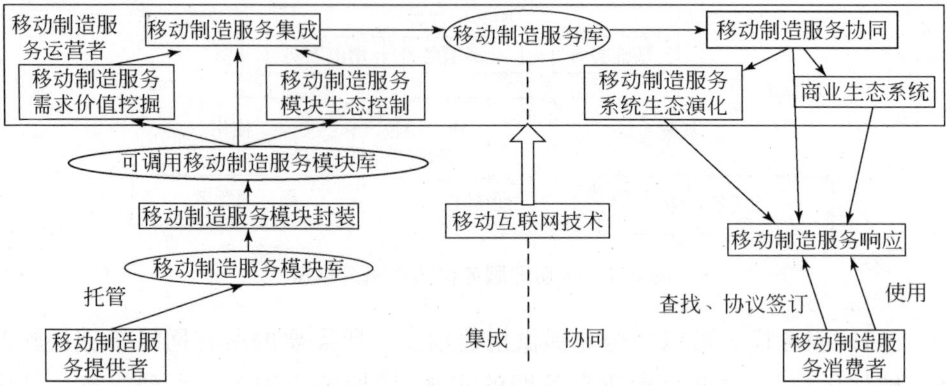

图 3.3 基于一切即服务的移动制造服务基本运营模式

3.1.3 移动制造服务的变异运营模式探讨

在工程实践中，还没有建立基于一切即服务的移动制造服务的基本运营模式，更没有移动制造服务的成功案例，但是出现了几种典型的制造服务变异运营模式，如服务外包模式、制造商与服务商合作服务模式和制造商自营服务模式等，都有各自的特点和优势，值得移动制造服务借鉴。这些模式通过移动互联网技术的改造，都可以成功扩展到移动制造服务运营模式中。

1. 服务外包模式

服务外包模式是指制造业企业外包不擅长的服务，由外部服务商来完成。这种模式的优点是制造企业可以专注于企业的核心竞争力，可以获得低成本和高质量的外部服务供应商提供的专业服务。该模型还可以促进专业服务供应商的发展。这样，制造企业将由服务提供商提供的制造服务来完成，对服务供应商依赖。因此，制造企业必须处理好与外部服务商之间的关系，形成良好的沟通渠道，并注重整合各种生产性服务问题。

作为全球最大制药集团之一的诺华(Novartis)制药有限公司(简称诺华)在中国的分公司遍及 20 个城市，而联想亚信科技有限公司(简称联想亚信)是一家专业服务企业，在中国有 20 个办事处，提供 IT 设备采购服务、桌面系统服务、数据中心、网络、主机等多种制造服务。诺华外包服务，获得联想亚信的桌面系统支持服务，方便了全国 20 个城市的诺华员工。两个企业之间通过各种方式改善外包服务质量，如联想亚信提供服务专员为诺华员工提供现场服务、为诺华分布在各地的分支机构设立服务网点、进行诺华 IT 部门的现场环境培训和考核等。这种制造企业和服务企业的制造服务运营获得市场认可，形成品牌，在业内推广。

2. 制造商与服务商合作服务模式

根据制造商和服务供应商的具体目标和利益，建立一个基于信任和合作机制的模型。该模型既可以降低成本，加强信息共享，提高相互沟通，也可以保持彼此的一致性，以产生更大的竞争优势。通过合作服务，实现资源、技术、制造企业和服务供应商的集成与管理。制造商需要以合作服务模式来生产各种服务，并且需要与多个不同类型的服务供应商合作，形成的网络关系将变得复杂，这对于制造公司的管理水平提出了更高要求。此外，模型对于建立信任与合作的运作机制要求也相对较高，好的机制是实现合作的重要保证，因此制造企业必须加强企业的信任与合作机制构建。

上海三菱电梯有限公司由电梯生产延伸出电梯安装维护业务，并且发展成一种制造服务化，例如，该公司 2007 年安装维保电梯达到 7 万台，收入 10 亿元。这种服务运营模式的依据是国际成熟电梯行业赢利模式，当生产达到一定规模以后，电梯业的主要赢利来自于电梯安装和维修保养。三菱电梯积极推动电梯生产与安装维护业务的融合与联动，如公司每年电梯保养业务已经达到近 2 万台。

3. 制造商自营服务模式

制造商自营服务模式是建立自己的生产服务职能部门，满足生产过程中的服务要求。其优点是不需要考虑制造企业和外部服务供应商之间的沟通、协作和整合，完全依赖于企业内部各部门之间的协调、生产和服务的运作，以促进服务和生产过程的整合。制造企业自身服务的要求是比较高的，它要求制造企业必须拥有足够的资源和技能（包括人力、资金、设备、技术等），以建立自己的服务职能。此外，任何企业的资源都不可能包括一切，所以自我服务是有限的企业资源和技能领域，对于能力缺乏、服务水平不高的制造业企业或领域是不适合使用的模型。

长安民生物流有限公司（简称长安民生物流）是一家由长安汽车（集团）有限公司、民生实业（集团）有限公司、美集物流运输有限公司和香港民生实业有限公司组成的汽车物流服务商，主要为长安汽车集团公司提供物流配送、汽车零部件配送、车辆配送等物流服务。目前，长安民生物流已为长安福特汽车有限公司、河北长安汽车有限公司等设计了五个专业化配送中心，能够按照客户的生产作业计划准确地实现对所需部件的成套配送等服务。通过整合供应链，长安民生物流为长安汽车(集团)有限公司建立了以整车生产厂为核心,以汽车零部件企业为支撑的供应链体系。长安民生物流每年可以完成23万套汽车零部件的中储配送、整车发运以及40万台汽车发动机的配送与发运任务。

3.2 基于价值链的生产性服务运营模式

移动制造服务运营主要研究三个移动制造服务主体之间的两种服务关系,即生产性服务和制造服务化,本节研究生产性服务运营模式。生产性服务是服务企业为制造企业提供的服务,这种服务类似于配套企业向核心企业提供产品配件,但是范围要更广泛,如专业服务、银行和金融、商业服务、通讯、咨询策划、中介服务等。生产性服务的界定还不十分明确,但是对于移动制造服务运营而言,具有清晰的服务模式,尽管这种服务模式具有多样性特征。

3.2.1 生产性服务的演变机理分析

生产性服务是指具有中间性质的服务,这种服务不是针对最终消费者,而是针对企业运营、政府管理、商务活动等,本节只研究服务企业与制造企业之间的生产性服务。在制造企业运营的整个生命周期中都渗透着生产性服务,以产品为例,前期的产品设计、生产性服务表现为市场需求分析、原有产品的升级改造、新产品立项、新产品设计等;中期的产品制造、生产性服务表现为非核心零件的采购、零件及半成品的运输、车间信息系统等;后期的产品销售、生产性服务表现为产品营销、产品回收、售后维修等。生产性服务遍及制造企业的各个过程创造价值,具体表现为企业信息管理、人力资源管理、金融管理企业基础设施建设等。制造价值链的延伸依赖于生产性服务,生产性服务可以实现企业的价值增值。

面向生产性服务的移动制造服务可以响应制造企业的各种服务需求。生产性服务可以概括为以下六种基本类型。

(1)信息类服务。信息类服务为制造企业的各个运作环节提供信息服务和信息化服务,如市场调研、通信服务、企业信息咨询、电子商务等信息服务;计算机集成制造系统、产品服务系统、产品数据管理等信息化服务。

(2)技术类服务。技术类服务提供制造企业各个运作环节的技术支持服务,如管理咨询服务、知识产权服务、技术开发服务、生产管理服务、生产设备维修服务、产品制造的技术咨询等。

(3)金融类服务。金融类服务为制造企业各个运作环节提供金融、保险、投资、保险等服务，如风险投资、会计服务、资金配置、资金转账、保险服务、审计服务、网上支付、税收服务等。

（4）商务类服务。商务类服务提供制造企业各个运作环节与贸易活动相关的服务，如广告宣传、国际贸易服务、营销策划等。

（5）物流类服务。物流类服务为制造企业各个运作环节提供物料及产品运输、供应链方案设计、生产经营计划、仓储业务、配送服务，如企业的销售计划、生产计划、库存管理、仓储服务、订货计划、原材料运输服务、产品分销配送服务等。

（6）专业类服务。专业类服务是制造企业各个运作环节涉及的其他专业服务，如人力资源交流与咨询服务、会展服务、销售培训、售后服务培训、技术培训等。

针对移动制造服务的生产性服务，其基本特征如下：

（1）生产性服务贯穿产品整个生产周期。产品是制造企业的核心，产品的开发、生产、销售及支付等各个阶段都存在生产性服务，这些生产性服务为产品的实现提供服务，种类繁多，模式多样。

（2）生产性服务具有契约性。生产性服务作为制造企业生产过程中一个长期和重要的组成部分，需要通过契约或合同将服务内容、服务费用、服务质量、服务期限等各种要求明确，以此来建立制造企业与生产性服务提供商的合作伙伴关系。

（3）生产性服务具有广泛性。生产性服务本身的广泛应用可以满足制造企业各个运作环节的服务需求，其广泛性是显而易见的，这也给相关研究带来困难，使得生产性服务的界定变得复杂。

（4）生产性服务是定制化服务。生产性服务是依据生产过程中各种服务需求来定制的，为制造企业提供长期和多方面的服务。这种定制化服务保证了生产性服务的精准性。

（5）生产性服务质量要求高。制造企业的生产效率、客户满意度、产品质量、资金周转等方面都依赖于生产性服务质量的高低，这就要求高质量的生产性服务。

3.2.2　基于价值链的生产性服务运营模式探讨

以企业活动过程为核心构造一个价值链分析工具，把企业定义为一个由一系列相互联系的价值增值环节所构成的价值创造系统。有的企业之所以能够比其他企业创造更高的价值使其价值链系统不断增值，其原因在于企业的驱动因素，即是指企业比竞争对手体现出差别优势的结构性决定因素。研究包括以下内容：

（1）从企业生产性服务核心需求出发，分析核心需求的业务流程，并以价值链理论建立核心业务流程的驱动因素。

(2)对核心业务流程的共性提出中小企业生产性服务价值链系统,通过驱动因素的作用优化价值链系统进而得到生产性服务运营模式。

(3)基于企业信息化来考察生产性服务运营模式,确定生产性服务信息化原则和一般方法,着重研究决策支持系统的设计任务和信息化中涉及的关键技术。

企业价值链在早期是指产品制造中的价值增值,通过大量的产品装配和制造技术来实现价值增值。后来的研究表明,通过提供服务也可以实现价值增值,而先进的信息技术会影响到服务环节的实现。企业的竞争优势逐步扩展到信息技术应用,价值链也将信息的创造和利用包含,同时信息和知识对企业价值的贡献度也逐步增大。

制造企业对于先进技术的应用,使得加工制造环节的价值链地位降低,而生产性服务在激烈的市场竞争中价值链地位获得提高。在价值链上,制造企业逐步依赖生产性服务实现价值增值。制造企业的各个价值链环节都渗透着生产性服务,并且变得不可或缺。根据价值链的上、中、下游三个阶段,可以将移动制造服务价值链分解为上游阶段、中游阶段、下游阶段三个区段,具体分析如下。

(1)上游阶段。在上游阶段,业务活动主要是需求分析、新产品设计、立项、产品改型设计等。一方面,生产性服务可以实现市场调研、产品设计、可行性研究、产品设计、技术研发等活动,使得制造企业逐步将这些活动外包给服务企业来完成;另一方面,制造企业本身可以将服务部门延伸,以服务企业的形式提供生产性服务,其中需要专门服务来支持。

(2)中游阶段。在中游阶段,以产品的生产、装配、加工活动为核心,实现原材料转换为最终产品的目标,该过程还包括原材料的采购、产品质检、产品库存等活动。生产性服务可以承担更多的生产活动,制造企业基于核心竞争力和投资成本的考虑也外包更多的生产活动,如某钢铁企业把钢锭、钢丝等半成品和产成品的运输外包给服务企业,目的是专注于钢铁产品生产。

(3)下游阶段。在下游阶段,主要是产品销售和维修,如产品的市场营销、产品维修、售后服务、产品回收服务等。生产性服务提供销售代理负责产品的销售及售后服务和产品维修,在该阶段的生产性服务与制造服务相辅相成,共创增值。

3.2.3 支持生产性服务运营模式的信息化方法

移动制造服务运营模式最终需要以信息化为载体应用于企业,通过物联网和云计算等技术支撑获得良好的效益。支持生产性服务运营模式的信息化方法研究主要包括以下几个方面:

(1)从管理信息系系统、决策支持系统、数据仓库、知识管理等方面入手,对现有信息化方案做出客观公正的评价,分析现有信息化方案的优势与不足,提出改进解决方案。

(2)分析生产性服务模式的信息化可行性,将其业务流程以软件需求理论进行整合生成生产性服务软件需求规格,把信息化方法贯彻到软件体系结构的设计中,形成生产性服务的信息化框架。

(3)建立一个集成化的协同制造服务平台是生产性服务信息化的重要目标,这样的平台应包含七个子系统:信息类服务平台、技术类服务平台、金融类服务平台、商务类服务平台、物流类服务平台、专业类服务平台、企业信息平台。各平台子系统之间的信息交互及时、有效,有利于生产性服务的集成和协同。

支持生产性服务运营模式的信息化方法如图 3.4 所示,其中平台涉及的一般信息化系统从略。在制造企业的各个运作环节都渗透着生产性服务,在价值链上生产性服务实现价值增值,服务企业专注于生产性服务,制造企业把产品制造作为核心竞争力,终端用户在使用移动制造服务的同时反馈需求参与生产过程,三个移动制造服务主体共同促进制造与服务的融合。

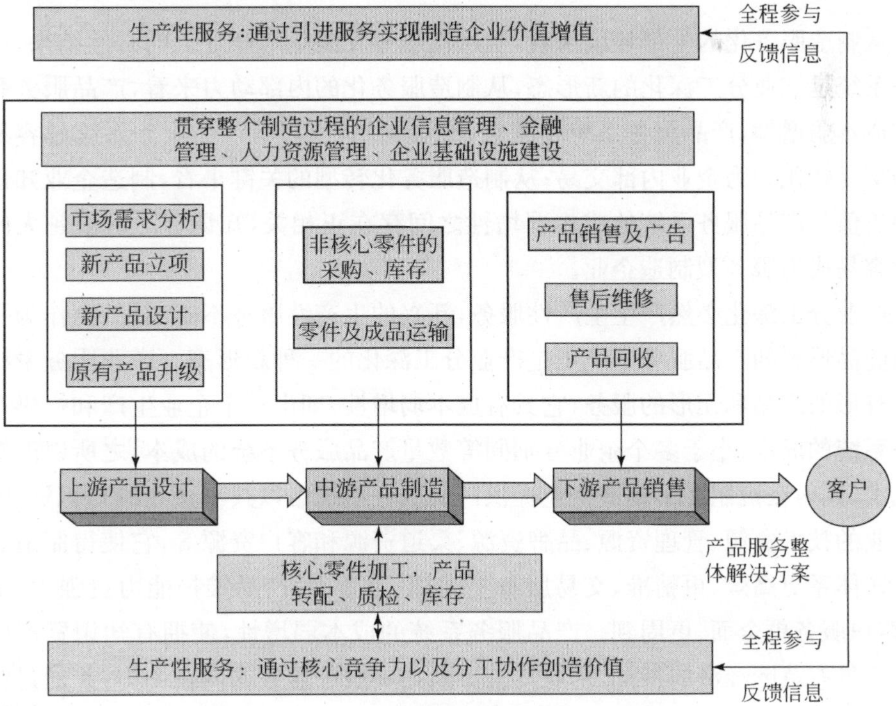

图 3.4　支持生产性服务运营模式的信息化方法

生产性服务为制造企业加工非核心零件等，使制造企业的产品加工制造更具竞争力，其中渗透着生产性服务的竞争能力。在产品制造过程中，生产性服务代替了传统的制造，为快速适应商业生态系统环境的市场变化，生产性服务强化了专业分工企业之间的相互协同，可以降低制造成本，提高制造企业的竞争力。

3.3 基于产业链的制造服务化运营模式

移动制造服务运营的另一个主要对象是制造服务化，制造服务化是针对终端用户的个性化需求，增加服务来创造价值，产品竞争力依赖基于有形产品的移动制造服务。制造服务化是通过服务差异化来实现服务增强的，主要包括服务基础性增强和服务提升性增强。服务基础性增强注重服务对产品竞争力的增强，以实体产品为核心的外围服务要素构成实体产品的差异化，形成服务基础性增强的差异化；服务提升性增强注重服务价值的创造，以核心服务提供作为价值来源的服务本身差异化，形成服务基础性增强的差异化。

3.3.1 制造服务化的竞争机理分析

从制造服务化的外部环境来看，生产性服务发展是产业分工的必然结果，产品服务系统是产业分工深化的新形态；从制造服务化的内部动力来看，产品服务系统具有成本弱增性，产品服务系统越复杂，成本弱增性越强，产品服务系统越容易从市场交易转化为为企业内部交易；从制造服务化转型的关键来看，制造企业知识资产的价值与产品服务系统的成本弱增性之间存在正相关，知识资产价值越大的企业越容易成为服务型制造企业。

产业分工深化必然产生生产性服务，新兴的生产性服务不断涌现，而作为一种新的商品形态的产品服务系统正是产业分工深化的一种新形态。产业服务系统融合了有形的产品和无形的服务，它具有成本弱增性，即由一个企业生产和提供产品服务系统的成本，小于多个企业分别同等数量产品服务系统的成本，之所以能够降低成本，其内在机制在于制造企业提供产品服务系统可以共享企业的知识资产，包括企业的技术资源、管理资源、品牌资源、渠道资源和客户资源等，它使得制造企业的配送体系更高效、更精准，交易服务更便捷、更全面，产品维护能力更强大、更及时，客户服务更全面、更周到。产品服务系统的成本弱增性，使拥有知识资产的制造企业具有范围经济的特征，企业具有不断拓展服务业务的内在动力，并通过纵向一体化构建新的竞争优势，使得制造企业推进制造服务化。

制造服务化的动力机制在于市场需求在从产品导向向产品服务系统导向转变，高价值环节从制造环节为主向服务环节为主转变，基于产品服务的竞争是增强产品差异化竞争优势的重要途径，客户交易在从短期交易向长期交易方式转变等。值得注意的是制造服务化的服务增值主要体现在：研发设计推动了制造业价值链重构、物流现代化成为企业价值的重要来源、电子商务已成为提升企业核心竞争力的重要途径。这些服务增值以服务环节为主，正是制造服务化的根本原因，而服务化需要从产业链角度探索方法和路径。

3.3.2 基于产业链的制造服务化运营模式探讨

产业链是一个相对宏观的概念，具有某种内在联系的企业群结构可以用产业链来描述，产业链的属性有结构属性和价值属性。在产业链的上下游之间关系复杂，不断交换价值，它是价值创造最集中的区域，下游环节向上游环节反馈信息，上游环节向下游环节输送产品或服务，相互作用在创造价值的同时分配价值。中小企业在产业链上普遍处于弱势，对于利润大的环节没有主动权，而这些需要制造服务化来延伸中小企业的产业链。基于产业链的制造服务化运营模式研究包括以下方面：

(1)从企业产业链地位现状出发，分析制造服务化核心需求的业务流程，并以产业链理论建立服务化的具体步骤和客户关系管理的集成。

(2)在产业链上突破制造与服务的屏障，通过优化产业链结构，寻求产业链延伸点，动态构建实时的制造服务化运营模式。

(3)以服务信息化为基础，考察制造服务化运营模式，确定制造服务化的信息化原则和一般方法，着重研究智能商务系统设计任务和信息化涉及的关键技术。

在不确定环境下，制造企业基于产业链为谋求自身生存与发展而争夺资源，形成企业竞争，目标是获得竞争优势，具体表现为企业不断适应动态变化的商业生态系统市场环境。制造服务化是实现企业竞争优势的重要途径，方法是制造企业通过增强产业链各个环节的服务功能来适应新的竞争环境。制造服务化在有形产品上提供更多的服务，针对终端用户需求，采取产品服务系统的措施来满足，制造服务化过程是从自发到自觉、从被动到主动、从局部到全部的过程。基于产业链的制造服务化运营模式呈现多样化，并且在服务创新中会不断发展。

(1)提升产品效能的制造服务化。市场竞争加剧促使企业通过服务提升产品价值，更好地体现了竞争的差异化，促进企业创造利润和锁定客户，从而在新一轮竞争中脱颖而出。产品性能和完善的服务是多种多样的，无论是在产品研发的前端还是在产品交付给客户的操作之后，都可以通过服务手段、产品附加值和不断挖掘新的业务模式。产品效率提升的增值服务主要包括实时在线支持服务、动态个性化服务、个性化产品设计服务等。

(2)整合产品的制造服务化。制造企业面对的客户需求在很多时候不是单一的产品，而是产品和服务的组合，具有一定功能，制造企业为客户提供集成和全面的解决方案，正在成为满足客户需求和赢得市场竞争的重要手段和途径。对于制造型企业而言，整合专业服务已成为制造企业拓展业务的重要模式。产品集成的增值服务主要包括总承包服务一体化、综合专业服务等。

(3)改善产品交易的制造服务化。交易效率和便利性成为企业核心竞争力的重要组成部分，在信息技术应用和普及的大背景下，制造企业通过多样化的金融服务、精准的供应链管理、便捷的电子商务，为客户提供更具竞争力的产品和服务。产品和交易的增值服务主要包括多元化的金融服务、精细的供应链管理服务、便捷的电子商务服务等。

(4)需求导向的制造服务化。服务模式把制造企业的运营能力外延，从基于产品提供服务转变为基于需求提供服务。制造企业提供专业服务是利用价值链上的运营优势，提供移动制造服务解决方案。该模式的增值服务主要是通过构建基于动态需求的一体化解决方案，是制造服务化关注的重点之一。

3.3.3 支持制造服务化运营模式的信息化方法

移动制造服务运营模式最终需要以信息化为载体应用于企业，通过物联网和云计算等技术支撑取得良好的效益。支持制造服务化运营模式的信息化包括以下内容：

(1)从管理信息系系统、决策支持系统、数据仓库、知识管理等方面入手，对现有信息化方案做出客观公正的评价，分析现有信息化方案的优势与不足，提出改进解决方案。

(2)论证制造服务化模式的信息化可行性，将其业务流程以软件需求理论进行整合生成制造服务化软件需求规格，把信息化方法贯彻到软件体系结构的设计中，形成制造服务化的信息化框架。

(3)建立集成化的协同制造服务平台，该平台主要包括产品销售与服务平台、综合管理信息系统平台、采购与协同制造平台、产品设计与管理系统平台、生产作业与控制系统平台五大子系统，制造服务化的集成和协同依赖于平台，平台保证信息实时交互，特别在移动互联网中协调制造企业和终端用户的信息化要求。

支持制造服务化运营模式的信息化方法如图 3.5 所示，其中平台涉及的一般信息化系统从略，主要包含移动制造服务有关的配置系统、支撑系统、调度系统。

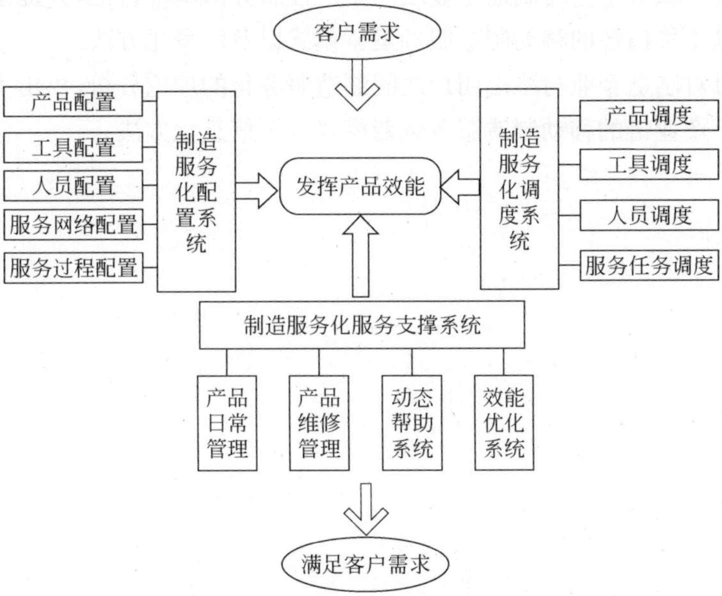

图 3.5　支持制造服务化运营模式的信息化方法

制造服务化配置系统为终端用户提供本地服务，适应终端用户的个性化需求，处理现场所需的产品、人员以及工具等。配置服务过程，依据产品状态信息，执行移动制造服务。比如，易损件定期检查、易损件更换决策、零部件故障监测等。

制造服务化支撑系统作为一个协同工作系统，参与主体包括制造企业、终端用户、移动制造服务管理人员等。制造服务化可以减少产品的故障，使产品功能得到充分的发挥，保障产品服役效能。一方面，通过支撑系统，制造企业通过支撑系统对终端用户培训和帮助；另一方面，支撑系统可以保障产品的性能，终端用户可以向制造企业反馈信息，协助制造企业改进新产品设计，提高服务质量。

制造服务化调度系统应用智能算法实现对任务、现场管理人员、产品的调度，控制移动制造服务。制造服务化调度系统可以节约时间和成本，并保障移动制造服务的执行，实现制造企业对移动制造服务的操作和维护。

3.4　本章小结

本章的主要研究工作可概括为如下几点。

(1)在移动制造服务核心需求分析的基础上提出了基于一切即服务的移动制造服务基本运营模式,并探讨了几种典型的移动制造服务变异运营模式。

(2)研究了服务企业与制造企业之间生产性服务的基本特征,并提出了针对生产性服务,基于价值链的移动制造服务运营模式以及信息化方法。

(3)通过对制造企业与终端用户之间制造服务化的理论分析,提出了针对制造服务化,基于产业链的移动制造服务运营模式以及信息化方法。

第 4 章　移动制造服务需求的价值挖掘技术

在移动互联网环境中运营制造服务，首先要从海量的数据中抽取移动制造服务主体的个性化需求，然后才能设计有竞争力的移动制造服务系统。特别是在商业生态系统中，市场信息瞬息万变，商机稍纵即逝，更需要准确把握各个移动制造服务主体与各种移动制造服务关系的需求。移动制造服务需求的内涵可以从价值角度定义，以价值理论分析移动制造服务主体需求，以价值链理论分析移动制造服务关系需求，移动制造服务需求和移动制造服务价值是相互影响的统一体，基于此建立移动制造服务需求的价值模型。随着大数据技术的深入应用，对于移动制造服务需求的价值挖掘具有了坚实的技术支持，可以在移动互联网环境中以数据挖掘方法抽取移动制造服务需求的价值。一方面，针对移动制造服务主体，分别挖掘服务企业价值、制造企业价值和终端用户价值；另一方面，针对移动制造服务关系，在动态聚类处理之后，分别挖掘生产性服务价值和制造服务化价值。

4.1　移动制造服务需求价值模型

移动制造服务需求的挖掘主要是从价值角度，研究移动制造服务主体以及移动制造服务关系的价值创造和价值分配。可以通过构建移动制造服务需求的价值模型，并设计适合的价值挖掘方法，进而实现挖掘制造服务需求。首先，进行移动制造服务的需求内涵分析，从服务企业、制造企业和终端用户三大类移动制造服务主体的各自特点分析价值视角下的移动制造服务需求；然后，将移动制造服务需求映射到移动制造服务价值，移动制造服务需求和移动制造服务价值是相互影响的统一体，是移动制造服务的两个维度，存在内在的函数关系；最后，基于价值理论构建移动制造服务主体价值的静态模型，基于价值链理论建立移动制造服务关系价值的动态模型。

4.1.1　移动制造服务需求内涵

移动制造服务需求是在商业生态环境中各个移动制造服务主体从各自价值创造出发提出的价值声明，它是通过服务创新满足的，一般表现为移动制造服务系统对应的整体解决方案。移动制造服务需求是制造服务系统演化的源头，具有十分重要的作用，对移动制造服务需求把握得越准确，就越有利于移动制造服务系统的实现。移动制造服务需求是伴随着价值挖掘不断完善的，对于服务企业、制造企业和终端客户，移动制造服务需求具有不同的内涵，因为这三类移动制造服务主体在价值创造过程中都有各自的价值声明。在服务企业与制造企业形成的生产性服务关系中，制造企业作为生产性服务使用者，其需求主要表现为使用价值声明；而在制造企业与终端用户形成的制造服务化关系中，终端用户作为制造服务化使用者，其需求主要表现为顾客价值声明。

1. 服务企业的移动制造服务需求

服务企业的移动制造服务需求表现为推销它的移动制造服务，就是在生产性服务关系中，找到使用它提供服务的制造企业。但是为了提供移动制造服务，服务企业也有经营者和内部员工等需求。

(1)服务企业的本位需求。服务企业的本位需求主要指企业股东和经营者的需求，表现在企业的经济利益获取上，在生产性服务中，服务企业提供的中间性服务具有专业化功能，其需求的关键在于企业收益和企业的革新成长。服务企业和制造企业建立的服务关系本身也是服务企业的本位需求，这种生产性服务关系是在激烈的市场竞争中确立的，是服务企业核心竞争力的体现。服务企业的本位需求是价值创造的源泉，也是企业存在合理性的表现。

(2)服务企业的顾客需求。服务企业的顾客需求是满足顾客要求时提供的移动制造服务，和服务企业自身需求的本位需求一致，顾客需求的满足是经营过程的核心目标。生产性服务中的服务企业顾客需求是将制造企业的需求映射为服务企业能提供的服务，在产业链上服务企业一般是配套企业，这时顾客需求表现为配件订单或者特定服务任务。服务企业的顾客需求是服务企业发现制造企业购买移动制造服务的潜力。

(3)服务企业的社会需求。服务企业的社会需求主要体现在企业的社会责任，包括企业内部员工的需求、政府需求、自然环境需求等，如对于企业员工需要提供良好工作福利、政府需要服务企业提供税收、自然条件要求服务企业不能破坏环境。服务企业的社会需求和内部员工、政府和自然环境的利益是彼此博弈的，虽然这些需求不是提供移动制造服务的核心能力，但是也影响服务企业本位需求和顾客需求的顺利满足。

2. 制造企业的移动制造服务需求

制造企业对于服务企业在生产性服务中的顾客角色具有顾客需求，同时对于终端用户在制造服务化中的企业角色具有企业需求，所以制造企业是顾客和企业的双重性移动制造服务主体。实际运营中大多数企业具有制造企业的双重需求。

(1)制造企业的客户感知需求。制造企业在生产性服务中获得了服务的使用价值，和服务企业的顾客需求对应有客户感知需求，主要包括四个方面：一是需要低廉的价格，对于制造企业在同类移动制造服务选择时首先考虑的是价格，即价格性需求；二是制造企业在移动制造服务中所需要的东西，即功能性需求；三是制造企业付出所获得的质量，即服务性需求；四是制造企业付出可以得到的全部，即完整性需求。

(2)制造企业的客户可变需求。在生产性服务过程中，制造企业使用移动制造服务的服务约定边界总是有限的，随着个性化程度的增加，就会出现不可预知的新需求，这些需求对于服务企业是服务创新的信息源之一。制造企业会对不同服务企业的同类移动制造服务进行鉴别，选择性价比较高的，可变需求就不可避免，这类需求对生产性服务的应变能力和市场适应性都是挑战。

(3)制造企业的本位需求。制造企业的本位需求主要指企业股东和经营者的需求，表现在企业的经济利益获取上。在制造服务化中，制造企业提供产品服务系统，其需求关键在于企业收益和企业的核心竞争力提高。制造企业和终端用户建立的服务关系本身也是制造企业的本位需求，这种制造服务化关系是在激烈的市场竞争中确立的，它体现了制造企业的核心竞争力。制造企业的本位需求可以看作企业创新的源泉，也可以看作企业存在合理性的表现。

(4)制造企业的顾客需求。制造企业的顾客需求是针对制造服务化的，它要面对终端用户的产品和服务要求，改变原来单纯提供产品的策略。制造服务化中的制造企业顾客需求是将终端用户的需求映射为制造企业能提供的产品服务系统，在产业链上制造企业一般是核心企业，这时顾客需求表现为产品订单、服务订单或者产品服务任务等。

(5)制造企业的社会需求。制造企业的社会需求主要体现在企业的社会责任，包括企业内部员工的需求、政府需求、自然环境需求等，如对于企业员工需要提供良好工作福利、政府需要服务企业提供税收、自然条件要求制造企业不能破坏环境。制造企业的社会需求和内部员工、政府和自然环境的利益是彼此博弈的，虽然这些需求不提供移动制造服务的核心能力，但是也会影响制造企业本位需求和顾客需求的顺利满足。

3. 终端用户的移动制造服务需求

对于制造服务化中的终端用户，移动制造服务需求主要是获得满足个性化的移动制造服务，可以是一个产品，也可以是一个服务，更多是产品服务系统。随着制造服务化程度的提高，终端用户的需求会出现新的特点，如更注重体验、服务创新程度增加、性价比最优等。

(1)终端用户的客户感知需求。终端用户在制造服务化中获得了产品和服务的使用价值，和制造企业的顾客需求对应有客户感知需求，主要包括四个方面：一是需要低廉的价格，对于终端用户在同类移动制造服务选择时首先考虑的是价格，即价格性需求；二是终端用户要求移动制造服务提供的能力，即功能性需求；三是终端用户得到的移动制造服务质量，即服务性需求；四是终端用户付出可以得到的全部，即完整性需求。

(2)终端用户的客户可变需求。在制造服务化过程中，终端用户使用移动制造服务的服务约定边界总是有限的，随着个性化程度的增加，就会出现不可预知的新需求，这些需求对于制造企业是产品更新换代的信息源之一。终端用户会对不同制造企业的同类移动制造服务进行鉴别，选择性价比较高的，可变需求就不可避免，这类需求对制造服务化既是机遇也是挑战。

4.1.2 移动制造服务需求价值分析

人类活动有两个目标是追求真理和创造价值，其中价值是指事物对人的需要而言的某种有用性。柏拉图提出价值分为内在价值、外在价值和混合性中间价值。经济学中形成了两大价值体系，一是由威廉配第提出，亚当·斯密、大卫·李嘉图、马克思等人发展的劳动创造价值理论，核心观点是使用价值和价值统一于商品，而劳动可以用来度量价值的尺度；二是由萨伊提出，门格尔、维塞尔等人发展的效用价值论，核心观点是主观评价人们对商品的效用结果是价值，而边际效用可以用来度量价值的尺度，强调有用性和稀缺性。一般认为，价值是可以是一个关系范畴，也可以是一种效用，同时，价值还是客体属性与主体需要的特定关系。价值的主要特点是价值的主观性、价值的相对性，以及价值的动态性。

由巴纳德领导的社会制度学派提出组织是一个有意识的协调各种活动的系统。组织的目的是为组织的所有贡献者创造价值，并确保组织的有效性。企业生态系统理论认为，企业必须在一个健康的生态系统中生存，企业的可持续管理必须在主要利益相关者之间建立价值体系，即通过各利益相关者之间的相互作用来实现利益相关者之间的动态平衡。

利益相关者理论认为，任何企业都有许多利益相关者，1984年，Fieeman提出利益相关者的所有个人和团体可以影响一个组织的目标或一个组织实现其目标的实现过程。因此，企业在追求其价值时不应该仅仅考虑企业价值，而应该结合社会环境的价值影响，从系统的观点出发来考虑。关系营销理论是以系统理论为基础的，在社会经济环境下研究企业的营销活动。克里斯托弗等提出六市场模式，该模式认为企业应该在六个关键市场进行营销活动，主要利益相关者是顾客，其他五个市场是内部市场、推荐市场、供应商联盟市场、雇佣市场、影响者市场。

根据移动制造服务需求内涵分析获得的各类制造服务主体的需求，可以构建移动制造服务需求的价值体系。需求的满足伴随着价值的创造，移动制造服务主体的需求都是用价值来衡量的，从需求到价值都有对应关系，如服务企业的需求对应着服务企业的价值、制造企业的需求对应着制造企业的价值、终端用户的需求对应着终端用户的价值等。由于需求和价值是密不可分的，即需求是价值的基础，价值是需求的体现，因此，移动制造服务需求的价值主要集中在企业价值和客户价值上，可以采用企业价值理论进行研究。企业价值包括企业本位价值、企业顾客价值和企业社会价值，客户价值包括客户可变价值和客户感知价值等。

移动制造服务需求的价值分析框架如图4.1所示，该框架是综合应用企业价值理论来分析移动制造服务需求的价值。

服务企业和制造企业（制造服务化关系）的价值可以从企业价值的角度来分析，企业顾客价值、企业本位价值和企业社会价值组成企业价值。在企业价值中，企业顾客价值是企业为顾客创造的价值，它的评价主体为使用者，它是整体顾客价值与整体顾客成本的差值，度量企业顾客价值是应用顾客让渡价值；企业本位价值是企业合理性的表现，它的评价主体为企业的股东和经营者，它用于度量企业革新成长性和企业收益性；企业社会价值是企业的社会责任的度量，具体表现为对社会的效用，它的评价主体为员工、社会和关联企业等利益相关者。

制造企业（生产性服务关系）和终端用户的价值可以从客户价值的角度来分析。客户价值包括客户感知价值和客户可变价值。客户感知价值是客户所能获取的价值，是顾客价值对应的协同效应，对于移动制造服务的提供者来说就是顾客价值，对移动制造服务的使用者来说就是客户感知价值，这两种价值是价值创造与价值获取的双重协同效应。客户可变价值是客户在服务关系中新增需求产生的价

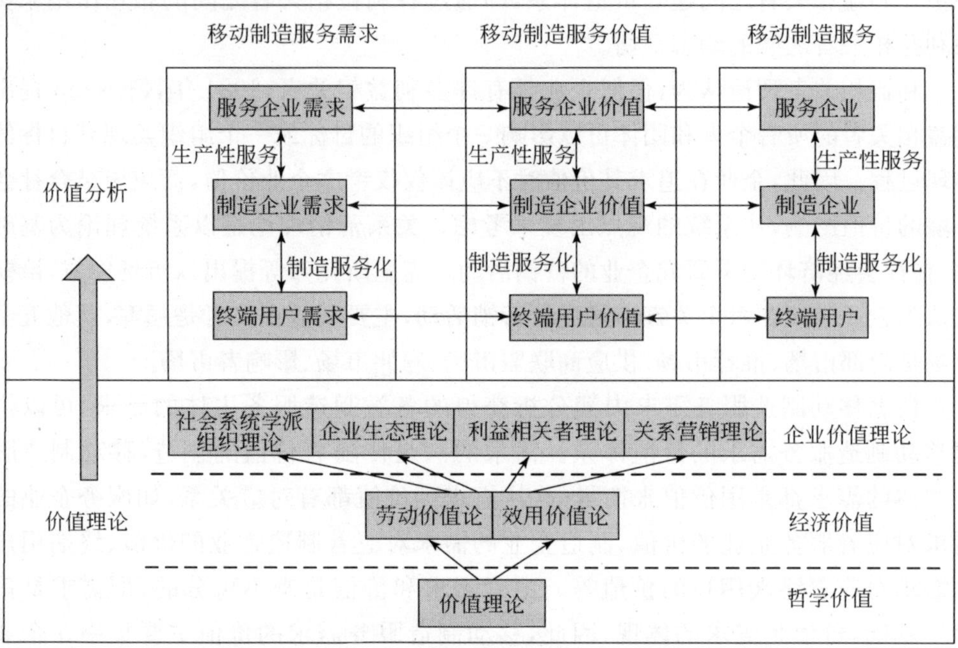

图 4.1　移动制造服务需求的价值分析框架

值，这部分价值具有不稳定性和风险性，表现在企业和顾客之间由于移动制造服务出现不适应而采取的补救措施，也表现在顾客在使用中对企业提出的新要求等。

移动制造服务需求的价值是通过移动制造服务系统实现的，移动制造服务系统在商业生态环境的运作中要满足服务企业、制造企业和终端用户的需求，创造出移动制造服务价值。移动制造服务需求的价值还体现在服务模式的创新，针对具体的移动制造服务需求，从价值分析角度设计服务模式，通过构造移动制造服务系统来实现移动制造服务价值。

例如，一个典型的移动制造服务需求如下：在市场上存在大量的客户和供应商，如何帮助供需双方快速建立服务关系；通过有效整合供应商资源，为客户提供个性化的服务；通过有效整合需求资源，提供足够的客户资源，有效监控和保证整个服务流程的执行，尽可能地提高服务质量和服务价值。针对上述移动制造服务的需求，设计服务模式的业务结构如下：从业务的角度来看，服务模式由客户、供应商、第三方服务平台三部分组成。大量的客户和服务商连接到服务平台，客户要表达自己的个性需求，服务商为服务平台提供多种服务。服务平台作为中介服务供需之间的中介，为客户提供有效整合的资源以及新的服务解决方案，并为客户创造不断优化的服务价值和服务质量。

移动制造服务系统的价值分析过程包括构建阶段和运行阶段，在构建阶段主要包括服务业务建模、服务模式设计、服务系统构造。这三个阶段构成一个驱动转型过程自上而下的模式，而移动的制造服务系统的价值分析如图 4.2 所示。可以看出，服务模式是服务的设计和发展的起点。对于移动制造服务提供商来说，首先需要从全球的角度来开发业务和移动制造服务的价值，然后确定参与者的服务(客户、供应商)，定义多个参与者之间的控制流、信息流和价值流，也就是说这些新价值怎样在各个参与者之间产生、传递、分配和转换。从这点来看，服务模式首先要考虑移动制造服务体系的建设，重点是对供应和需求的机制，以及通过协同生产创造价值的机制。例如，上例中针对移动制造服务需求设计的服务模式，是一种针对数量较多的顾客与提供者的服务模式。其次，服务设计人员设计一个详细的服务模型，从行为、资源、能力需求、组织、信息多个角度来描述服务的细节，并展示服务模式的形式。有很多可以参考的服务模型与服务建模方法，如服务模型驱动的体系结构、服务蓝图法等。最后，通过支持面向服务的体系结构，将服务模型转化为相应的服务系统，同时支持服务操作阶段的供应和需求两方面的价值。

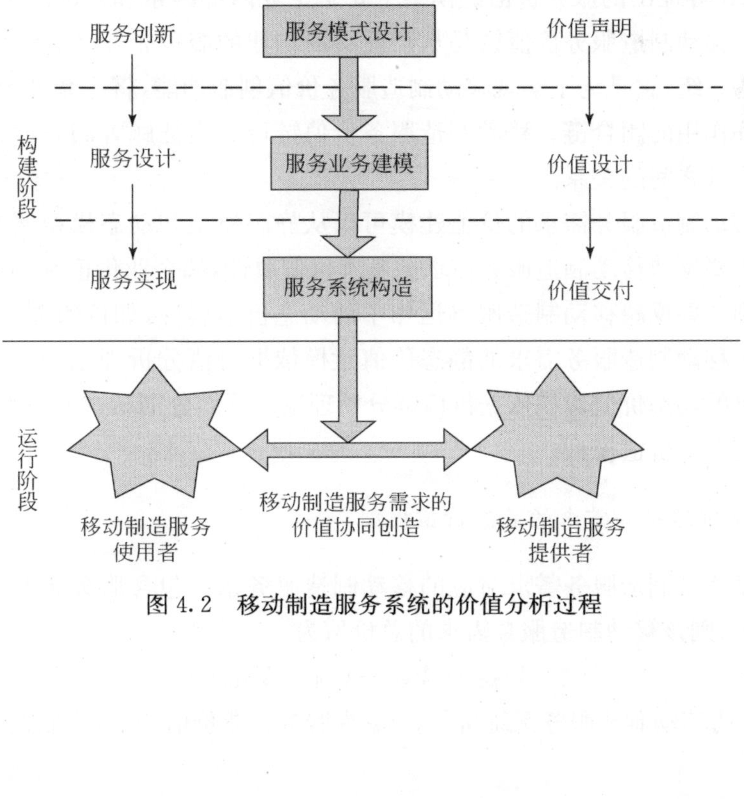

图 4.2　移动制造服务系统的价值分析过程

4.1.3 移动制造服务需求价值建模

移动制造服务需求的价值实质上表现为移动制造服务价值，移动制造服务需求和移动制造服务价值是对移动制造服务度量的两个维度，同时也互为映射关系。移动制造服务价值是基于制造产品全生命周期的服务价值的创造过程。在产业结构中，移动制造服务的价值并不局限于顾客价值。事实上，这个过程是建立在价值链的基础上，包括顾客价值体系、企业内部价值体系、供应商和合作伙伴价值体系等。移动制造服务价值是价值创造过程中的一个新的价值空间，包括基于满足客户创造的新价值和产品价值。

在商业生态系统中的移动制造服务价值可以表示为产业价值链。产业价值链是一个价值创造系统，这个系统由一系列有供需关系的企业组成。同时产业价值链也是一个关系链，其中有一系列共同创造产业价值的企业，也有按照一定的分配规律共同分享其价值成果的企业。产业价值链可以创造价值和分配价值，该功能取决于产业价值链的结构特征，这些结构特征主要包括各个环节的价值分布、产业价值链的企业类别、各个环节企业内部的价值链结构、各个环节企业的数量等。

Heskett 等提出的服务价值链模型主要是企业内部因素和外部产出之间的满意度关系。移动制造服务价值链是从产业层面构建的服务企业、制造企业和终端用户之间的系统，它是为了实现移动制造服务价值创造功能，将一系列价值活动形成一条循环作用的闭合链。移动制造服务价值链可以表征顾客满意度、员工满意度等概念及其之间的关系。

对于移动制造服务需求的价值建模可以从静态模型和动态模型两方面展开，静态模型主要反映移动制造服务需求的基本价值属性，如企业价值和顾客价值等；动态模型则主要反映移动制造服务运作中的动态价值属性，如价值创造和价值分配等。对于移动制造服务需求的静态价值建模依据价值分析理论，而对于移动制造服务需求的动态价值建模依据价值链分析理论。下面分别从这两方面构建移动制造服务需求的价值模型。

1. 移动制造服务需求的静态价值模型

假设某移动制造服务需求对应的移动制造服务系统包含服务企业、制造企业和终端用户，则该移动制造服务需求的总价值为

$$V_{\mathrm{BMS}} = V_{\mathrm{SE}} + V_{\mathrm{ME}} + V_{\mathrm{TU}} \tag{4.1}$$

式中，V_{BMS} 为移动制造服务系统价值；V_{SE} 为服务企业价值；V_{ME} 为制造企业价值；

V_{TU} 为终端用户价值。

(1)对于服务企业价值 V_{SE}，有

$$V_{SE}=V_{SEbw}+V_{SEgk}+V_{SEsh} \tag{4.2}$$

式中，V_{SEbw} 为服务企业本位价值；V_{SEgk} 为服务企业顾客价值；V_{SEsh} 为服务企业社会价值。

根据移动制造服务需求，服务企业价值的影响因子为

$$\begin{cases}V_{SEbw}=f(V_{sy1},V_{cz1})\\V_{SEgk}=f(V_{cp1},V_{fw1},V_{ry1},V_{xx1})\\V_{SEsh}=f(V_{yg1},V_{zf1},V_{zr1})\end{cases} \tag{4.3}$$

式中，V_{sy1}、V_{cz1} 分别为服务企业在生产性服务中的收益价值和成长价值；V_{cp1}、V_{fw1}、V_{ry1}、V_{xx1} 分别为服务企业在生产性服务中的产品价值、服务价值、人员价值和形象价值；V_{yg1}、V_{zf1}、V_{zr1} 分别为服务企业在生产性服务中的员工价值、政府价值和自然价值。

一般服务企业价值 V_{SE} 的估算公式为

$$V_{SE}=B_{01}+\sum_{j_1=1}^{m_1}\frac{(\mathrm{ROE}_{j_1-r_1}-r_1\times B_{j_1-1})}{(1+r_1)j_1} \tag{4.4}$$

式中，V_{SE} 为服务企业的生产性服务价值；j_1 为服务企业与制造企业交易的现金流的时间；m_1 为服务企业维持与制造企业的特定关系的总时间；B_{01} 为服务企业权益当前的账面值；B_{j_1-1} 为服务企业权益第 j_1-1 年的账面值；$\mathrm{ROE}_{j_1-r_1}$ 为在第 j_1 年的实际收益率；$r_1\times B_{j_1-1}$ 为在第 j_1 年的预期收益率；r_1 表示市场必要回报率。

(2)对于制造企业价值 V_{ME}，有

$$V_{ME}=V_{MEgz}+V_{MEkb}+V_{MEbw}+V_{MEgk}+V_{MEsh} \tag{4.5}$$

式中，V_{MEgz} 为制造企业感知价值；V_{MEkb} 为制造企业可变价值；V_{MEbw} 为制造企业本位价值；V_{MEgk} 为制造企业顾客价值；V_{MEsh} 为制造企业社会价值。

根据移动制造服务需求，制造企业价值的影响因子为

$$\begin{cases}V_{MEgz}=f(V_{hb},V_{sj},V_{jl},V_{tl})\\V_{MEkb}=f(V_{xz},V_{gh})\\V_{MEbw}=f(V_{sy},V_{cz})\\V_{MEgk}=f(V_{cp},V_{fw},V_{ry},V_{xx})\\V_{MEsh}=f(V_{yg},V_{zf},V_{zr})\end{cases} \tag{4.6}$$

式中，V_{hb}、V_{sj}、V_{jl}、V_{tl} 分别为制造企业在生产性服务中的货币价值、时间价值、精力价值和体力价值；V_{xz}、V_{gh} 分别为制造企业在生产性服务中的新增价值和更换价

值；V_{sy}、V_{cz} 分别为制造企业在制造服务化中的收益价值和成长价值；V_{cp}、V_{fw}、V_{ry}、V_{xx} 分别为制造企业在制造服务化中的产品价值、服务价值、人员价值和形象价值；V_{yg}、V_{zf}、V_{zr} 分别为制造企业在制造服务化中的员工价值、政府价值和自然价值。

一般情况下，制造企业价值 V_{ME} 的估算公式为

$$\begin{aligned} V_{ME} &= V_{ME1} + V_{ME2} \\ &= \sum_{i=1}^{n}\left[\frac{R_i}{(1+d)^{i-0.5}} - \frac{C_i}{(1+d)^{i-0.5}}\right] \\ &\quad + \left[B_0 + \sum_{j=1}^{m}\frac{(\mathrm{ROE}_{j-r} - r \times B_{j-1})}{(1+r)^j}\right] \end{aligned} \tag{4.7}$$

式中，V_{ME1}、V_{ME2} 分别为制造企业的生产性服务价值和制造服务化价值。对于制造企业的生产性服务价值，i 为制造企业与服务企业交易的现金流的时间周期；n 为制造企业维持与服务企业的特定关系的总周期数；R_i 为在第 i 个周期内制造企业的支出；C_i 为在第 i 个周期内产生支出所需要花费的总成本；d 为折现率；对于制造企业的制造服务化价值，j 表示制造企业与终端用户交易的现金流的时间；m 为制造企业维持与终端用户的特定关系的总时间；B_0 为制造企业权益当前的账面值；B_{j-1} 为制造企业权益第 $j-1$ 年的账面值；ROE_{j-r} 为在第 j 年的实际收益率；$r \times B_{j-1}$ 表示在第 j 年的预期收益率；r 为市场必要回报率。

(3)对于终端用户价值 V_{TU}，有

$$V_{TU} = V_{TUgz} + V_{TUkb} \tag{4.8}$$

式中，V_{TUgz} 为终端用户感知价值；V_{TUkb} 为终端用户可变价值。

根据移动制造服务需求，终端用户价值的影响因子为

$$\begin{cases} V_{TUgz} = f(V_{hb2}, V_{sj2}, V_{jl2}, V_{tl2}) \\ V_{TUkb} = f(V_{xz2}, V_{gh2}) \end{cases} \tag{4.9}$$

式中，V_{hb2}、V_{sj2}、V_{jl2}、V_{tl2} 分别为终端用户在制造服务化中的货币价值、时间价值、精力价值和体力价值；V_{xz2}、V_{gh2} 分别为终端用户在制造服务化中的新增价值和更换价值。

一般情况下，终端用户价值 V_{TU} 的估算公式为

$$V_{TU} = \sum_{i_2=1}^{n_2}\left[\frac{R2_{i_2}}{(1+d_2)^{i_2-0.5}} - \frac{C2_{i_2}}{(1+d_2)^{i_2-0.5}}\right] \tag{4.10}$$

式中，V_{TU} 为终端用户的制造服务化价值；i_2 为终端用户与制造企业交易的现金流的时间周期；n_2 为终端用户维持与制造企业的特定关系的总周期数；$R2_{i_2}$ 为在第 i_2 个周期内终端用户的支出；$C2_{i_2}$ 为在第 i_2 个周期内产生支出所需要花费的总成

本；d_2 为折现率。

2. 移动制造服务需求的动态价值模型

移动制造服务需求的动态价值建模，主要描述服务企业、制造企业和终端用户在移动制造服务运作过程中不断变化的价值创造和价值分配关系。基于移动制造服务需求的分析结果，动态价值的核心依据是移动制造服务价格。移动制造服务价格是移动制造服务需求价值的集中反映，决定着整个价值系统的构建。如在制造服务化价值系统中，对于制造企业的价值获取形式可以是服务或展品的价格，也可以是移动制造服务的价格，服务企业与终端用户完成该移动制造服务价值的实现。因此，在移动制造服务需求的动态价值建模过程中以移动制造服务的定价过程来代表制造企业在移动制造价值系统的价值分配过程。下面以制造企业和终端用户之间的制造服务化关系为例说明移动制造服务需求的动态价值建模过程（服务企业和制造企业之间的生产性服务关系动态价值建模过程是类似的）。

通过建立价格博弈模型来确定移动制造服务价值创造与分配之间的关系，既可以使参与服务价值创造的各方达到均衡，也可以实现价值的合理分配。为了便于研究，将问题进行适当简化。第一阶段采取非合作博弈，是否继续服务合作由制造企业决定，终端用户确定服务数量，其依据是终端用户价值收益最大化，共同创造的价值量取决于制造企业和终端用户；第二阶段采取合作博弈，其过程用 Rubinstein-Stahl 轮流出价的讨价还价模型来描述，制造企业和终端用户通过确定获取其共同创造的价值的份额来决定移动制造服务的价格，依据是讨价还价能力。

在各个阶段，制造企业和终端用户共同创造的价值为 V_i，记为 $V_i = V_i(Q_i, C_i)$，其中，Q_i 是移动制造服务量，而 C_i 是制造企业和终端用户的总成本。有 $C_i = C_i(Q_i)$ 表示制造企业和终端用户的总成本与移动制造服务量相关。具体分析总成本内涵，制造企业的成本是其机会成本，终端用户的成本是转换成本。成本浪费是由于原有未到期的移动制造服务转变为新的服务形式，这会引起边际成本递增。

制造企业在各个阶段获取的价值分别为 $\pi_1^{(0)}, \pi_1^{(1)}, \pi_1^{(2)} \cdots$，终端用户在各个阶段获取的价值分别为 $\pi_2^{(0)}, \pi_2^{(1)}, \pi_2^{(2)} \cdots$。讨价还价能力用贴现因子来表示，作为讨价还价成本的贴现因子，在区间 $(0,1)$ 越接近于 1，则其讨价还价能力越强。制造企业在各个阶段的讨价还价能力用贴现因子 $\delta_1^{(0)}, \delta_1^{(1)}, \delta_1^{(2)} \cdots$ 表示，终端用户在各个阶段的讨价还价能力用贴现因子 $\delta_2^{(0)}, \delta_2^{(1)}, \delta_2^{(2)} \cdots$ 表示。各个阶段双方签订的服务合同额记为 $\mathrm{Con}^{(i)}$，$i = 0,1,2\cdots$。服务企业和终端用户可以约定一个实际费用的观测变量，用来在各阶段末调整服务合同，各个阶段结束时制造企业的费用清单反映出的费用总额记为 $\mathrm{Cost}^{(i)}$，$i=0,1,2,\cdots$。

终端用户和制造企业在最初合作建立时，确定了移动制造服务量为 Q_0，考虑终端用户和制造企业由于服务合同产生的成本是 $C_0(Q_0)$，则共同创造的总价值为

$$V_0=V(Q_0,C_0(Q_0))=\bar{v}Q_0-C_0(Q_0) \tag{4.11}$$

式中，$\bar{v}$ 为单位移动制造服务价值。

在终端用户和制造企业共同创造价值之后，移动制造服务价格和价值的分配是通过它们的讨价还价能力的作用形成的。如果制造企业讨价还价能力是 $\delta_1^{(0)}$，终端用户的讨价还价能力是 $\delta_2^{(0)}$，存在先后顺序（终端用户首先出价），则利润分别为

$$\begin{cases}\pi_1^{(0)}=\dfrac{\delta_1^{(0)}(1-\delta_2^{(0)})}{1-\delta_1^{(0)}\delta_2^{(0)}}V_0\\ \pi_2^{(0)}=\dfrac{1-\delta_1^{(0)}}{1-\delta_1^{(0)}\delta_2^{(0)}}V_0\end{cases},\quad \frac{\delta_1^{(0)}(1-\delta_2^{(0)})}{1-\delta_1^{(0)}\delta_2^{(0)}}+\frac{1-\delta_1^{(0)}}{1-\delta_1^{(0)}\delta_2^{(0)}}=1 \tag{4.12}$$

如果使每阶段的时间变得任意短，假设阶段的时间长度为 ε，设 $\delta_1^{(0)}=\exp(-\gamma_1^{(0)}\varepsilon)$ 和 $\delta_2^{(0)}=\exp(-\gamma_2^{(0)}\varepsilon)$。当 ε 接近 0 时，制造企业和终端用户所获得的价值分别为

$$\begin{aligned}\pi_1^{(0)}&=\lim_{\varepsilon\to 0}\frac{1-\exp(-\gamma_2^{(0)}\varepsilon)}{1-\exp[-(\gamma_1^{(0)}+\gamma_2^{(0)})\varepsilon]}V_0\\&=\frac{\gamma_2^{(0)}}{\gamma_1^{(0)}+\gamma_2^{(0)}}\lim_{\varepsilon\to 0}\frac{\exp(-\gamma_2^{(0)}\varepsilon)}{\exp[-(\gamma_1^{(0)}+\gamma_2^{(0)})\varepsilon]}V_0=\frac{\gamma_2^{(0)}}{\gamma_1^{(0)}+\gamma_2^{(0)}}V_0\end{aligned} \tag{4.13}$$

$$\pi_2^{(0)}=\frac{\gamma_1^{(0)}}{\gamma_1^{(0)}+\gamma_2^{(0)}}V_0 \tag{4.14}$$

制造企业和终端用户的讨价还价能力和所分得的总价值的比例，在最初的合作中是一个常量。得到移动制造服务的价格为

$$\begin{aligned}P^{(0)}&=\frac{\pi_1^{(0)}+C_0(Q_0)}{Q_0}=\frac{\dfrac{\gamma_2^{(0)}}{\gamma_1^{(0)}+\gamma_2^{(0)}}V_0+C_0(Q_0)}{Q_0}\\&=\frac{\gamma_2^{(0)}V_0+C_0(Q_0)(\gamma_1^{(0)}+\gamma_2^{(0)})}{Q_0(\gamma_1^{(0)}+\gamma_2^{(0)})}=\frac{\gamma_2^{(0)}}{\gamma_1^{(0)}+\gamma_2^{(0)}}\bar{v}+\frac{\gamma_1^{(0)}}{\gamma_1^{(0)}+\gamma_2^{(0)}}\frac{C_0(Q_0)}{Q_0}\end{aligned} \tag{4.15}$$

制造企业和终端用户的讨价还价能力影响着服务合同的价格，制造企业和终端用户对批量服务合同的成本的估计也影响着服务合同的价格。服务合同的额度为

$$\mathrm{Con}^{(0)} = P^{(0)} \times Q_0 = \pi_1^{(0)} + C_0(Q_0) = \frac{\gamma_2^{(0)}}{\gamma_1^{(0)} + \gamma_2^{(0)}} \bar{v} Q_0 + \frac{\gamma_1^{(0)}}{\gamma_1^{(0)} + \gamma_2^{(0)}} C_0(Q_0) \tag{4.16}$$

4.2　移动制造服务需求价值的静态挖掘

移动制造服务需求价值的静态挖掘是针对移动制造服务主体，即服务企业、制造企业和终端用户的价值挖掘。在商业生态系统中，移动制造服务价值静态挖掘是指分析移动制造服务主体的各类数据，获得隐含价值的信息，用来预测和应对商业生态系统环境中的市场决策。为了便于分析，针对服务企业需求的特点，主要从制造企业再购买移动制造服务角度挖掘价值；针对制造企业的需求特点，主要从终端用户交叉购买移动制造服务角度挖掘价值；针对终端用户的需求特点，主要从移动制造服务交易趋势角度挖掘价值。实际的移动制造服务需求价值的静态挖掘是混合进行的，可以相互借鉴。

4.2.1　移动制造服务需求的服务企业价值挖掘

移动制造服务需求的服务企业价值简称服务企业价值。服务企业价值挖掘主要集中在制造企业再购买行为的价值规则，这些价值规则可以通过决策树方法从移动制造服务需求中获取。在制造企业生命周期内，制造企业与服务企业发生的交易很大一部分是由制造企业的再购买行为引发的，即当制造企业原有生产性服务使用价值耗尽时，制造企业将产生购买同类生产性服务或替代品的需求，就会和服务企业发生再交易。对制造企业再购买生产性服务行为模式进行分析，主要是为了预测制造企业何时将产生再购买需求，以便在正确的时间提供给制造企业相应的生产性服务，及时地把制造企业的潜在需求转化为实际的购买行动。

对制造企业再购买生产性服务行为模式分析可以通过数据挖掘技术中的决策树方法得出。考虑到商业生态系统中服务企业数据的模糊性，采用模糊决策树来挖掘服务企业的价值，决策树的规模和识别精度依赖于数据模糊化的质量，建立模糊决策树的核心内容是数据模糊化。为了降低数据模糊化的时间，可以采取类信息熵和密度分布函数方法来构造隶属度函数，这种方法可以降低随后模糊决策树的规模，也可以减少抽取的规则数量，并且能提高模糊决策树的识别精度。企业价值分类应用模糊决策树，一方面保证了分类的速度和分类精度；另一方面也能抽取出简明易懂的分类规则。基于模糊决策树的服务企业价值规则抽取方法的具体步骤如下。

1. 服务企业价值的规则特征提取

移动制造服务需求特征可以应用向量空间模型来表示。具体方法描述为：首先，对所有用于训练的移动制造服务需求样本进行分词、合并同义词、除去停用词、近义词、虚词等预处理，获得 m 个特征项；其次，进行词频统计，建立初始的特征空间，用 $(W_{i1}, W_{i2}, \cdots, W_{im})$ 表示每个移动制造服务需求，其中的 W_{ij} 是服务企业需求 j 在移动制造服务需求 i 中的出现频率；最后，对移动制造服务需求特征空间进行降维处理，获得维数比较低的特征空间 W'，其中的降维处理采用 χ^2 统计量和模式聚合的方法。基于 χ^2 统计量和模式聚合方法的特征降维步骤如下。

(1)计算每个服务企业需求对服务企业价值的 χ^2 统计量。服务企业需求与服务企业价值之间符合 χ^2 分布，服务企业需求对某个服务企业价值的贡献大小可以用服务企业需求的 χ^2 统计量来表示。服务企业需求对此服务企业价值的贡献随着 χ^2 统计量增加而增加，此时，服务企业需求和服务企业价值之间的相关性会增大，服务企业需求和服务企业价值各自的独立性会减小。服务企业需求 i 对应服务企业价值 j 的 χ^2 统计量的计算公式为

$$\begin{aligned}\chi^2 &= \operatorname{sign}(n_{11} \times n_{22} - n_{12} \times n_{21}) \\ &\quad \times \frac{n \times (n_{11} \times n_{22} - n_{12} \times n_{21})^2}{(n_{11} + n_{12}) \times (n_{21} + n_{22}) \times (n_{11} + n_{21}) \times (n_{12} + n_{22})}\end{aligned} \tag{4.17}$$

式中，n 为所有服务企业需求的频数总和，包含的四个频数含义各不相同；n_{11} 为服务企业需求 i 在除服务企业价值 j 中出现的频数；n_{21} 为除服务企业需求 i 外的其他需求在服务企业价值 j 中出现的频数；n_{12} 为服务企业需求 i 在除服务企业价值 j 外的其他价值中出现的频数；n_{22} 为除服务企业需求 i 外的其他需求在除服务企业价值 j 外的其他价值中出现的频数。

$$\operatorname{sign}(x) = \begin{cases} 1, & x \geqslant 0 \\ -1, & x < 0 \end{cases} \tag{4.18}$$

(2)各个服务企业需求的特征值 CHI_i 需要分别计算，并按照从大到小的顺序排列，特征矩阵 M 个模式是选取 M 个特征服务企业需求 CHI 值。χ^2 统计量一方面反映服务企业需求对某个服务企业价值的分类贡献程度，另一方面反映该服务企业需求与此服务价值类的相关性。某个特征对所有服务企业价值的 χ^2 统计量的平均值取为特征值。服务企业需求 χ^2 的特征值在 χ^2 统计量上表示为

$$\mathrm{CHI}_i = \max\{|\chi_{i1}^2|, |\chi_{i2}^2|, \cdots, |\chi_{is}^2|\} \tag{4.19}$$

式中，s 为服务企业价值的数量；$|\chi_{ij}^2|$ 为 χ_{ij}^2 的绝对值。

(3)每个模式的 χ^2 统计量需要统一处理到[−1,1]范围内，这是为了判断各个模式对各类服务企业价值贡献比例是否一致，其方法是

$$A_{ij} = \frac{\chi_{ij}^2}{\max - \min} \tag{4.20}$$

式中，max 为模式 i 的 χ^2 统计量最大值；min 为模式 i 的 χ^2 统计量最小值。

(4)聚类算法。A 的每行表示一个模式，根据 A 对模式进行聚类，可以得到 L 个新模式，其中的同一类模式聚合为一个新模式，而 M 远远大于 L 。聚类方法可以用凝聚的层次法。以欧氏距离进行距离测量

$$d(i,j) = \sqrt{(A_{i1} - A_{j1})^2 + (A_{i2} - A_{j2})^2 + \cdots + (A_{is} - A_{js})^2} \tag{4.21}$$

设定阈值，将欧氏距离 $d(i,j)$ 同阈值比较，聚类欧氏距离 $d(i,j)$ 小于阈值，其过程如下。

步骤 1：针对欧氏距离小于阈值的模式，计算矩阵 A 的欧氏距离，然后聚类。

步骤 2：根据聚类结果，把每类中的模式合并为一个模式，各个服务企业需求的需求频率之和表示总服务企业需求频率，总服务企业需求包含在合并模式的价值类之中。对于新模式的 χ^2 统计量重新计算，并基于新模式建立矩阵 A 。

重复进行步骤 1 和步骤 2，当所有模式不能聚合时停止。

(5)对于每个特征项的 CHI 值重新进行计算，并选取较大 CHI 值的前 L' 个特征项。

2. 服务企业价值规则的模糊化

计算隶属度函数 T 时，取 $k_{\max}$ 为 4，$k_{\min}$ 为 2，计算各个特征项的 k 和 C 。每个数据属于某个频率的隶属度，各个隶属度采取各个特征依据相应的隶属度函数进行计算。

决策树构建是要将决策树属性模糊化，针对服务企业的数据模糊化主要是计算隶属度函数，为了降低移动制造服务需求的特征向量维数，可以利用基于聚类的迭代算法，但是这种算法的求解时间较长，这就需要改进算法。服务企业价值隶属度函数计算的改进算法设计要能够降低决策树的规模和减少提取的规则数量，并且算法对于服务企业价值中的服务企业需求数据模糊化具有速度快且可提高之后分类精度的作用。根据此要求设计的算法主要包含两个步骤：第 1 步，采用简单的

基于类信息熵的离散化方法将服务企业需求数据进行离散化，得到 k 个区间；第 2 步，是每个区间中隶属度函数的中心点依据密度分布函数计算。

（1）连续属性离散化性能的服务企业价值信息熵度量。如果服务企业需求集 S 中包含 q 个服务企业价值，而 q 个服务企业价值在集 S 中发生的概率分别为 p_1，p_2，…，p_q，则服务企业价值信息熵 $E(S)$ 为

$$E(S) = -\sum_{j=1}^{q} p_i \times \log_2 p_i \tag{4.22}$$

根据属性 a 将集合 S 分成 r 个不相交的子集 $S_1, S_2, \cdots, S_r$，那么 S 被 a 划分的服务企业价值信息熵 $E(S,a)$ 定义为

$$E(S,a) = \sum_{i=1}^{r} \frac{|S_i|}{|S|} \times E(S_i) \tag{4.23}$$

式中，$|S|$、$|S_i|$ 分别为 S 的服务企业需求数据个数和子集 S_i 的服务企业需求数据个数。

区间服务企业价值信息墒表征区间服务企业的混杂程度，并且区间服务企业价值信息墒和区间服务企业的混杂程度正相关，服务企业价值信息墒在该区间只包含同一服务企业价值实例时取为零。区间服务企业价值信息墒和区间离散化效果负相关。

（2）计算服务企业价值密度的分布函数。以数学函数模拟每个数据点对数据空间的影响，可以得到影响函数。影响函数可以描述一个数据点在邻域内的影响。所有数据点的影响函数就是数据空间的整体密度。影响函数由某个邻域内的两个对象之间的距离来决定。考虑高斯函数的良好特性，可以用高斯函数来描述影响函数。在 d 维特征空间 F^d 中，有对象 x 和 y，y 对 x 的高斯影响函数记为

$$f^y(y) = \exp\left(-\frac{D(x,y)^2}{2B^2}\right) \tag{4.24}$$

式中，B、$D(x,y)$ 分别为影响因子、距离函数。所有数据点的影响函数和是对象 $y(y \in F^d)$ 上的密度函数。对于 $\mathrm{dd} = \{x_1, x_2, \cdots, x_n\} \subset F^d$，服务企业价值在 y 上的密度分布函数记为

$$f_B^{\mathrm{dd}}(y) = \sum_{i=1}^{n} \exp\left(-\frac{D(y,x_i)^2}{2B^2}\right) \tag{4.25}$$

（3）计算服务企业价值隶属度函数。采用三角隶属度函数进行服务企业价值数据的模糊化。模糊化之后，得到 $C = (c_1, c_2, \cdots, c_k)$，表示 k 个中心点 $c_1, c_2, \cdots, c_k$，对应 k 个隶属度函数的计算公式为

$$T_1(x)=\begin{cases}1, & x\leqslant c_1\\(c_2-x)/(c_2-c_1), & c_1<x<c_2\\0, & x\geqslant c_2\end{cases}$$

$$T_i(x)=\begin{cases}1, & x\geqslant c_{i+1}\\(c_{i+1}-x)/(c_{i+1}-c_i), & c_i\leqslant x<c_{i+1},\quad 1<i<k\\(x-c_{i-1})/(c_i-c_{i-1}), & c_{i-1}<x<c_i\\0, & x\leqslant c_{i-1}\end{cases}$$

$$T_k(x)=\begin{cases}1, & x\geqslant c_k\\(x-c_{k-1})/(c_k-c_{k-1}), & c_{k-1}<x<c_k\\0, & x\leqslant c_{k-1}\end{cases}\tag{4.26}$$

k 值选择依据统计量，并确定 k 值与中心点集合 C 。通过服务企业价值隶属度函数，来计算在不同频率时每个特征项的隶属度函数值，模糊子集由 k 值分别定义如下：

$k=2$ 时，模糊子集包括频率低子集、频率高子集。

$k=3$ 时，模糊子集包括频率低子集、频率一般子集、频率高子集。

$k=4$ 时，模糊子集包括频率低子集、频率较低子集、频率较高子集、频率高子集。

3. 建立服务企业价值规则的模糊决策树

建立模糊决策树是采用模糊决策树进行分类，再用模糊 ID3 算法构建。一般地，建立决策树的基本步骤如下。

步骤 1：设定叶子的判定标准 $\delta(0<\delta<1)$ ，决策树的根节点是所有样本，δ 选取 0.7。

步骤 2：把节点所有类别的相对频率进行计算，若节点 D 上的样本可分为 J 个类别，按类别可将样本分割成 $D_1,D_2,\cdots,D_J$ ，则有

$$I(D)=-\sum_{i=1}^{J}M(D_i\cap D)\tag{4.27}$$

其中，函数 M 为所考虑的模糊集的所有隶属度之和。

叶节点是超过给定标准 δ 的节点或者无测试属性可以选择的节点。当不是叶节点时，该节点的祖先中未曾使用过的属性的分割模糊熵计算公式为

$$f_i(D)=M(D_i\cap D)/M(D)\tag{4.28}$$

式中，$f_i(D)$ 为第 i 个类别在 D 中的相对频率。

节点测试属性可以选择分割模糊熵最小的特征,针对节点产生分枝是依据测试属性,有分枝时,对每个分枝重复步骤 2。

步骤 3:决策树的事后剪枝依据分类错误率进行。

移动制造服务需求的服务企业价值挖掘可以从模糊服务企业价值规则中抽取易于理解的价值规则。具体方法是用类信息熵和密度分布函数求解隶属度函数,该方法使服务企业价值规则快速模糊化,可以大大加快模糊值规则数据的速度,既能提高分类精度,又能降低决策树的规模,还能减少提取的服务企业价值规则数量。

4.2.2 移动制造服务需求的制造企业价值挖掘

移动制造服务需求的制造企业价值,简称制造企业价值,包括生产性服务价值和制造服务化价值,前者挖掘制造企业再购买时价值分配,可以参照上节所述的模糊决策树方法进行;后者挖掘终端用户交叉购买时的价值分配,可以用关联规则方法进行。下面主要研究用关联规则挖掘制造企业价值。在终端用户与制造企业的未来交易行为中,除了再购买外,还有一大部分是由终端用户交叉购买引发的,即终端用户购买某种移动制造服务后,会相应地同时或随后购买某些移动制造服务,如买了电脑的客户,通常随后会购买软件。因此,对制造企业价值的挖掘,可以通过交叉销售进行。

移动制造服务交叉销售是指制造企业向原有终端用户销售新的移动制造服务。它能够达到双赢的结果,一方面,终端用户可以从更多更好更贴切的服务中受益;另一方面,制造企业省去开发新终端用户的成本,并可从销售额的增长中获益,实现制造企业价值的挖掘。要有效开展交叉销售,就要从终端用户以前购买行为的信息中,寻找和发现可能包含的决定终端用户下一个的购买行为的关键因素,这可以通过数据挖掘技术中的关联规则分析来实现。关联规则是事物与其他事物之间的相互关联性和依存性。多个事物的关联关系存在,就可以进行一定程度的预测事物行为。

(1)挖掘关联规则的制造企业需求数据集记为 D(一般为事务数据库),$D=\{t_1,t_2,\cdots,t_k,\cdots,t_n\}$,$t_k=\{i_1,i_2,\cdots,i_m,\cdots,i_t\}$,$t_k(k=1,2,\cdots,n)$ 称为移动制造服务,$i_m(m=1,2,\cdots,t)$ 称为制造企业价值。

(2)设 $I=\{i_1,i_2,\cdots,i_m\}$ 是 D 中全体制造企业价值组成的集合,I 的任何子集 X 称为 D 中的制造企业价值集,若 X 中包含 k 个制造企业价值,则称集合 X 为 k 制造企业价值集。假设 t_k 是 D 中的移动制造服务,X 是 D 中制造企业价值集,移

动制造服务 t_k 包含制造企业价值集 X 表示为 $X \subseteq t_k$ 。移动制造服务具有唯一标识符 TID。

(3)制造企业需求数据集 D 中包含制造企业价值集 X 的移动制造服务数称为制造企业价值集 X 的支持数，记为 support(X)，等于概率 $P(x)$ 。频集是大制造企业价值集，X 为频繁项目集是指 support(X) 不小于终端用户指定最小支持度的项目集合；非频集是小制造企业价值集，X 为非频繁项目集是指 support(X) 大于终端用户指定最小支持度的项目集合。

(4)若 X 、Y 为制造企业价值集，且 $X \cap Y = \varphi$ ，蕴涵式 $X \Rightarrow Y$ 称为关联规则，X 、Y 分别称为关联规则 $X \Rightarrow Y$ 的前提和结论。如果 D 中移动制造服务包含 $X \cup Y$ 的百分比为 S ，则称 S 为关联规则 $X \Rightarrow Y$ 的支持度，表示为 support($X \Rightarrow Y$) ；关联规则 $X \Rightarrow Y$ 的置信度 C 是指 D 中包含 X 的移动制造服务至少要包含 C 同时也包含 Y ，表示为 confidence($X \Rightarrow Y$) 。通常，在数据挖掘中，终端用户需要指定最小支持度以及最小置信度。

制造企业价值挖掘关联规则取决于支持度和置信度，支持度用来表征关联规则统计重要性，而置信度用来表征关联规则可信程度。制造企业价值规则的有用性是指支持度和置信度都比较高。

对终端用户交叉购买行为模式，运用关联规则进行分析，就可以将问题表述为：设 $I = \{i_1, i_2, \cdots, i_n\}$ 是 n 个不同制造企业价值的集合，D 是针对 I 上制造企业价值的交易集合，D 中每一项交易事件 t 均包含若干个制造企业价值 I_a ，$I_a \subset I$ ，在给定 I 和 D 后，找出所有的制造企业价值 A 和 B ，它们具备关系 $A \Rightarrow B$ ，且 support($A \Rightarrow B$) $\geqslant S_0$ ，confidence($A \Rightarrow B$) $\geqslant C_0$ ，这里 S_0 、C_0 为设定的最小支持度和最小置信度。

针对移动制造服务需求 D 中制造企业价值强规则集合的挖掘就是关联规则挖掘的任务。制造企业价值强规则 $X \Rightarrow Y$ 和制造企业价值集 ($X \cup Y$) 相对应，通过计算频集 X 和 ($X \cup Y$) 的支持度，可以得到频集 ($X \cup Y$) 导出的关联规则 $X \cup Y$ 的置信度。制造企业价值关联规则挖掘可以据此划分成两个子问题：

第一，找出频集，也就是移动制造服务需求数据集 D 中的所有频集，其依据是最小支持度。

第二，根据频集和最小置信度产生制造企业价值关联规则。

制造企业价值关联规则算法有很多，一般使用 Apriori 算法来对终端用户关联购买行为进行分析。这里需要用到制造企业价值集的一个重要性质：如果制造企业价值集 X 是非频繁制造企业价值集，则其所有的超集(superset：包含制造企业价

值集 X 的制造企业价值集)都是非频繁制造企业价值集。例如,若已知制造企业价值集 $\{A,B\}$ 是非频繁制造企业价值集,则任何包含制造企业价值 A 和 B 的制造企业价值集,如 $\{A,B,C\}$ 、$\{A,B,D\}$ 、$\{A,B,E,F\}$ 等都是非频繁制造企业价值集。

Apriori 算法原理是根据制造企业价值集的性质,采用迭代方式按制造企业价值集从小到大的顺序寻找频繁制造企业价值集。设移动制造服务需求数据集 D 中的最大频繁制造企业价值集包含制造企业价值数为 K ,算法在第 $k(1\leqslant k\leqslant K)$ 次迭代时先产生所有大小为 k 的候选制造企业价值集的集合 C_k ,这些候选制造企业价值集的所有子集必须都是频繁制造企业价值集;然后扫描数据集计算 C_k 中所有制造企业价值集的支持率,并根据最小支持率确定所有频繁 k 制造企业价值集的集合 L_k 。

Apriori 算法由频繁 $k-1$ 制造企业价值集的集合 L_{k-1} 产生候选 C_k。C_k 中任何一个候选 k 制造企业价值集的包含制造企业价值数为 $k-1$ 的子集必须包含在 L_{k-1} 中,否则该候选 k 制造企业价值集不可能成为频繁制造企业价值集,可以被修剪掉。这样产生的候选 k 制造企业价值集的集合 C_k 与所有频繁 k 制造企业价值集的集合满足:$C_k \supseteq L_k$,即不可能有频繁 k 制造企业价值集被漏掉。

4.2.3 移动制造服务需求的终端用户价值挖掘

假设移动制造服务需求的终端用户价值组成一个序列,简称终端用户价值序列,记为 $X(t)$ 。终端用户价值挖掘需要解决预测问题,就是从海量的终端用户历史数据中发现规律,用来预测将来的终端用户价值,一般采用时间序列描述终端用户价值序列,对终端用户需求进行预测建模研究。考虑终端用户价值序列的分解和重构过程,可以用三个规律性较强的序列分量表示变动规律的序列,在此基础上,分别对各个分量进行建模预测。这是一种基于经验模式分解的混合预测方法。首先,用若干独立的内在模式函数及余项来表示负荷序列,其分解是基于经验模式的;其次,通过重构内在模式函数和余项为三个分量,再分析各分量所反映的原始终端用户价值序列的内在特性,由于特征信息集包含每个分量序列的规律性,可以基于此分别对三个分量进行预测;最后,叠加三个分量的预测结果,得到最终预测结果。该方法可以根据不同特性分量选择具有针对性的预测模型,同时能有效提高预测精度。

1. 分解

1998 年,Huang 提出经验模式分解方法,该方法是一种新的目标数据分析方法，适用于分析和处理非线性、非平稳数据。利用经验模式分解方法分解的终端用户值序列，原始终端用户价值序列的不同局部特征信息反映在各个分量，获得有限几个独立的、近乎周期性的内在模式函数（intrinsic mode function，IMF）及余项；经验模式分解方法克服了小波等方法依赖分析人员主观经验的缺陷，是一种自适应的分解，不需要预先设定基函数缺陷。在同一时间，由于终端用户价值数据自身的复杂性，有许多不同的波动模式共存。经验模式分解可以从终端用户价值原始数据中获得内在模式，其过程是基于终端用户价值数据自身的局部特征尺度，记为IMF。一般地，IMF 需要满足如下两个条件：

一是考察终端用户价值序列，极值点的数量等于跨零点的数量，或者极值点的数量与跨零点的数量相差 1。

二是任意点由终端用户价值序列的局部最大值点确定的上包络线值是零，同时，任意点由终端用户价值序列的局部极小值点确定的下包络线均值也是零。

利用经验模式分解终端用户价值序列 $x(t)$，共得到 m 个 终端用户价值序列的 IMF，$c_i(t)$ 是第 i 个 IMF，$r(t)$ 是余项。终端用户价值序列 IMF 的经验模式分解解析步骤如下。

步骤 1：针对终端用户价值序列 $x(t)$，计算它的局部最大值点以及局部最小值点。

步骤 2：所有局部极大值点以三次样条曲线连接，得到上包络线 $e_{\max1}(t)$；所有局部极小值点以三次样条曲线连接，得到下包络线 $e_{\min1}(t)$，所有数据点应包含在上下包络线中。

步骤 3：以均值包络线 $m_1(t)$ 表示由极大值包络线和极小值包络线的平均

$$m_1(t) = \frac{e_{\max1}(t) + e_{\min1}(t)}{2} \tag{4.29}$$

步骤 4：计算 $d_1(t)$，表示 $x(t)$ 和 $m_1(t)$ 的差值

$$d_1(t) = x(t) - m_1(t) \tag{4.30}$$

步骤 5：针对 IMF 两个条件分析 $d_1(t)$。$d_1(t)$ 是第 1 个 IMF，表示它满足两个条件；否则，把 $d_1(t)$ 作为原始序列，计算 $d_1(t)$ 的均值包络线 $m_{11}(t)$，再用 IMF 两个条件分析 $d_{11}(t) = d_1(t) - m_{11}(t)$，不满足使其重复循环 k 次，计算 $d_{1k}(t) = d_{1(k-1)} - m_{1k}(t)$，使 $d_{1k}(t)$ 满足 IMF 的两个条件。记 $c_1(t) = d_{1k}(t)$，$x(t)$ 的第 1 个 IMF 为 $c_1(t)$。

步骤 6：分离 $x(t)$，原始序列用余数 $r_i(t) = x(t) - c_1(t)$ 表示。重复步骤 1 到步骤 5，获得 m 个 IMF，分解直到余项 $r(t)$ 是常数或单调函数。IMF 和最终余项

之和表示终端用户价值序列

$$x(t)=\sum_{i=1}^{m}c_i(t)+r(t) \tag{4.31}$$

式中，$m\in(0,\log_2 N)$，终端用户价值序列长度是 N；c_1 为最短周期分量，终端用户价值中较长周期分量包含在余数 $r_1(t)$ 中。

2. 重构

重构对象是终端用户价值序列的 m 个 IMF 及余项。

(1)叠加和序列 $s_i=\sum_{k=1}^{i}c_k$ 的平均值计算。

(2)均值距离零点最远的序列采用 t 检验判别 s_i。

(3)当 s_i 均值距离零点最显著时，叠加 c_i 到 c_m 并局部重构，结果作为频分量，高频分量是其他 IMF 叠加重构，趋势分量是余项 $r(t)$。

3. 预测

在商业生态系统中终端用户需求价值具有波动性，可以类比频率变化的高频、低频、趋势来分别表示终端用户客户感知价值、终端用户可变价值和终端用户价值等，对每种价值具体挖掘方法从略。

(1)应用经验模式分解方法，分解终端用户价值序列 $x(t)$，$t=1,2,\cdots,n$，得到若干个 IMF 及余项，它们具有独立性，并且振幅和频率不同，一般按从高频到低频排列。

(2)针对 IMF 重构，得到高频、低频和趋势分量，以此来反映原始终端用户价值序列的不同价值。由正常的供需平衡所导致的客户感知价值的周期波动特性表征为高频分量；可变价值在外界影响下的随机波动，新增价值、更换价值等的影响表征为低频分量；终端用户价值的特定规律表征为趋势分量。

(3)分析各个重构分量，选择适合变化规律的预测对每个分量的价值特征进行预测。符合曲线特征的回归函数用于趋势预测，非线性预测技术用于周期波动预测。采用时间序列预测方法，可以预测环境因素影响产生的价值波动。预测建模时，可以引入专家经验或影响因素。

(4)叠加三个分量的预测结果，得到预测结果 $x(\hat{n}+1)$，该结果就是原始终端用户价值序列的预测结果。

终端用户价值序列的分解采用经验模式分解方法，得到若干个 IMF 和余项，再将它们重构为高频、低频和趋势三个分量,即终端用户客户感知价值、终端用户可变价值和终端用户价值。经验模式分解方法用于挖掘终端用户价值序列,一方面,可以获得终端用户价值序列的内在特性;另一方面,有助于理解终端用户价值的构成。另外,也可以设计其他的分量模式反映不同终端用户价值的预测体系。

4.3 移动制造服务需求价值的动态挖掘

移动制造服务需求价值的动态挖掘是针对移动制造服务关系,即生产性服务和制造服务化的价值挖掘。在商业生态系统中,移动制造服务价值动态挖掘是指移动制造服务主体之间形成的服务关系数据分析,刻画移动制造服务需求的动态价值。对于不能甄别服务关系的移动制造服务需求,采用动态聚类设计可以修正价值挖掘方法。为了便于分析,针对生产性服务需求特点,主要从类似社会网络中特殊关系角度动态挖掘价值;针对制造服务化需求特点,主要从移动制造服务交易中制造服务化方案推荐角度动态挖掘价值。当然实际的移动制造服务需求价值的动态挖掘是混合进行的,可以相互借鉴,也可以设计更好的动态挖掘方法。

4.3.1 移动制造服务需求价值的动态聚类

由于生产性服务与制造服务化的差异较大,通过聚类分析,将移动制造服务分类后研究有针对性的需求价值动态挖掘方法,结合移动互联网中的移动制造服务需求,建立适合的模型研究制造服务需求的价值动态挖掘算法。对于生产性服务价值动态挖掘要关注移动制造服务资源的识别,对于制造服务化价值动态挖掘要关注移动制造服务交易的预测。制造服务需求的价值动态挖掘需要从不同类别研究,根据移动制造服务需求的价值分析对其进行聚类。移动制造服务需求聚类分析是研究制造服务需求价值动态挖掘的基础。

移动制造服务需求价值动态挖掘主要针对生产性服务价值和制造服务化价值两大类,而对于生产性服务价值和制造服务化价值,以下的分类没有准确的定义,无法通过简单方法聚类。

为了对移动制造服务需求价值动态挖掘类别数量未知的情况下实现基于语义的领域服务分类,可以采用一种基于图论的聚类方法,通过计算待分类移动制造服务需求价值的相似度矩阵,得到相似度阈值,将相似度矩阵中超过该阈值的元素置为1,其余元素置为0,由此得到移动制造服务连接矩阵。再以该矩阵为图,逐个提取其中的最大完全子图,每个子图的节点移动制造服务就是一个移动制造服务类。该方法可以通过一次聚类得到移动制造服务需求价值的自然分群，聚类花费时间较短。

以节点表示移动制造服务需求价值，以连线表示两个移动制造服务需求价值关联，则节点与连线形成一个服务图。用完全图表示移动制造服务价值的自然分群，对移动制造服务需求价值进行聚类，实质上可以转变成从服务图中逐个提取所有最大完全子图。移动制造服务需求价值的聚类过程基本思路是：首先，计算移动制造服务需求价值集合的相似度矩阵；其次，生成服务图，即根据某个相似度阈值计算相应的连接矩阵；最后，从服务图中提取所有最大完全子图，提取方法是从服务图中提取一个最大完全子图后，要把图中该子图所包含的节点删除，然后再提取下一个最大完全子图，直到该图中只存在孤立节点。以上过程就是一次聚类，所提取的最大完全子图就是各服务群。针对相似度阈值 s_0，聚类就是一种分群。聚类的具体过程如下：

(1)用 $\overline{w}$ 表示待分类移动制造服务需求价值集合，进行 $\overline{w}$ 相似度矩阵 SM 计算。核心过程是对于 $\overline{w}$ 中每个移动制造服务需求价值，将其输入(I)的参数分别转换成矩阵，同时，将其输出(O)的参数转换成矩阵。

假设有矩阵 M，领域本体的一个实体表示为 M 中的一列，实体的一个属性表示为 M 中的一个元素。将一个 I/O 参数集合与 M 映射操作，使得矩阵的第 i 列是领域本体的第 i 个实体 e_i，该列的第 j 个元素是该实体的第 j 个属性 a_{ji}，把该列的第 j 个元素置为 1，其他元素置为 0。M_{I}、M_{O} 分别表示输入(I)参数集合对应的矩阵、输出(O)参数集合对应的矩阵。

移动制造服务需求价值集合用 $\{w_i \mid i=1,2,\cdots,n\}$ 表示，其中的 w_i 是行和列标识，$S(w_i,w_j)$ 表示两个移动制造服务需求价值相似度，以 $S(w_i,w_j)$ 作为矩阵元素，矩阵对角线元素取为零，得到移动制造服务需求价值相似度矩阵。

$$S(w_i,w_j)=(1-\alpha)S(w_i.\text{I},w_j.\text{I})+\alpha S(w_i.\text{O},w_j.\text{O}) \tag{4.32}$$

式中，α 为校正系数；$w_i.\text{I}$ 为移动制造服务需求价值 w_i 的输入参数集合对应的 M_{I}；$w_j.\text{I}$ 为移动制造服务需求价值 w_j 的输入参数集合对应的 M_{I}；$w_i.\text{O}$ 为 w_i 的输出参数集合对应的 M_{O}；$w_j.\text{O}$ 为 w_j 的输出参数集合对应的 M_{O}。

(2)将 SM 中的上三角元素排序，以降序排列，计算各个相邻相似度之间的差值，把最大差值记为 $\Delta s_{i,i+1}$，令 $s_{\text{out}}=s_{i+1}$，$s_0=s_{\text{out}}+\Delta s_{i,i+1}/2$。

(3)根据 s_0 计算 $\overline{w}$ 的连接矩阵 CM。移动制造服务需求价值之间是否相连表示为移动制造服务需求价值连接矩阵。有服务相似度矩阵和一个相似度阈值 s_0，对相似度矩阵进行赋值操作，具体操作规则是：元素值大于 s_0 的赋值 1，余下元素赋值 0，获得的矩阵就是移动制造服务需求价值连接矩阵 CM。

(4)提取移动制造服务需求价值连接矩阵 CM 中所有最大完全子图,核心移动制造服务需求价值表现为每个完全子图,计算移动制造服务群的核心移动制造服务需求价值,将移动制造服务群及其核心移动制造服务需求价值输出。

4.3.2　移动制造服务需求的生产性服务价值挖掘

生产性服务是制造企业与服务企业形成的一种移动制造服务,也是一种服务关系,如物流服务、信息服务、金融服务等,这种服务关系创造的价值就是生产性服务价值,生产性价值在制造企业和服务企业之间分配。生产性服务价值是个体生产性服务特性所决定的对于某种生产性服务需求的特征信息的组合,它具有动态性,随着时间的变化而变化。生产性服务主要反映多个企业之间的市场关系,可以用社会网络来描述,考虑生产性服务网络中节点及其关系的不确定性特征,应用集对分析方法来建立集对生产性服务网络模型,并设计相应的动态挖掘算法,获得动态生产性服务价值。

1. 建立生产性服务网络模型

生产性服务网络是一个复杂网络,也是一个动态网络,复杂性表现在信息的不确定和不完备,而动态性表现在网络中的对象及其关系以及各种属性值的动态变化。在生产性服务网络中,任意两个生产性服务 v_k 和 v_s 的属性集合分别为 $A(v_k)$ 和 $A(v_s)$ 。设 $|A(v_k)| = n_1$,$|A(v_s)| = n_2$ ($|\cdot|$ 表示集合中元素个数),则两个生产性服务共有 $N = |A(v_k) \cup A(v_s)|$ 个属性。若两个生产性服务有 S 个元素是属性值相同、P 个元素是属性值不同、F 个元素是属性值不确定,则

$$\frac{S}{N} = a, \quad \frac{F}{N} = b, \quad \frac{P}{N} = c \tag{4.33}$$

式中,$a + b + c = 1$ 。考虑生产性服务网络的复杂性和动态性,基于集对分析构建生产性服务网络模型,定义基本概念如下。

定义 1:有论域集 $U = \{v_1, v_2, \cdots, v_n\}$,其中生产性服务 v_k 和 v_s 所具有的属性集合为:$A(v_k) = \{x_{k_1}, x_{k_2}, \cdots, x_{k_{n1}}\}$,$A(v_s) = \{x_{s_1}, x_{s_2}, \cdots, x_{s_{n2}}\}$,则生产性服务 v_k 和 v_s 在网络中某一时刻的联系度为

$$\rho(v_k, v_s)(t) = a_{ks}(t) + b_{ks}(t)i + c_{kc}(t)j \tag{4.34}$$

其中,$v_k \in U$,$v_s \in U$,i 为差异标记,在区间 $[-1,1]$ 上视不同情况取值,j 起标记作用,一般取值为 -1 。$a_{ks}(t)$ 称为生产性服务 v_k 和 v_s 在 t 时刻的同一度,$b_{ks}(t)$ 称为生产性服务 v_k 和 v_s 在 t 时刻的差异度,$c_{ks}(t)$ 称为生产性服务 v_k 和 v_s 在 t 时

刻的对立度。

定义 2：设矩阵 $R=(\rho(v_k,v_s))_{n\times n}$ 为生产性服务集对联系关系矩阵，$\rho(v_k,v_s)$ 为集对联系关系矩阵中的元素；$R(t)=(\rho(v_k,v_s)(t))_{n\times n}$ 表示生产性服务 v_k 和 v_s 在 t 时刻的集对联系关系矩阵，有

$$R(t)=\begin{bmatrix}\rho(v_1,v_1)(t) & \rho(v_1,v_2)(t) & \cdots & \rho(v_1,v_n)(t)\\ \rho(v_2,v_1)(t) & \rho(v_2,v_2)(t) & \cdots & \rho(v_2,v_n)(t)\\ \vdots & \vdots & & \vdots\\ \rho(v_n,v_1)(t) & \rho(v_n,v_2)(t) & \cdots & \rho(v_n,v_n)(t)\end{bmatrix} \tag{4.35}$$

R 矩阵在不考虑时间 t 的情况下是静态关系矩阵，而在考虑时间 t 时成为动态关系矩阵。

定义 3：$V(t)=\{v_1,v_2,\cdots,v_n\}$ 表示 t 时刻的顶点集，$VA=\{va_1,va_2,\cdots,va_f\}$ 表示顶点的关系属性集，有

$$VA=\bigcup_{i=1}^{n}A(v_i) \tag{4.36}$$

集对联系关系矩阵为 $R(t)=(\rho(v_k,v_s)(t))_{n\times n}$，动态生产性服务网络分析模型表示为 $GR(t)=(V(t)(VA),R(t))$。

考虑属性的权重，有 $\omega_l(l=1,2,\cdots,n,\sum_{l=1}^{n}\omega_l=1)$，假设属性按 S、F、P 的顺序排列并连续编号，那么其联系度为

$$\begin{aligned}\rho(v_k,v_s)(t)&=a_{ks}(t)+b_{ks}(t)+c_{ks}(t)\\&=\sum_{l=1}^{S}\omega_l(t)+\sum_{l=S+1}^{S+F}\omega_l(t)i+\sum_{l=S+F+1}^{N}\omega_l(t)j\end{aligned} \tag{4.37}$$

式中，$i\in[-1,1]$；$j=-1$；$a_{ks}(t)+b_{ks}(t)+c_{ks}(t)=1$。

2. 构建生产性服务价值

生产性服务价值是生产性服务网络上稳定程度较高的服务关系，表现为组内节点之间连接紧密，组间节点之间连接松散。生产性服务网络的服务关系的复杂性表现在服务关系的多重性、服务关系的不确定性、服务关系的动态性等。针对服务关系的复杂性特点问题，可以采用一种节点关系满足一定阈值的生产性服务价值，并分别针对静态生产性服务价值和动态生产性服务价值进行挖掘，设计挖掘算法，得到一定范围内的生产性服务价值。生产性服务价值的形式化描述如下。

(1)设定一个阈值 $\alpha\in[0,1]$，若某节点在 t 时刻的集对联系度 $\rho(v_k)(t)=a_k(t)+b_k(t)i+c_k(t)j$ 中满足 $a_k\geqslant\alpha$，则构成 t 时刻最小关系节点集合

$$\min \mathrm{relV}(t)=\{v_k \mid \rho(v_k)(t)=a_k(t)+b_k(t)i+c_k(t)j, a(k)\geqslant \alpha\} \quad (4.38)$$

(2)设定一个阈值$\alpha\in[0,1]$，在t时刻，最小集对关系节点集合条件被节点v_k和v_s满足，同时$e_{ks}=\langle v_k,v_s\rangle$存在，则$t$时刻最小关系边集合是所有满足条件的边$e_{ks}$。

$$\min \mathrm{relE}(t)=\{e_{ks} \mid v_k,v_s\in \min \mathrm{relV}(t), e_{ks}=\langle v_k,v_s\rangle \text{存在}\} \quad (4.39)$$

(3)考虑α阈值，t时刻最小生产性服务价值是由最小集对关系节点集合和最小集对关系边集合组成，其中$\min \mathrm{relV}(t)$表示最小集对关系节点集合，$\min \mathrm{relE}(t)$表示最小集对关系边集合，而t时刻最小生产性服务价值表示为

$$\min \mathrm{SN}(t)=\langle \min \mathrm{relV}(t), \min \mathrm{relE}(t)\rangle \quad (4.40)$$

(4)设定一个阈值$\alpha\in[0,1]$，若某节点在t时刻的集对联系度$\rho(v_k)(t)=a_k(t)+b_k(t)i+c_k(t)j$中满足$a_k(t)+b_k(t)\geqslant\alpha$，则构成$t$时刻最大关系节点集合

$$\max \mathrm{relV}(t)=\{v_k \mid \rho(v_k)(t)=a_k(t)+b_k(t)i+c_k(t)j, a_k(t)+b_k(t)\geqslant \alpha\} \quad (4.41)$$

(5)设定一个阈值$\alpha\in[0,1]$，t时刻最大关系边集合是指最大集对关系节点集合条件被节点v_k和v_s满足，同时$e_{ks}=\langle v_k,v_s\rangle$存在，则$t$时刻最大关系边集合是所有满足条件的边$e_{ks}$

$$\max \mathrm{relE}(t)=\{e_{ks} \mid v_k,v_s\in \max \mathrm{relV}(t), e_{ks}=\langle v_k,v_s\rangle \text{存在}\} \quad (4.42)$$

(6)考虑α阈值，t时刻，最大生产性服务价值由最大集对关系节点集合和最大集对关系边集合组成，其中，$\max \mathrm{relV}(t)$表示最大集对关系节点集合，$\max \mathrm{relE}(t)$表示最大集对关系边集合，t时刻最大生产性服务价值表示为

$$\max \mathrm{SN}(t)=\langle \max \mathrm{relV}(t), \max \mathrm{relE}(t)\rangle \quad (4.43)$$

(7)由t时刻最小生产性服务价值和最大生产性服务价值构成的生产性服务价值对，称为t时刻的生产性服务价值，记为

$$\mathrm{SN}_\alpha(t)=\langle \min \mathrm{SN}(t), \max \mathrm{SN}(t)\rangle \quad (4.44)$$

$\mathrm{SN}_\alpha(t)$是一个集合对，由最小生产性服务价值和最大生产性服务价值组成。生产性服务价值的发展趋势可以通过多个时刻的最小和最大生产性服务价值的变化情况来预测。如果不计时间因素t，则有静态最小生产性服务价值和静态最大生产性服务价值，它们共同构成静态生产性服务价值

$$\mathrm{SN}_\alpha(t)=(\langle \min \mathrm{relV}, \min \mathrm{relE}\rangle, \langle \max \mathrm{relV}, \max \mathrm{relE}\rangle) \quad (4.45)$$

生产性服务个体之间的多种关系形成集对生产性服务网络图，可以用整个网络的关系联系度评价网络的紧密程度，集对生产性服务网络图在当前的紧密程度为

$$\mathrm{den}=\frac{\sum \rho}{n} \quad (4.46)$$

式中，ρ、n 分别为生产性服务个体之间的关系联系度、生产性服务个体数目。

3. 设计生产性服务价值动态挖掘方法

应用集对分析理论研究生产性服务价值动态挖掘，可以用一个复杂的同异反系统来表征生产性服务价值网络，基于社交网络的属性图来建立集对生产性服务价值分析模型，并基于此模型提出生产性服务价值的动态挖掘方法。针对这种动态移动制造服务网络进行生产性服务价值挖掘方法研究，生产性服务价值结构的变化过程可以由不同生产性服务之间的相似性来分析。动态生产性服务价值挖掘算法设计思路如下。

(1)在第一个时间段内，针对生产性服务网络，计算集对联系关系矩阵

$$R(t_1)=(\rho(v_k(t_1),v_s(t_1)))_{n_1\times n_1} \tag{4.47}$$

按如下挖掘算法挖掘 t_1 时刻的生产性服务价值

$$\mathrm{SN}_\alpha(t_1)=\langle\min \mathrm{SN}_\alpha(t_1),\max \mathrm{SN}_\alpha(t_1)\rangle \tag{4.48}$$

输入是集对生产性服务网络，包括其中的顶点集合、关系集合和属性集合 VA。

输出是最小生产性服务价值 $\min \mathrm{SN}_\alpha=\langle\min \mathrm{relV}_\alpha,\min \mathrm{relE}_\alpha\rangle$ 和最大生产性服务价值 $\max \mathrm{SN}_\alpha=\langle\max \mathrm{relV}_\alpha,\max \mathrm{relE}_\alpha\rangle$。

具体步骤如下。

步骤 1：抽取关系集合，在集对生产性服务网络中，通过分析各顶点属性 VA 来操作。

步骤 2：应用集对分析任意两个生产性服务个体之间的关系集合 EA，得到集对联系度

$$\rho(v_k,v_s)=a_{ks}+b_{ks}i+c_{ks}j,\quad k、s=1,2,\cdots,n \tag{4.49}$$

步骤 3：构建生产性服务价值的关系联系度矩阵 R，方法是合成任意两个生产性服务个体之间关系度。

步骤 4：集对联系度计算，针对每个生产性服务个体来计算

$$\rho(v_k)=a_k+b_ki+c_kj \tag{4.50}$$

步骤 5：设定阈值 $\alpha\in[0,1]$，如果选择 $a_k\geqslant\alpha$，则构成最小关系生产性服务集合

$$\min \mathrm{relV}_\alpha=\{v_k\,|\,\rho(v_k)=a_k+b_ki+c_kj,a_k\geqslant\alpha\} \tag{4.51}$$

步骤 6：如果选择 $a_k+b_k\geqslant\alpha$，则构成最大集对关系生产性服务集合

$$\max \mathrm{relV}_\alpha=\{v_k\,|\,\rho(v_k)=a_k+b_ki+c_kj,a_k+b_k\geqslant\alpha\} \tag{4.52}$$

步骤 7:最小集对 α 关系边集合是由最小关系集合中各生产性服务之间的边集合构成,记为

$$\min \text{relE}_{\alpha} = \{e_{ks} \mid v_k, v_s \in \min \text{relV}_{\alpha}, e_{ks} = \langle v_k, v_s \rangle \text{存在}\} \tag{4.53}$$

步骤 8:形成最小生产性服务价值:

$$\min \text{SN}_{\alpha} = \langle \min \text{relV}_{\alpha}, \min \text{relE}_{\alpha} \rangle \tag{4.54}$$

步骤 9:找出最大关系集合中各生产性服务之间的边集合,形成最大 α 关系边集合:

$$\max \text{relE}_{\alpha} = \{e_{ks} \mid v_k, v_s \in \max \text{relV}_{\alpha}, e_{ks} = \langle v_k, v_s \rangle \text{存在}\} \tag{4.55}$$

步骤 10:形成最大生产性服务价值

$$\max \text{SN}_{\alpha} = \langle \max \text{relV}_{\alpha}, \max \text{relE}_{\alpha} \rangle \tag{4.56}$$

步骤 11:最终形成生产性服务价值

$$\text{SN}_{\alpha} = \langle \min \text{SN}_{\alpha}, \max \text{SN}_{\alpha} \rangle \tag{4.57}$$

步骤 12:算法结束。

在计算生产性服务价值过程中,记录每个生产性服务的集对联系度 $\rho(v_k(t_1))$,$k = 1,2,\cdots,n_1$ 。t_1 时刻的生产性服务个数是 n_1 。

(2)以时间片 Δt 为间隔,进行社会网络集对联系关系矩阵计算

$$R(t_i) = (\rho(v_k(t_i), v_s(t_i)))_{n_i \times n_i}, \quad n_i \text{ 为 } t_i \text{ 时刻网络中生产性服务个数} \tag{4.58}$$

并挖掘 t_i 时刻的生产性服务价值

$$\text{SN}_{\alpha}(t_i) = \langle \min \text{SN}_{\alpha}(t_i), \max \text{SN}_{\alpha}(t_i) \rangle \tag{4.59}$$

(3)计算 t_i 时间段与 t_{i-1} 时间段生产性服务价值的集对联系相似度。

(4)考虑 $t_{i-1} = t_i - \Delta t$,计算属性迁移变化。具体方法是,假设在 t_i 时刻两个生产性服务 v_k 和 v_s 的 $S_{t_{i-1}}$ 个属性中,不变状态属性有 S_{t_1} 个,转化为不确定的属性有 S_{t_2} 个,转化为相反的属性有 S_{t_3} 个,则基于归一化处理后,其正向关系属性 S_t 在 $[t_{i-1}, t_i]$ 内的转移向量是

$$a_{ks}(t_i) = (m_{a1}, m_{a2}, m_{a3})_{ks}(t_i) = \left[\sum_{l=1}^{S_{t_1}} \omega_l(t_i), \sum_{l=s_{t_1}+1}^{S_{t_1}+S_{t_2}} \overline{w}_l(t_i), \sum_{l=s_{t_1}+s_{t_2}+1}^{s_t} \omega_l(t_i)\right] / \alpha_{ks}(t_{i-1}) \tag{4.60}$$

式中,$(m_{a1} + m_{a2} + m_{a3})_{ks}(t_i) = 1$,$\alpha_{ks}(t_{i-1}) = \sum_{l=1}^{S_{t_{i-1}}} \omega_l(t_{i-1})$,计算中考虑权重,即 t_i 时刻生产性服务 v_k 和 v_s 的第 l 个属性在网络中的权重 $\omega_l(t_i)$ 。同样地,计算生产

性服务 v_k 和 v_s 的不确定关系属性 $F_{t_{i-1}}$ 在 $[t_{i-1},t_i]$ 内的转移向量 b_{ks} ，计算生产性服务 v_k 和 v_s 的负向关系属性 $P_{t_{i-1}}$ 在 $[t_{i-1},t_i]$ 内的转移向量 c_{ks} ，所有假设同上。

因此，在 $[t_{i-1},t_i]$ 时间内的转移矩阵为 $M_{ks}(t_i)$ ，在 t_i 时刻，两个生产性服务的联系度为

$$\begin{aligned}\rho(v_k,v_s)(t_i) &= a_{ks}(t_i)+b_{ks}(t_i)i+c_{ks}(t_i)j \\ &= (a_{ks}(t_{i-1}),b_{ks}(t_{i-1}),c_{ks}(t_{i-1}))\cdot M_{ks}(t_i)\cdot(1,i,j)^{\mathrm{T}}\end{aligned} \tag{4.61}$$

得到的矩阵称为转移超矩阵，其中的每个元素是一个矩阵。该矩阵是生产性服务网络在 t_i 时刻的集对关系转移矩阵，能够表征整个网络的动态发展态势。

(5)计算不同时刻的生产性服务价值，动态挖掘最小生产性服务价值和最大生产性服务价值。

基于以上基本思想设计的动态生产性服务价值挖掘算法如下。

输入：几个时间段的集对生产性服务网络图；$\mathrm{GR}(t)=(V(\mathrm{VX})(t),R(t))$ 和 $\mathrm{GR}(t+1)=(V(\mathrm{VX})(t+1),R(t+1))$ 等。

输出：一个最小生产性服务价值 $\min E_\alpha$ ；一个最大生产性服务价值 $\max E_\alpha$ 。

具体步骤如下。

步骤 1：针对时间段 $t_1,t_2,\cdots,t_n$ ，计算集对联系度

$$\rho(v_k,v_s)(t)=a_{ks}(t)+b_{ks}(t)i+c_{ks}(t)j \tag{4.62}$$

整合为 $R(t)$ 。

步骤 2：取 $\alpha\in[0,1]$ ，在每个时间段内，计算最小生产性服务价值和最大生产性服务价值，得出各时间段 $t_1,t_2,\cdots,t_n$ 内的生产性服务价值

$$\mathrm{SN}_\alpha(t_i)=\langle\min\mathrm{SN}_\alpha(t_i),\max\mathrm{SN}_\alpha(t_i)\rangle \tag{4.63}$$

步骤 3：计算 t_i 时刻与 t_{i-1} 时刻生产性服务价值之间的集对联系矩阵，得出从 $\mathrm{SN}_\alpha(t_{i-1})$ 到 $\mathrm{SN}_\alpha(t_i)$ 的转移超矩阵 $M_\alpha(t_i)$ 。

$$M_\alpha(t_i)=\begin{bmatrix} M_{11}(t_i) & M_{12}(t_i) & \cdots & M_{1n}(t_i) \\ M_{21}(t_i) & M_{22}(t_i) & \cdots & M_{2n}(t_i) \\ \vdots & \vdots & & \vdots \\ M_{n1}(t_i) & M_{n2}(t_i) & \cdots & M_{m}(t_i)\end{bmatrix} \tag{4.64}$$

其中的 $M_{ks}(t_i)$ 是生产性服务 v_k 、v_s 之间的转移矩阵，其构成为

$$M_{ks}(t_i)=\begin{bmatrix} m_{a1} & m_{a2} & m_{a3} \\ m_{b1} & m_{b2} & m_{b3} \\ m_{c1} & m_{c2} & m_{c3}\end{bmatrix}_{ks} \tag{4.65}$$

步骤 4:各个时间段之间的转移度计算是基于转移超矩阵进行的,求解同一转移度 d_a 、对立转移度 d_c 以及差异转移度 d_b 。

$$d_a(v_k, v_s) = m_{a1} + m_{b1} + m_{c1} \tag{4.66}$$

$$d_b(v_k, v_s) = m_{a2} + m_{b2} + m_{c2} \tag{4.67}$$

$$d_c(v_k, v_s) = m_{a3} + m_{b3} + m_{c3} \tag{4.68}$$

步骤 5:设定阈值 $\alpha \in [0,1]$,对多个时间段内同一转移度的平均值超过 α 的所有生产性服务,即 $\sum_{i=1}^{n} d_a(t_i)/n \geqslant \alpha$,构成最小生产性服务价值

$$\min E_\alpha = \left\{ v_k, v_s \,\middle|\, \sum_{i=1}^{n} d_a(v_k, v_s)(t_i)/n \geqslant \alpha \right\} \tag{4.69}$$

步骤 6:设定 $\alpha \in [0,1]$,在多个时间段内,选择 $\sum_{i=1}^{n} [d_a(t_i) + d_b(t_i)]/n \geqslant \alpha$,则构成最大生产性服务价值

$$\max E_\alpha = \left\{ v_k, v_s \,\middle|\, \sum_{i=1}^{n} [d_a(v_k, v_s)(t_i) + d_b(v_k, v_s)(t_i)]/n \geqslant \alpha \right\} \tag{4.70}$$

步骤 7:算法终止。

生产性服务价值的动态挖掘是基于集对分析和社会网络进行的,它是由最小生产性服务价值和最大生产性服务组成,以集对分析求解生产性服务网络转移矩阵来实现。

4.3.3　移动制造服务需求的制造服务化价值挖掘

制造服务化是基于顾客价值的制造企业与终端用户形成的一种移动制造服务,也是一种服务关系,如产品服务系统。由制造服务化关系创造的价值在制造企业和终端用户之间分配。制造服务化价值是对于某种制造服务化需求的特征信息的组合,制造服务化价值一般随着时间的变化而发生改变,具有动态性。制造服务化价值动态挖掘可以从顾客的个性化需求角度,比较协同过滤技术和个性化推荐技术的应用对象,设计适合的算法。在商业生态系统环境中,以移动制造服务平台为媒介,可以持续改进动态挖掘算法,以满足各个领域的移动制造服务价值挖掘。

制造服务化价值随时间变化,可以利用动态追踪方法构造制造服务化价值的动态挖掘算法,构造的基本思路如下:设计一个制造服务化价值序列,该序列按制造服务化发生的时间顺序存储制造服务化交易行为,形成制造服务化历史数据,在此基础上,对目标制造服务化价值进行预测,同时得到推荐列表。与构造基本思路对应的基本处理流程如下:首先,生成制造服务化历史数据,对制造服务化历史数

据进行前期处理，得到动态制造服务化文件；其次，确定制造服务化行为轨迹，同时挖掘关联规则；最后，根据目标制造服务化，进行 Top-N 推荐。基于这个基本处理流程设计制造服务化价值的动态挖掘算法如下。

1. 动态制造服务化文件的建立

制造服务化文件表示按时间序列排序的制造服务化行为。在建立动态制造服务化文件过程中加入时间维，增加了实例，使得推荐精度降低。可以采用自组织映射技术聚类制造服务化交易，来避免上述稀疏性问题。方法是划分不同的簇表征制造服务化的服务行为，动态制造服务化文件依据聚类结果生成。

以时间段划分交易发生时间，目标制造服务化价值测试时段是 l 时段，在 l 时段中的某时刻 T 进行推荐。推荐依据是前 $l-1$ 时段的目标制造服务化和其他制造服务化的服务数据。同时以层次类别划分制造服务化方案。n 个不同子类组成制造服务化方案类别 P ，低一级的子类构成上一级子类。记为

$$P=\{P_1,P_2,\cdots,P_n\} \tag{4.71}$$

设 A 是 l 时段 T 时刻之前的 m 个制造服务化的交易记录所构成的向量数据，有

$$A=\{A_{1,T-k},A_{2,T-k},\cdots,A_{m,T-k}\},\quad k=0,1,\cdots,l-1,\ l\geqslant 2 \tag{4.72}$$

在 $T-k$ 时刻，制造服务化 j 购买制造服务化方案类别 $A_{j,T-k}\in A$ ，它是 P 的非空子集。动态制造服务化文件由依据 $A_{j,T-k}$ 构成，定义如下：

在 l 时段，动态文件 $\bar{A}$ 由 n 种制造服务化方案和 m 个制造服务化的动态文件组成，表示为

$$\bar{A}_{j,T-k}=\langle P_1^{A_{j,T-k}},P_2^{A_{j,T-k}},\cdots,P_n^{A_{j,T-k}}\rangle,\quad j=1,2,\cdots,m,\ k=0,1,\cdots,l-1,\ l\geqslant 2 \tag{4.73}$$

式中

$$P_i^{A_{j,T-k}}=\begin{cases}1, & P_i\in A_{j,T-k}\\ 0, & \text{其他}\end{cases}$$

2. 提取制造服务化行为轨迹

提取制造服务化行为轨迹是基于关联规则进行的，具体方法是：首先，记录制造服务化服务序列，记录时按照制造服务化在每一时段所属聚类；其次，计算制造服务化的最小支持度和制造服务化的最小信任度；最后，在关联规则库中存储连续

购买行为序列。

用 q 个簇划分交易聚类

$$C=\{C_1,C_2,\cdots,C_q\} \tag{4.74}$$

其中，$\bar{A}$ 的子列为 C_i，相似购买行为的集合形成一个簇。制造服务化 i 的行为轨迹记为 L_i，它表示 i 在 l 时段所属聚类编号的变化，制造服务化行为轨迹

$$L_i=\langle C_{i,T-l+1},\cdots,C_{i,T-1},C_{i,T}\rangle,\quad i=1,2,\cdots,m \tag{4.75}$$

式中，$C_{i,T-k}\in C$，$k=0,1,\cdots,l-1,l\geqslant 2$，针对交易聚类的追踪是对于制造服务化行为轨迹的学习。

制造服务化购买行为动态表示为制造服务化行为轨迹，这并不是制造服务化购买行为模式，不能预测制造服务化后期购买行。引入关联规则技术，利用其自动过滤功能，挖掘制造服务化频繁购物模式。

考虑最小支持度和信任度，关联规则记为

$$R_j:r_{j,T-l+1},\cdots,r_{j,T-1}\Rightarrow r_{j,T}(\text{Support}_j,\text{Confidence}_j) \tag{4.76}$$

式中，$r_{j,T-k}\in C$ 或 $\varnothing$，$r_{i,T}\in C$。R_j、$r_{j,T-l+1},\cdots,r_{j,T-1}$ 分别表示关联规则、制造服务化的历史行为轨迹；$r_{j,T}$ 表示制造服务化在 T 时刻所属行为聚类。

3. 推荐制造服务化方案

首先，建立目标制造服务化购买序列，该序列针对待推荐的目标制造服务化，依据目标制造服务化的购买记录。其次，确定制造服务化购买行为，该购买行为是与目标制造服务化最为相似的，其方法是对比目标制造服务化的购买序列与关联规则库中的购买序列。最后，确定 T 时刻目标制造服务化所属聚类，并生成制造服务化方案推荐列表，该列表结合目标制造服务化的购买数据产生，是目标制造服务化可能购买的 N 项制造服务化方案。

(1)确定目标制造服务化购买序列。T 时刻前的条件部分 $\langle C_{i,T-l+1},\cdots,C_{i,T-1}\rangle$ 和之后的连续部分 $C_{i,T}$ 组成 $l-1$ 时段的数据，针对目标制造服务化，确定 $l-1$ 时段内 T 时刻前的行为轨迹，对比该行为轨迹与依据其他制造服务化行为提取的关联规则，并计算相似度和适应度。

目标制造服务化 i 在 $l-1$ 时段的行为轨迹记为 L_i^C，模型库中的条件关联规则 j 记为 R_j^C，有 $L_i^C=\langle C_{i,T-l+1},\cdots,C_{i,T-1}\rangle$，$R_j^C=\langle r_{j,T-l+1},\cdots,r_{j,T-1}\rangle$。

L_i^C 与 R_j^C 之间的相似度记为 SM_i^j，则有

$$\text{SM}_i^j=\sum_{k=1}^{l-1}S_{i,T-k}^j \tag{4.77}$$

式中

$$S_{i,T-k}^{j}=\begin{cases}1, & C_{i,T-k}=r_{j,T-k}\\0, & 其他\end{cases}$$

$S_{i,T-k}^{j}=1$ 表示目标制造服务化 i 的行为轨迹与同时段的条件关联规则 j 完全相同，SM_i^j 与相似度正相关。

同时，计算适应度，行为轨迹 i 与关联规则 j 的适应度记为 FM_i^j，则有

$$FM_i^j = SM_i^j \times Support_j \times Confidence_j \tag{4.78}$$

关联规则 j 的连续部分 $r_{j,T}$ 是 FM_i^j 取最大值时，T 时刻目标制造服务化的所属聚类。

(2)推荐制造服务化方案列表。目标制造服务化 T 时刻所属聚类的预测值用 C^* 表示，则 C^* 中其他制造服务化 T 时刻频繁购买的制造服务化方案类，组成目标制造服务化 T 时刻想要购买的制造服务化方案。T 时刻 C^* 中购买频繁度最高的制造服务化方案用 $MF(r_1)$ 表示，还有 $MF(r_2)$，直到 $MF(r_N)$，则该 N 项制造服务化组成目标制造服务化的推荐列表 $MF(r_1)$，$MF(r_2)$，…，$MF(r_N)$，任意项 $MF(k)$ 为

$$MF(k) = \sum_{j\in C^*} P_{ik}^{A_{j,T}} \times N_{ik}^{T} \tag{4.79}$$

式中

$$P_{ik}^{A_{j,T-k}}=\begin{cases}1, & P_{ik}\in A_{j,T}\\0, & 其他\end{cases}$$

P_{ik} 是第 i 类制造服务化方案第 k 个制造服务化；N_{ik}^{T} 是 T 时刻制造服务化方案 P_{ik} 的价值量。

移动制造服务需求的制造服务化价值动态挖掘，得到制造服务化方案 Top-N 列表，该列表是目标制造服务化的推荐。其他制造服务化价值挖掘可以类似处理，也可以深入研究更为科学的动态挖掘算法。

4.4 本章小结

本章的主要研究工作概括如下。

(1)结合企业价值理论和商业生态系统，研究了移动制造服务需求内涵，构建了制造服务需求的价值模型，该模型作为一个可扩展的基本模型，可有效解决移动制造服务需求价值挖掘所需理论基础的迫切问题。

(2)结合客户关系价值理论，建立了移动制造服务需求价值的静态挖掘原理模型，该模型针对服务企业、制造企业和终端用户建立了制造企业再购买、终端用户交叉购买和移动制造服务交易趋势的挖掘方法，实现了移动制造服务主体静态挖掘。

(3)从移动制造服务关系角度提出移动制造服务需求价值的动态挖掘原理，同时分析其动态聚类方法，针对生产性服务需求从类似社会网络中特殊关系角度动态挖掘价值；针对制造服务化需求从制造服务化方案推荐角度动态挖掘价值。

第 5 章　移动制造服务模块的生态控制技术

模块化思想在产品制造等领域得到广泛应用，对于移动制造服务模块化思想也是非常有用的工具，可以将移动互联网中的制造服务通过模块化方法建立成可配置的软构件存储管理，以此来构造移动制造服务系统，在商业生态系统环境中可以对移动制造服务模块调度和配置，促进制造与服务融合。构建移动制造服务模块作为移动制造服务运营的重要中间环节，应借鉴模块化理论，从可配置和松散耦合维度划分和创建移动制造服务模块，并利用本体技术描述移动制造服务模块，用移动互联网技术存储移动制造服务模块。在商业生态系统中，移动制造服务模块组成移动制造服务系统需要确定它合适的生态位，以此来匹配移动制造服务模块。从生态位角度研究移动制造服务模块的生态位测度体系，同时考虑竞争对策。为了实现移动制造服务模块的生态控制，还需要评价移动制造服务模块的生态位特性，通过分析商业生态系统环境的特点以及移动制造服务模块与环境的协调关系，构建移动制造服务模块评价模型，并制定生态控制策略。

5.1　移动制造服务模块化建模与匹配策略

移动制造服务模块化度是利用连续变量来定量测量移动制造服务模块化的程度，以此研究移动制造服务模块化的测度体系，应用可配置性和松散耦合性的定量计算方法合成移动制造服务模块化度。在移动制造服务模块划分过程中，基于公理化设计的思想，采用设计结构矩阵综合考虑设计参数在功能域、结构域、过程域之间的相关性和相似性，通过优化算法寻求理想的模块化设计方案。以移动制造服务总功能确定原理求解、结构实现和功能分解，建立子功能，迭代分解到移动制造服务模块，通过功能结构模块分析设计完成移动制造服务模块的创建，实现移动制造服务模块化。

5.1.1　移动制造服务模块化原理

移动制造服务模块是移动制造服务基本活动的集合，它是由一组移动制造服务基本活动和执行基本活动的移动制造服务资源所组成的。移动制造服务模块能够提供明确的功能，且模块间具有尽可能小的依赖，内部则相对紧密整合。移动制造服务模块间通过标准的接口交互，其模块能够在多个情景下被使用。关于移动制造服务模块的相关概念定义如下。

移动制造服务基本活动 a 是研究移动制造服务的简单个体，它可以用来组成流程，要求执行者单独决策完成事情。a 也是一种基本变换，包括输入、规则控制和输出，输入是移动制造服务活动的条件和对象，规则控制是将制造服务资源依据设计的规则进行转化，输出是移动制造服务活动的目标和结果。针对移动制造服务基本活动，建立完善的准则，首先，要能够使用简单句描述活动的输出，这个输出必须清晰可辨，目的明确可以预见；其次，要具备明确的边界，对于移动制造服务执行者在活动中工作的情况可以监控；最后，作为执行单位的移动制造服务基本活动，需要明确得到输出的执行者，可以是一个或多个移动制造服务主体。

移动制造服务模块可以形式化为一个三元组，$\mathrm{msm} = \langle A, I, O \rangle$ 。其中，$A = \{a_i \mid 1 \leqslant i \leqslant n\}$ ，表示共有 n 个移动制造服务基本活动组成的集合，这些移动制造服务基本活动的组合具有确定的规则；$I = \{i_j \mid 1 \leqslant j \leqslant p\}$ ，表示 p 个输入接口组成的集合，描述移动制造服务模块的输入参数；$O = \{o_k \mid 1 \leqslant k \leqslant q\}$ ，表示 q 个输出接口组成的集合，描述移动制造服务模块的输出参数。

移动制造服务活动是一个四元组，$\mathrm{MSA} = \langle A, D, R, S \rangle$ ，其中，$A = \{a_i \mid 1 \leqslant i \leqslant m\}$ ，表示 m 个移动制造服务模块组成的集合，移动制造服务活动在特定条件下形成移动制造服务系统；$D = \{D(a_i, a_j), \forall a_i \in A, \forall a_j \in A\}$ ，表示任意两个移动制造服务模块之间的依赖关系的集合；$R = \{R_i \mid 1 \leqslant i \leqslant p\}$ ，表示移动制造服务活动使用资源集合；$S = \{S_i \mid 1 \leqslant i \leqslant q\}$ ，表示移动制造服务输出的服务元素集合。

对任意 a_i ，存在至少一个 a_j ，使得 $|D(a_i, a_j)| \neq 0$ ，它表示了移动制造服务模块的连通性，两个移动制造服务模块之间一般存在依赖关系路径。

具有模块化特性的移动制造服务活动 MSA 可以表示为移动制造服务模块 $\mathrm{msm}_i = \langle A_i, I_i, O_i \rangle$ 的组合函数 $\mathrm{MSA} = f(\mathrm{msm}_1, \mathrm{msm}_2, \cdots, \mathrm{msm}_n)$ ，其中 $A_1, A_2, \cdots, A_n$ 是 A 的完备子集，并记 $\mathrm{msm}_i \in \mathrm{MSA}$ 。

移动制造服务模块化度是指移动制造服务活动通过模块化分解实现移动制造服务活动柔性的程度。移动制造服务活动 MSA 的模块化度记为 $M(\mathrm{MSA})$ ，理论上能够定量地测定移动制造服务模块化度。移动制造服务活动柔性可表现为两个基本维度，一个是移动制造服务活动提供输出的多样性，另一个是移动制造服务活动变化的敏捷性。

移动制造服务模块组合成移动制造服务活动，需要满足重新组合操作性和提供服务多样性，在研究移动制造服务模块测度时，称为移动制造服务模块的可配置性；同时移动制造服务模块之间的耦合程度也会影响到移动制造服务活动的组合性能，这种耦合关系与组合敏捷性成反比，在研究移动制造服务模块测度时，称为移动制造服务模块的松散耦合性。这样，可以用移动制造服务模块的可配置性和移动制造服务模块的松散耦合性来架构移动制造服务模块化的测度体系。

1. 移动制造服务模块的可配置性

移动制造服务模块的可配置性描述移动制造服务模块满足不同移动制造服务需求的范围，它是通过移动制造服务模块的修改操作、替代操作、去除操作以及增加操作等组合方式实现的。移动制造服务模块的可配置性记为 $C(\mathrm{MSA})$。

设移动制造服务活动 $\mathrm{MSA}=f(\mathrm{msm}_1,\mathrm{msm}_2,\cdots,\mathrm{msm}_n)$，MSA 输出的服务关系集合为 $S=\{\mathrm{Se}_i \mid 1\leqslant i\leqslant k\}$，$\mathrm{SN}(\mathrm{msm}_i)$ 是 msm_i 关联的服务关系数目，则

$$C(\mathrm{MSA})=k-\frac{1}{n}\sum_{\mathrm{msm}_i\in\mathrm{MSA}}\mathrm{SN}(\mathrm{msm}_i) \tag{5.1}$$

2. 移动制造服务模块的松散耦合性

移动制造服务模块的松散耦合性描述匹配若干移动制造服务模块时的联系紧密程度和相互适应程度。移动制造服务模块的松散耦合性记为 $L(\mathrm{MSA})$。

设移动制造服务活动 $\mathrm{MSA}=f(\mathrm{msm}_1,\mathrm{msm}_2,\cdots,\mathrm{msm}_n)$，移动制造服务基本活动 a_i 和 a_j 之间的依赖性记为 $D(a_i,a_j)$，移动制造服务模块 msm_i 和 msm_j 之间的依赖性记为 $D(\mathrm{msm}_i,\mathrm{msm}_j)$，且

$$D(\mathrm{msm}_i,\mathrm{msm}_j)=\sum_{\substack{a_i\in\mathrm{msm}_i\\ a_j\in\mathrm{msm}_j}}D(a_i,a_j) \tag{5.2}$$

则

$$L(\mathrm{MSA})=\sum_{a_i,a_j\in\mathrm{MSA}}|D(a_i,a_j)|-\sum_{\mathrm{msm}_i,\mathrm{msm}_j\in\mathrm{MSA}}|D(\mathrm{msm}_i,\mathrm{msm}_j)| \tag{5.3}$$

3. 移动服务模块测度计算

移动制造服务模块的测度即模块化度，是移动制造服务模块的可配置性和移动服务模块的松散耦合性两个基本测度单元的合成。

$$M(\mathrm{MSA}) = C(\mathrm{MSA}) \times L(\mathrm{MSA})$$
$$= \left(k - \frac{1}{n}\sum_{\mathrm{msm}_i \in \mathrm{MSA}} \mathrm{SN}(\mathrm{msm}_i)\right) \times \left(\sum_{a_i, a_j \in \mathrm{MSA}} |D(a_i, a_j)| - \sum_{\mathrm{msm}_i, \mathrm{msm}_j \in \mathrm{MSA}} |D(\mathrm{msm}_i, \mathrm{msm}_j)|\right) \tag{5.4}$$

在移动互联网环境下，移动制造服务模块创建也变得简单易行，主要任务是建立起功能结构模块，具体方法是分析移动制造服务的设计要素，采用一些聚类方法把设计要素聚类，在移动制造服务动态模型的支持下，得到移动制造服务模块设计方案，最后对功能结构模块展开结构设计和服务设计，从而建立移动制造服务模块。

移动制造服务模块相关度用来表示移动制造服务模块功能结构单元关系集合，这些功能性结构单元的相关程度决定了移动制造服务模块的可调用性，一般的移动制造服务模块相关度表征了结构相关、功能相关、接口相关以及行为相关等。

移动制造服务功能结构模块具有相对独立性，这种独立性反映在功能和结构上。每个移动制造服务模块的建立是基于移动制造服务功能结构单元，其中包含了功能信息、结构信息以及产品或者服务的方案信息。移动制造服务功能结构模块是形成移动制造服务模块的基础。

质量功能配置是应用质量屋来描述客户需求与目标特征转化的一种方法，这种方法具有结构化和系统化特点，它是由用户驱动并且保证质量的方法，可以用于移动制造服务的开发。从客户角度看，移动制造服务需求的描述比较模糊，这些需求既有功能要求、结构要求和性能要求，也有可靠性、成本价格以及可维修性等要求。因此，一般采用设计者角度，以定量描述代替定性描述，提出技术目标特征来处理。

移动制造服务模块的创建着眼于客户需求，将移动制造服务的总功能和总目标应用质量功能配置方法进行转换，把客户需求映射到移动制造服务的技术特征和移动制造服务的目标值。首先，将功能转换为原理，以原理求解移动制造服务的总功能，来确定实现功能的行为；其次，建立移动制造服务的结构子功能，由原理求解移动制造服务功能的载体，以及原理的实现结果，并持续进行该过程；最后，实现移动制造服务的设计迭代和分解，确定分解结构的实现方式，如明确的特征、产品服务系统、产品模块、服务模块等。

移动制造服务模块创建过程伴随着功能结构的解耦过程，可以获得具有独立性的功能结构单元，也可以得到移动制造服务的分解方案。移动制造服务模块的创建过程模型如图 5.1 所示。在建立移动制造服务功能模型的基础上，相关性分析移动制造服务要素(功能、原理、结构等),并且以模糊聚类方法把得到的移动制造服务功能要素聚类,建立起功能结构模块就实现了移动制造服务模块的划分。同时还要设计移动制造服务模块的功能结构,并且评价移动制造服务模块的创建过程,为改善移动制造服务模块化方法提供基础。

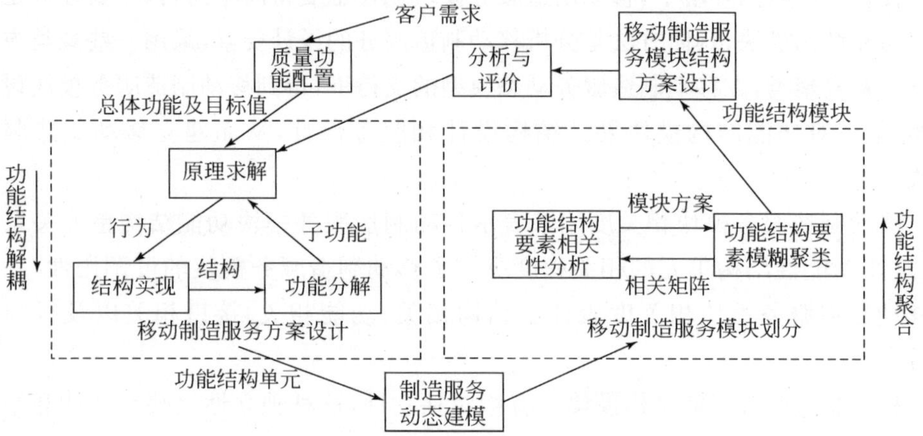

图 5.1 移动制造服务模块创建过程模型

5.1.2 移动制造服务模块描述与存储

移动制造服务模块信息具有多源异构、多颗粒度、多应用域的特征,需要研究移动制造服务模块描述方法,以及基于本体的移动制造服务模块存储方案。本体是用来描述概念以及概念之间的相互关系,这个描述基于知识,是针对特定领域提出的一种形式化表达。本体也是一种互操作系统,该系统以明确的格式描述出人和机器都能够理解的概念。具体应用时经常使用领域本体形式化描述专门领域知识,包括该领域的实体概念、相互关系的领域活动、该领域所具有的特征以及该领域的活动规律等。

应用本体描述方法一般要建立某个具体领域的领域本体,移动制造服务模块的描述应该和特定领域紧密结合才具有实用意义。可以从三个概念层次来描述领域本体:领域顶层本体概念群、特定领域本体概念群和应用本体概念层。研究移动制造服务模块特征,领域本体设计方法,三层次概念模型之间的约束关系,综合移动制造服务三个主体的关联设计领域本体模型等内容。

图 5.2 所示的移动制造服务模块本体结构模型是本体技术在移动制造服务领域的具体应用,描述了移动制造服务的概念实体,具体包含移动制造服务模块、制

造服务任务、制造服务对象、企业、约束对象和制造服务方法六个部分。其含义可以进一步阐述如下。

(1)移动制造服务模块是基本描述,包含服务的基本信息,如服务名称、服务功能、服务性能等。

(2)制造服务任务描述服务的类型信息,如输入参数、输出参数。服务类型是相关制造任务的概念实体描述,确定了领域内移动制造服务模块的概念。

(3)制造服务对象是对服务面向实体的描述。

(4)企业是针对需求方选择服务所做的描述。

(5)约束对象描述制造服务约束的承载体。

(6)制造服务方法描述具体的服务细节,是移动制造服务模块的实现步骤。

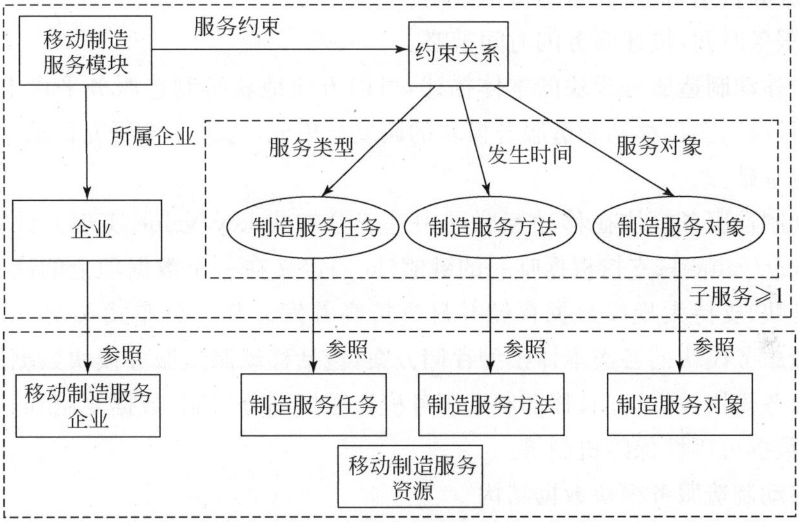

图 5.2　移动制造服务模块本体结构模型

从图 5.2 中可以看出,服务的发生时间可以通过制造服务方法与制造服务对象来明确。子服务作为单元制造服务,是在服务约束关系下制造服务任务、制造服务方法和制造服务对象以及制造服务等组成,显然,对于移动制造服务模块,子服务一般大于 1。

基于领域本体的移动制造服务模块描述如下:

移动制造服务模块 ≡ (= 1 所属企业 · 企业) ∩ (≥ 1 服务类型 · 制造服务任务)
∩ (= 1 服务约束 · ((≥ 1 发生时间 · 制造服务方法)
∩ (≥ 1 服务对象 · 制造服务对象)))

其中的逻辑关系反映出一个移动制造服务具有唯一的服务类型和服务约束。对于服务约束的关联不存在唯一性，多个制造服务对象可以和服务约束关联，多个制造服务方法也可以和服务约束关联，在关联中约定它们的逻辑关系。

移动制造服务模块的属性内容主要有以下几个：

(1)服务名称，标识移动制造服务的概念，以字符串描述。

(2)服务描述，以文本形式描述服务功能与特点，以字符串描述。

(3)参数描述，表示参数的概念结构，如名称、单位、数值类型、概念类型等。

(4)输入参数，描述服务输入参数的要求。

(5)输出参数，描述服务返回参数的情况。

(6)创建时间，定义服务建立的时间。

(7)服务费用，描述收费的价格策略。

(8)服务时间，描述服务的时间策略。

针对移动制造服务模块的本体描述，可以方便地获得制造服务平台上的存储标识，并且可以实现移动制造服务模块的调度与集成，为进一步研究移动制造服务系统奠定基础。

移动制造服务模块在移动互联网中基于分布式 key/value 实现云计算存储，分布式 key/value 只支持根据唯一的键值(key)定义在一个数据项上的读写操作，查询速度快、支持大规模数据存储并且支持高并发。基于分布式 key/value 确定移动制造服务模块的各类本体模型存储方案，包括移动制造服务模块数据结构、移动制造服务模块数据访问、移动制造服务模块数据划分机制、数据复制和一致性保障机制、数据可用性保障机制等。

1)移动制造服务模块数据结构

移动制造服务模块的分布式 key/value 数据存储系统由不同的域(domain)构成。域类似于传统数据库中的表，不同之处在于域是没有结构的，域的作用是容纳数据项(item)。数据项用键值来定义，一个域中的不同数据项可能具有不同的结构，一个给定的数据项也许有多个动态变化的属性。在数据存储系统中，属性全部是字符串类型的，但是在实现中，属性也可以具有简单的类型，如整型、字符串数组等。对不同域之间的关系不进行定义。

移动制造服务模块的分布式 key/value 数据存储系统可以理解为面向数据项的系统，所有与一个数据项相关的内容都存储到该数据项中。在同一个域中存储的数据项可以存在很大的差异，例如，一个域中可能既存储了客户数据项，也存储了订单数据项。这种数据结构为系统的可伸缩性带来了很大的便利，由于与数据项相关的内容都存储在一个单独的数据项中，因此要获取一个数据项的相关内容无须多个表之间的Join操作，这使得数据可以容易地扩展到其他机器上。

2)移动制造服务模块数据访问

移动制造服务模块的数据访问机制中没有一个操作能够跨多个数据项，因而它不需要关系数据模式，也不支持复杂Join查询操作。在分布式key/value数据存储系统中，数据的创建、更新、删除和获取都是用API方法调用，也有一些提供了类似SQL的语法来定义一些过滤规则，另外，数据的完整性保障逻辑必须由应用程序实现。

移动制造服务模块的应用接口方面，分布式key/value数据存储系统目前一般提供SOAP、REAT API等服务接口来访问数据，数据直接映射到应用代码的对象结构中，不需要进行应用代码结构和数据库结构之间对象和关系映射。

3)移动制造服务模块数据划分机制

对于移动制造服务模块数据，还要在划分到新增节点时提供具体的机制方法，最常用的数据划分方法是数据库切分方法，它实际上是一种“Shared Nothing”架构的数据库划分方案。Shared Nothing是构建高事务率多处理机系统的一种方案，它不要求各个节点的处理机共享主存或磁盘，各个节点是独立的和自治的而且系统中没有单点“瓶颈”。

移动制造服务模块数据划分可分为垂直切分、水平切分以及两种方式的结合三类。垂直切分数据是指数据库切分按照互联网应用的业务、产品进行切分，如用户数据、服务文章数据、照片数据、标签数据、群组数据等，切分后每个业务作为一个独立的数据库或者数据库服务器；水平切分是将所有数据当做一个整体的业务，但是将所有的平面数据按照某些key分散在不同数据库或者数据库服务器上，分散对数据访问的压力。

移动制造服务模块的分布式key/value数据存储系统可以实现扩展功能，将切分功能以数据自动迁移的方式实现。在数据存储中，数据扩展机制有基于哈希算法的数据扩展机制和基于映射表的数据扩展机制两种，前者是根据key和哈希算法来决定数据存储的节点；后者是在映射表中查找到以后再定位到相应的节点。

4)移动制造服务模块数据复制和一致性保障机制

在移动制造服务模块的分布式key/value数据存储系统中，为了获得更好的可用性和持久性，需要将数据复制到多个节点上。如除了在本地存储某个范围内的键值之外，还将这些键值复制到几个顺时针方向的后继节点中。负责存储一个具体键值的节点列表成为优先列表，在构造优先列表时，常跳过环中的某些位置来选择节点，以确保优先列表中虚拟节点在不同的物理节点上。

移动制造服务模块的分布式 key/value 数据存储系统，在大规模的互联网环境下，出于提高系统可用性的考虑，对于副本数据的一致性保障方面不保证严格的一致性。最终一致性只保障更新操作最终被传播到各个副本上，而在此之前，各个副本的数据之间可能会出现冲突。

5)移动制造服务模块数据可用性保障机制

(1)节点失效情况下的冲突解决。在分布式 key/value 数据存储系统中，数据项的写操作无需等到更新操作传播到所有副本上便可返回给客户，这就会导致随后的读操作可能会读到更新操作之前的数据版本。更新操作在没有任何节点失效发生的情况下会传播到所有副本上。但是，在节点暂时失效的情况下，更新操作则可能无法到达所有副本，这就会导致不一致的产生。系统采用向量时钟的数据版本管理方法，一个数据对象对应一个向量时钟，描述了对象的每一个版本，它为同一个数据对象在不同的节点创建一个版本计数器，这个版本计数器用于确定是否要解决冲突，判断机制是看数据在不同节点的版本是属于并行分支还是串行分支。

(2)节点失效情况下的更新传播和同步。为了同时考虑容错性和一致性，分布式 key/value 数据存储系统往往使用一种粗略的法定数量协议。所有的读写操作都选择在有限列表的前 N 个可用的节点上，而并非选择在一致哈希环上顺时针寻找到的前 N 个节点上。

5.1.3 移动制造服务模块匹配策略

移动制造服务模块匹配是指服务提供者的移动制造服务模块与服务使用者的移动制造服务需求之间的关联映射。实际上，这个映射可以采用制造服务需求模板与候选制造服务的整体匹配度来度量，制造服务需求模板描述移动制造服务需求，而候选制造服务描述移动制造服务模块。基于移动制造服务模块特点和领域本体模型，从移动制造服务模块的类别、内容和接口三个层次匹配，动态确定移动制造服务模块匹配度，完成移动制造服务模块的自适应匹配。

制造服务需求模板与候选制造服务匹配的研究是基于语义本体理论展开的。首先，针对移动制造服务模块匹配过程进行建模，模型主要描述两个方面：一方面是服务需求者提出制造服务需求模板；另一方面是服务提供者发布候选制造服务。然后，服务需求者进行语义需求模板映射，具体就是通过制造服务平台，用领域本体支持添加制造服务需求，把制造服务需求模板映射为语义需求模板；同样的，服务提供者进行语义制造服务映射，具体也是基于制造服务平台，用领域本体支持添加候选制造服务，把候选制造服务映射为语义制造服务。最后，考虑制造服务的类别、内容和接口进行语义需求模板和语义制造服务的整体匹配。移动制造服务模块匹配模型如图 5.3 所示，移动制造服务模块的匹配过程是一个动态过程。

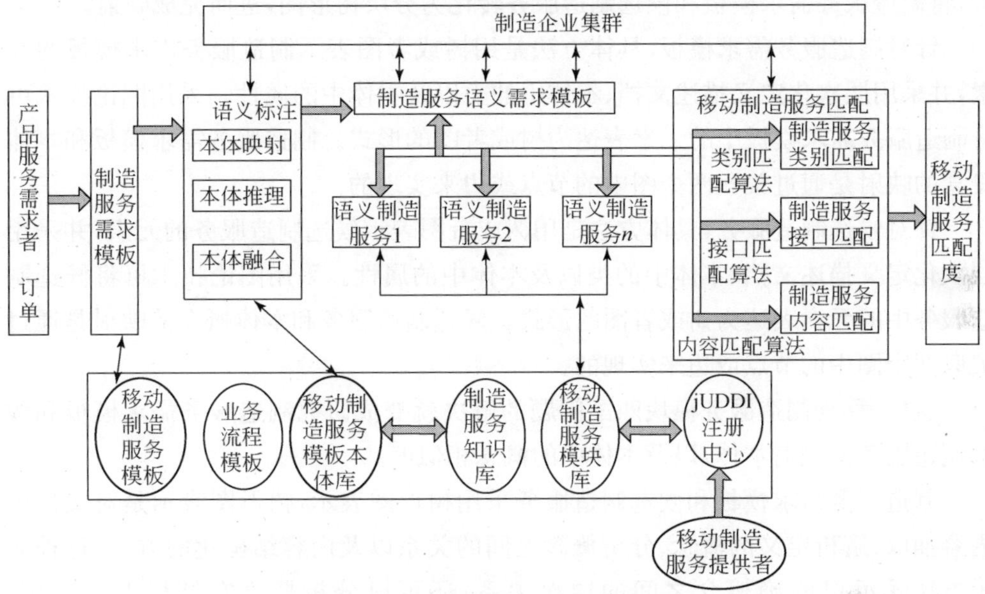

图 5.3　移动制造服务模块匹配模型

在移动制造服务模块匹配过程中，匹配策略是基于语义本体寻求制造服务需求模板和候选制造服务之间的匹配度。制造服务平台的注册信息可以设计得更加便于匹配，增加必要的匹配参数，并且可以基于大数据分析详细规划。一般从客户需求信息查询移动制造服务模块，得到满足条件的移动制造服务。通过移动制造服务领域本体，在映射操作下，获得语义需求模板和语义制造服务。接下来，采用匹配算法进行语义需求模板和语义制造服务之间的服务类别匹配、服务内容匹配，以及服务接口匹配。在完成优化算法的三级匹配后，即获得了移动制造服务模块的最佳匹配。

1. 基于语义本体的制造服务需求模板和候选制造服务映射

针对移动制造服务模块的领域本体实例，建立制造服务需求模板和候选制造服务与实例领域本体的概念映射。制造服务需求模板(service template，ST)描述需求信息，并且反映业务流程和节点接口，包含服务类别、服务内容、服务接口等。候选制造服务(candidate service，CS)是符合制造服务需求的服务集合，通过匹配确定最优的移动制造服务模块。

基于语义本体建立移动制造服务匹配模型要通过本体映射来实现，也就是分别将制造服务需求模板和候选制造服务进行本体映射之后再匹配。以图论技术分析，将制造服务需求模板和候选制造服务转化为分层树形图，进而完成映射。

针对制造服务需求模板，具体方法是用树或者图表示制造服务需求模板的元素，并采用层次化定义描述文档、本体中的类以及本体中的属性。采用图论技术可将制造服务需求模板中的元素表达为树或者图的形式。制造服务需求模板和本体概念的映射是通过关联两个图中的节点或边来实现的。

针对候选制造服务，具体方法是用树或者图表示候选制造服务的元素，并采用层次化定义描述文档、本体中的类以及本体中的属性。采用图论技术可将候选制造服务中的元素表达为树或者图的形式。候选制造服务和本体概念的映射是通过关联两个图中的节点或边来实现的。

这样，移动制造服务模块匹配问题的解决就变成研究制造服务需求模板和候选制造服务的映射本体，以及本体中的概念相似度。

制造服务需求模板和候选制造服务采用树形图表示，树形图表示是对文档中内容抽取、解析定义的概念、分析概念之间的关系以及内容结构化的方法，这种表示方法既可以明确概念之间的层次关系，还可以分析概念在结构上的差别。图 5.4 是制造服务需求模板、候选制造服务与移动制造服务模块领域本体之间的映射。基于树形图分析制造服务需求模板、候选制造服务及其领域本体，显然可以得到它们的结构差别，从而提高匹配准确率。

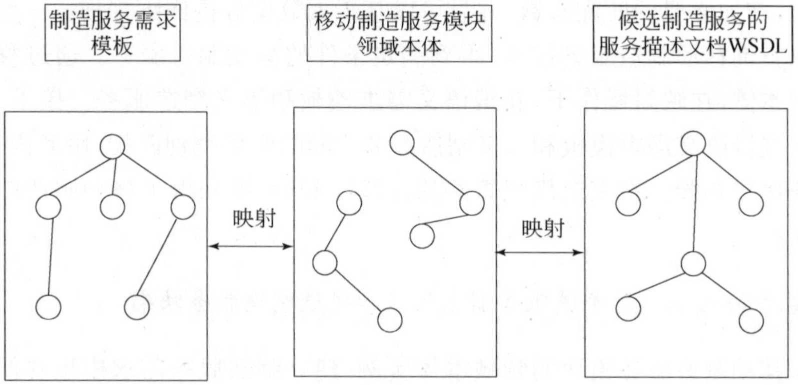

图 5.4　制造服务需求模板、候选制造服务与移动制造服务模块领域本体之间的映射

2. 类别匹配 CM 过程

移动制造服务模块匹配的三级匹配分别为类别匹配、内容匹配和接口匹配，这三级匹配是建立在语义本体模型之上的。假设 ST. Cate 是制造服务需求模板映射到本体中的类别概念，CS. Cate 是候选制造服务映射到本体中的类别概念，移动制造服务模块类别匹配实质上是计算 ST. Cate 和每个 CS. Cate 的匹配度 $\mathrm{Sim}_{\mathrm{Category}}$(CS. Cate，ST. Cate)。设定类别匹配度阈值，以类别匹配算法完成匹配，选择符合类别匹配度阈值的移动制造服务模块，把这个移动制造服务模块存储到候选制造服务库 GoalCS1，再进行下一级内容匹配。

假设制造服务需求模板射到领域本体中的概念为 C_{ST}，候选制造服务的概念映射到领域本体中的概念为 C_{CS}，计算 C_{ST} 和 C_{CS} 的语义相关度，得到类别匹配过程中的匹配度

$$\mathrm{Sim}(C_{\mathrm{ST}},C_{\mathrm{CS}})=\frac{\alpha}{\beta^{\mathrm{dis}(C_{\mathrm{ST}},C_{\mathrm{CS}})}+\alpha-1} \tag{5.5}$$

式中，α 为校正参数，一般取值为 1；β 为语义相关度变化控制参数，一般取值为 e；语义距离为

$$\mathrm{dis}(C_{\mathrm{ST}},C_{\mathrm{CS}})=\begin{cases}0, & C_{\mathrm{ST}}=C_{\mathrm{CS}}\\ \sum_{n} w_i, & \text{其他}\end{cases} \tag{5.6}$$

式中，w_i 为连接本体中两个概念的最短路径上任意边的关系权重值。

3. 内容匹配 ProM 过程

移动制造服务模块的内容匹配是针对制造服务名称和制造服务描述的匹配，把制造服务名称和相关领域本体的概念映射操作，同时也将制造服务描述和相关领域本体的概念映射操作。映射到领域本体的概念的语义相关度计算主要是计算制造服务需求模板的服务名称匹配度、候选制造服务的服务名称匹配度、服务描述服务名称匹配度、服务描述匹配度，同时计算整体匹配度。设定内容匹配度阈值，以内容匹配算法完成匹配，选择符合内容匹配度阈值的移动制造服务模块，把这个移动制造服务模块存储到候选制造服务库 GoalCS2，再进行下一级接口匹配。

为了方便，采用 WordNet 本体词汇库的概念进行映射。基于 WordNet 的内容匹配过程中的匹配度计算如下：

$$\mathrm{Sim}_{\mathrm{Profile}}(\mathrm{ST},\mathrm{CS})=\frac{\omega_{\mathrm{N}}\cdot\mathrm{Sim}_{\mathrm{Name}}(\mathrm{ST.\ name},\mathrm{CS.\ name})}{\omega_{\mathrm{N}}+\omega_{\mathrm{D}}}+\frac{\omega_{\mathrm{D}}\cdot\mathrm{Sim}_{\mathrm{Descrip}}(\mathrm{ST.\ descrip},\mathrm{CS.\ descrip})}{\omega_{\mathrm{N}}+\omega_{\mathrm{D}}} \tag{5.7}$$

其中，$\mathrm{Sim}_{\mathrm{Profile}}$、$\mathrm{Sim}_{\mathrm{Name}}$、$\mathrm{Sim}_{\mathrm{Descrip}}$分别为内容匹配度、服务名称匹配度、服务描述匹配度；ω_{N}为服务名称权重；ω_{D}为服务描述权重，并且$\mathrm{Sim}_{\mathrm{Profile}},\omega_{\mathrm{N}},\omega_{\mathrm{D}}\in[0,1]$。服务名称权重$\omega_{\mathrm{N}}$和服务描述权重$\omega_{\mathrm{D}}$是由客户给出的主观评价权重值。

制造服务需求模板与第k个候选制造服务基于 WordNet 本体词汇库的匹配度

$$\begin{aligned}\mathrm{Sim}_{\mathrm{Name}}^{k}(\mathrm{ST.\ name},\mathrm{CS}_k.\ \mathrm{name})=\prod_{k}&(\omega_{\mathrm{syn}}\cdot\mathrm{Syn\_N}(\mathrm{ST.\ name},\mathrm{CS.\ name}))\\&\cdot(\omega_{\mathrm{abbr}}\cdot\mathrm{Abbr\_N}(\mathrm{ST.\ name},\mathrm{CS.\ name}))\\&\cdot(\omega_{\mathrm{anto}}\cdot\mathrm{Anto\_N}(\mathrm{ST.\ name},\mathrm{CS.\ name}))\end{aligned} \tag{5.8}$$

Syn_N，Abbr_N，Anto_N 分别为同义词语义相关度、缩写语义相关度、反义词语义相关度；ω_{syn}、ω_{abbr}、ω_{anto}分别为各自的权重。

服务描述匹配度$\mathrm{Sim}_{\mathrm{Descrip}}$的计算类似。

4. 接口匹配 IOM 过程

移动制造服务模块的接口匹配是针对制造服务需求模板和候选制造服务的匹配，把制造服务需求模板和领域本体建立映射，同时也将候选制造服务和领域本体建立映射。语义相关度值表示本体概念之间的接口匹配程度，分别计算制造服务需求模板和候选制造服务 I/O(ST 与 CS 之间的 I/O)匹配度。设定内容匹配度阈值，以接口匹配算法完成匹配，选择符合内容匹配度阈值的移动制造服务模块，把这个移动制造服务模块存储到候选制造服务库 GoalCS3。

根据客户需求的多样性，确定多种 I/O 参数类型，I/O 参数映射要求多种 I/O 参数与领域本体映射。在接口匹配时，需要考虑映射本体数量为 1 和n个$(n\geqslant 2)$两种情况。计算接口匹配过程中的匹配度为

$$\mathrm{Sim}_{\mathrm{IO}}(\mathrm{ST.\ IO},\mathrm{CS.\ IO})=\begin{cases}\mathrm{Sim}_{\mathrm{IO}}^{1}(\mathrm{ST.\ IO},\mathrm{CS.\ IO}), & \Omega_{\mathrm{ST}}=\Omega_{\mathrm{CS}}\\ \mathrm{Sim}_{\mathrm{IO}}^{n}(\mathrm{ST.\ IO},\mathrm{CS.\ IO}), & \Omega_{\mathrm{ST}}\neq\Omega_{\mathrm{CS}}\end{cases} \tag{5.9}$$

式中，$\Omega_{\mathrm{ST}}=\Omega_{\mathrm{CS}}$表示一个本体满足所有 I/O 参数映射要求；$\Omega_{\mathrm{ST}}\neq\Omega_{\mathrm{CS}}$表示一个本体不满足所有 I/O 参数映射要求。

1)单本体映射情形

$\mathrm{Sim}_{\mathrm{IO}}^{1}(\mathrm{ST.IO},\mathrm{CS}_k.\mathrm{IO})=$

$$\left[\prod_{i=1}^{p}(\mathrm{Sim}_{\mathrm{I}}^{1}(\mathrm{ST.I},\mathrm{CS}_k.\mathrm{I}_i))\cdot\prod_{j=1}^{q}(\mathrm{Sim}_{\mathrm{O}}^{1}(\mathrm{ST.O},\mathrm{CS}_k.\mathrm{O}_j))\right]^{1/d} \tag{5.10}$$

式中，d 为校正系数；p 为输入参数的个数；q 为输出参数的个数。

假如本体概念 X 和 Y 的属性个数为 $p(X)$ ，$p(Y)$ ，则匹配度

$$\mathrm{Sim}_{\mathrm{IO}}^{1}(X,Y)=\begin{cases}1, & X=Y\\ 1, & X\supseteq Y\\ \left[\dfrac{p(X)}{p(Y)}\right]^{1/b}, & X\subseteq Y\\ \mathrm{Sim'}_1(X,Y), & X\neq Y\end{cases} \tag{5.11}$$

式中

$$\mathrm{Sim'}_1(X,Y)=\left(\frac{|p(X)\cap p(Y)|}{|p(X)\cup p(Y)|}\cdot\frac{|p(X)\cap p(Y)|}{|p(Y)|}\right)^{1/c} \tag{5.12}$$

b 表示匹配度调节系数，一般取 3；系数 c 一般取 3。

2)多本体映射情形

假如本体概念 X 和 Y 的属性集合为 $f(X)$ 、$f(Y)$ ，n 表示映射本体的个数，m 表示概念 Y 属性的个数，则匹配度

$$\mathrm{Sim}_{\mathrm{IO}}^{n}(X,Y)=\left(\prod_{i=1}^{m}\max\mathrm{Sim}_i(x,y)\right)^{1/m},\quad x\in f(X),y\in f(Y) \tag{5.13}$$

属性 y 与 X 的最大语义相关度是对 Y 的任一属性 y ，考虑 X 中所有属性进行遍历操作，得到最大语义相关度的属性 X 。

本体的属性包括数据类型属性 DP 和对象类型属性 OP，不同本体概念属性间的语义相关度分别为

$$\mathrm{Sim}_{\mathrm{IO}}^{n}(X,Y)=\begin{cases}\mathrm{Sim'}_n(X,Y), & p(X),p(Y)\subseteq\mathrm{DP}\\ \mathrm{Sim'}_n(X,Y), & p(X),p(Y)\subseteq\mathrm{OP}\\ \mathrm{Sim''}_n(X,Y), & p(X)\subseteq\mathrm{OP},p(Y)\subseteq\mathrm{DP}\\ \mathrm{Sim''}_n(X,Y), & p(X)\subseteq\mathrm{DP},p(Y)\subseteq\mathrm{OP}\end{cases} \tag{5.14}$$

式中

$$\mathrm{Sim'}_n(X,Y)=\frac{w_1f_1(p(X)\cap p(Y))-w_2f_2(p(Y-X))}{|p(X)\cap p(Y)|} \tag{5.15}$$

$$\mathrm{Sim''}_n(X,Y)=\frac{w_3f_3(p(X)\cap p(Y))}{w_3f_3(p(X)\cap p(Y))+w_4f_4(p(Y-X))} \tag{5.16}$$

式中，$p(X)$ 、$p(Y)$ 分别为概念 X 、Y 的属性个数，$p(X) \cap p(Y)$ 表示 X 和 Y 共有属性的个数，$p(Y-X)$ 表示 Y 中有但 X 中没有的属性个数，w_1 、w_2 、w_3 、w_4 分别表示对应属性集合的权重值。

5. 移动制造服务模块匹配 SM 算法

移动制造服务模块的总匹配度计算公式是综合移动制造服务模块的三级匹配程度。设 α 为匹配度校正系数，一般取 3，$\mathrm{Sim}_{\mathrm{Category}}$、$\mathrm{Sim}_{\mathrm{Pro}}$、$\mathrm{Sim}_{\mathrm{IO}}$分别为类别、内容的接口匹配度，则制造服务需求模板 ST 和候选制造服务 CS 的总匹配度为

$$\mathrm{Sim}(\mathrm{ST},\mathrm{CS}) = \left[\prod \mathrm{Sim}_{\mathrm{Category}}(\mathrm{ST.Cate},\mathrm{CS.Cate}) \cdot \mathrm{Sim}_{\mathrm{Profile}}(\mathrm{ST.Pro},\mathrm{CS.Pro}) \cdot \mathrm{Sim}_{\mathrm{IO}}(\mathrm{ST.IO},\mathrm{CS.IO}))\right]^{1/\alpha} \tag{5.17}$$

移动制造服务模块匹配 SM 算法如下：

```
SM(CS,ST)// 移动制造服务模块匹配 SM 算法
  CM(CS.Cates,ST.Cate)//第一级类别匹配
    IF GoalCS1≠Φ then//判断类别匹配,确定是否内容匹配
      ProM (CS.Name,ST.Name;CS.Descrip,ST.Descrip)//第二级内容
        匹配
        IF GoalCS2≠Φ then//判断内容匹配,确定是否接口匹配
          IOM(CS.IOs,ST.IOs)//第三级接口匹配
            IF GoalCS3≠Φ then
              Print ("the? matched? services? are:"+ GoalCS3+
                     Sim(ST,CSi))
              //输出移动制造服务模块和匹配度值
end if
          else
            Print("no? services? are? matched? successfully")
          //打印"没有被匹配的移动制造服务模块"
end if
end if
```

关于移动制造服务模块匹配时基于本体概念属性语义相关度，根据移动制造服务业务运作过程，构建基于语义本体的移动制造服务模块匹配模型，该模型通过

制造服务需求模板和候选制造服务对于领域本体的概念语义相关度转换，把移动制造服务模块匹配问题简化为本体概念映射问题。从移动制造服务的功能属性分析移动制造服务模块匹配，以移动制造服务模块的服务类别、服务内容和服务接口为三级匹配框架，在此框架下，计算各级的匹配度，再合成为针移动制造服务模块总匹配度。三级匹配的移动制造服务模块匹配算法，有效提高了移动制造服务模块的匹配质量。

5.2　移动制造服务模块的生态位测度与竞争策略

生态位是指生物体利用资源和环境的情况，生物体在长期竞争中会形成最合适的生态位。移动制造服务模块在商业生态系统环境中竞争也会产生适合自身的生态位。移动制造服务模块生态位是指移动制造服务模块在移动制造服务系统中获取和配置优势资源及生产要素等综合能力的大小。生态位概念可以表征移动制造服务模块控制资源状况、对商业生态系统环境的适应性以及拓展资源能力。通过不断调整生态位的适应度，移动制造服务模块可以在不同生态位之间跃迁或扩张，从而实现自身的进化。以生态位角度研究移动制造服务模块可以更好地揭示其生态控制机理，具体研究移动制造服务模块生态位的内涵、测度以及竞争策略。

5.2.1　移动制造服务模块的生态位概念

生态位理论是生态系统结构中的一种秩序，可以反映生态系统的客观存在，其中的生态位表示了生态系统中生物种群的功能、空间位置以及作用。作为现代生态学的重要概念之一，生态位(niche)一词最早由 Johnson 提出，后来美国学者 Grinnell 和英国生态学家 Elton 分别给出了定义。1917 年，Grinnell 提出生态位是物种在群落和生态系统中所占据的最后分布单元；1927 年，Elton 提出生态位是指物种在生物环境中的位置及其与食物和敌害的关系。在 Elton 的研究中发现，以营养关系刻画物种在群落中的功能状况，可以用生态位表示生物体在群落中的功能地位和作用。1957 年，Hutchinson 引入数学方法研究生态位，基于点集理论，把生态位作为基于空间资源利用的一个物种生存条件的总和。Hutchinson 的研究发展了生态位的多维空间概念，进而提出基础生态位和实际生态位概念，其研究成果标志着生态位从定性阶段到定量分析阶段，同时也奠定了现代生态位理论的研究基础。

生态位理论广泛应用于自然生态系统、城市生态、国土规划、环境保护等领域，同时也逐渐用于企业战略和产业集群等制造业领域。1989 年，Frosch 和 Gallopoulos 最早提出产业生态概念，Lowenthal 和 Kastenberg 接着明确了产业生态的研究意义，提出产业系统和自然生态系统的协调运行可以应用生态学工具，这种分析具有天然的理论基础。《产业生态学》一书的作者 Graedel 深入研究产业生态理论，在产品生命周期、产业生态系统建模预测等方面取得较大进展。

以生态学角度看，移动制造服务模块具有生物体的一些生态特征：一是移动制造服务模块和生物体一样消耗物质与能量，并且排放废弃物；二是移动制造服务模块可以衍生类似的组织模块，类似于生物体的繁殖，但是这个衍生可以由移动制造服务模块执行，也可以借用外部实体来执行；三是移动制造服务模块具有类似应激性的适应性，可以对商业生态系统环境做出适应操作；四是移动制造服务模块具有有限生命，会经历不同的演化阶段，类似于生物体的生长阶段和有限生命；五是移动制造服务模块会根据共同特征构成一个生态群落，类似于生物种群；六是移动制造服务模块生态系统的个体之间存在竞争和共生关系，类似于自然系统中的适者生存与协作共生。

把生态位概念用于移动制造服务模块研究，可以反映移动制造服务模块个体与群体的生态关系，也可以反映移动制造服务模块与商业生态系统环境的适应发展。从上面移动制造服务模块与生物体的相似性分析，可以得知移动制造服务模块群落存在不断的演化过程。移动制造服务模块生态位处于商业生态系统环境，在其演化过程的每个阶段都具有相应的功能地位，这种功能地位就是移动制造服务模块的生态位。移动制造服务模块生态位是在竞争中形成的，一方面表示移动制造服务模块和商业生态系统环境的互动关系，另一方面也表示同一群落中移动制造服务模块与移动制造服务模块之间的联系。

生态位构建是生物体改变或修复自身环境的过程，它是以新陈代谢活动来选择和确定生态位的。生态构建过程是一个生态系统工程，反映出生物体对环境自然选择的变化。生态位构建一方面可以明确物种与环境变化之间的协同进化关系，另一方面也可以有规律地改变环境中自然选择的生物与非生物资源。物种对于环境变化的适应是通过新陈代谢活动选择、创建生态位或改变生态位实现的。

移动制造服务模块生态位的构建可以借鉴生态位构建方法，提供一些商业生态系统环境中运作的基本功能，如资源聚集功能、信息流功能、扩散功能、价值增值功能等。移动制造服务模块的资源聚集功能是指移动制造服务模块汇集并优化所需要的制造服务资源，资源聚集是生态位构建的核心功能；移动制造服务模块的信息流功能是指移动制造服务模块获取各类相关信息的功能，该功能是通过移动互联网技术实现的；移动制造服务模块的扩散功能是指移动制造服务模块在生态空间上的拓展，该功能可以促进相关产业的成长；移动制造服务模块的价值增值功能是指移动制造服务模块产生的价值增值活动，这个价值增值是通过生态位上的相关企业协同各方面的资源获得的。在移动制造服务模块生态位构建过程中，移动制造服务模块占据特定的生态位空间需要采取合适的生态策略、选择适合的生态环境以及制定可行的生态对策。

假设移动制造服务模块生态位 $y = f_i(x_1, x_2, \cdots, x_n)$ ，$i = 1, 2, \cdots, n$ ，表示移动制造服务模块对商业生态系统环境的需求，这些广义需求主要包含技术资源、人力资源、市场条件以及宏观政策等。其中，环境资源状况用 f 表示；生态因子用 x_n 表示。对于移动制造服务模块 i 的生态位空间 NS_i ，是用来表示制造服务模块 i 所利用的各种资源总和，它既可以表示移动制造服务模块 i 对 n 个资源生态因子的适应，也可以表示移动制造服务模块 i 对资源利用的多样化程度。从 Levins 的生物生态位概念可推导出移动制造服务模块生态位空间

$$NS_i = \{X \mid f(x_1, x_2, \cdots, x_n) > 0, X = (x_1, x_2, \cdots, x_n)\} \tag{5.18}$$

定义移动制造服务模块的生态因子域，用 E_i 表示

$$E_i = \prod_{i=1}^{n} I_i \tag{5.19}$$

式中，I_i 为移动制造服务模块的第 i 个资源生态因子值域。

在时间轴上具有连续特征的生态因子 x_i ，可以将生态位构建作用描述为 NS 在 E_n 中随时间 t 的变化规律。NS 的正生态位构建表示移动制造服务模块的反馈作用导致生态因子的增加，而 NS 的负生态位构建表示移动制造服务模块的反馈作用导致生态因子的减少。在移动制造服务系统演化过程中，需要满足 $E_i \cap NS_i \neq \Phi$ 才能进行生态位构建，也就是说，移动制造服务模块要在商业生态系统环境中生存，需要考虑移动制造服务模块生态位空间与其所处资源生态因子域是否相互重叠。

移动制造服务模块生态位具有层次性、区域性、时效性、相对稳定性和可测性。移动制造服务模块生态位的层次性是指移动制造服务模块在商业生态系统的不同层次上占据位置，并不是只存在串行或者并行状态，也可以在各个层次上共同作用；移动制造服务模块生态位的区域性是指移动制造服务模块在产业链上具有地域特征，虽然移动互联网技术可以支持跨区域服务，但是商业生态系统的应用也要考虑地域运作成本；移动制造服务模块生态位的时效性是指移动制造服务模块针对商业生态系统的需求响应强调敏捷性，商机稍纵即逝，移动互联网技术就是针对随时随地服务应用的；移动制造服务模块生态位的相对稳定性是指移动制造服务

模块的路径依赖性，新生态位的构建需要更多的资源，在权衡成本与收益条件下，要保持生态位的稳定；移动制造服务模块生态位的可测性是指移动制造服务模块进行生态控制时需要对生态位有效测度，生态位测度理论支持可测性的实现。

5.2.2 移动制造服务模块的生态位测度

移动制造服务模块生态位测度是建立在生态位宽度、生态位重叠度以及生态位选择度等概念基础上的。其中，生态位宽度是指移动制造服务模块在空间上的测度，表示移动制造服务模块占据空间的大小；生态位重叠度是指移动制造服务模块在关系上的测度，表示多个移动制造服务模块之间生态位的类似程度；生态位选择度是指移动制造服务模块在决策上的测度，表示移动制造服务模块被选择的可能性程度。移动制造服务模块的生态位宽度、生态位重叠度以及生态位选择度表征了移动制造服务模块间的竞合关系，如生态位宽度与移动制造服务模块的适应度成正比，而生态位重叠度和移动制造服务模块之间竞争强度成正比，生态位选择度也和移动制造服务模块之间竞争强度成正比。

1. 移动制造服务模块生态位宽测度

生态位宽度是生物体针对空间占有的竞争能力，表示某生物单位基于生长过程的综合利用资源能力。1965 年，van Valen 提出生态位宽度概念，认为在有限资源的多维空间中为一物种或一群落片段所利用的比例就是生态位宽度。1968 年，Levins 提出的生态位宽度的计算公式比较通用，一般也称为 Shannon-Wiener 指数公式

$$B = \frac{1}{\sum_{1}^{i} P_{ia}^{2}} \tag{5.20}$$

式中，B 为物种的生态位宽度；P_{ia} 为第 i 个个体的资源占用比。

生态位宽度值的大小能够反映个体的地位情况，显然在环境中地位优势大的个体生态位宽度大，它对资源占用较多，对环境的适应能力较强。

1983 年，Friesen 与 Miller 提出企业生态位宽度的概念，根据企业竞争强度，认为专业化企业属于窄生态位企业，多元化企业属于宽生态位企业。这个结论是基于企业面临竞争对手的数量影响分析得到的。同时，以企业的体积生态维定义生态位宽度，针对几个变量因子维度，建立企业超体积生态维，包括企业生存能力、资源、空间、企业环境、时间等变量因子。生态位宽度表示每个维度上因子的质量

或维度的长度。

移动制造服务模块生态位宽度表示商业生态系统环境下移动制造服务模块对于资源的依赖程度和利用资源的广度。该测度的描述主要依据移动制造服务模块生态位在一个市场资源上轴所截取的段落的宽窄，具体测量方法取决于测定某些形态特征、确定某些市场度量以及衡定市场生存空间等，移动制造服务模块生态位变量通过多维分析法可以在坐标图中标注。

移动制造服务模块生态位宽度表征了移动制造服务模块利用各种市场资源的能力。这些市场资源当中，市场购买力作用明显，市场购买力竞争决定了市场资源竞争。市场资源的动态性和伸缩性影响到移动制造服务模块的生态位宽度。移动制造服务模块生态位较窄，表示利用的市场资源占比小；相反地，移动制造服务模块生态位较宽，表示可利用的市场资源较多。移动制造服务模块生态位的宽窄反映出它是否依赖某种特定资源，而不能反映移动制造服务模块的生存状况。泛化移动制造服务模块对应宽生态位，该移动制造服务模块针对中低端市场资源的适应能力强；而特化移动制造服务模块对应窄生态位，该移动制造服务模块利用特定高端市场资源的适应能力强。当然，随着资源供应的改善，特化移动制造服务模块与泛化移动制造服务模块竞争取决于其他因素。

对于制造服务服务资源矩阵，假设行是 S 个移动制造服务模块，列是 R 个制造服务资源状态。而第 i 个移动制造服务模块利用制造服务资源状态 j 的个体数用 N_{ij} 表示；某区域 i 类移动制造服务模块个体数表示为 $Y_i = \sum_{j=1}^{R} N_{ij}$ ；利用制造服务资源状态 j 的移动制造服务模块个体数表示为 $X_j = \sum_{i=1}^{S} N_{ij}$ ；区域移动制造服务模块的总个体数表示为 $Z = \sum_{i=1}^{S}\sum_{j=1}^{R} N_{ij}$ 。则移动制造服务模块的生态位宽度可以据此计算，具体方法是针对制造服务资源矩阵，测定该移动制造服务模块与资源状态分布一致性。

$$B_i = \frac{1}{\sum_{j=1}^{R} P_{ij}^2} = \frac{\left(\sum_{j=1}^{R} N_{ij}\right)^2}{\sum_{j=1}^{R} N_{ij}^2} = \frac{Y_i^2}{\sum_{j=1}^{R} N_{ij}} \tag{5.21}$$

式中，B_i 为移动制造服务模块 i 的生态位宽度；$P_{ij} = N_{ij}/Y_i$ 表示第 i 个移动制造服务模块利用制造服务资源状态 j 的占用比。

移动制造服务模块生态位宽度 B_i 在一定程度上反映竞争状况。生态位特化与泛化来源于市场竞争程度较高的情况。例如,特化对应窄生态位可以描述劣质制造服务资源在区域制造服务资源充足时会被放弃;而泛化对应宽生态位可以描述区域制造服务资源缺乏,相应的要求就会降低。总之,移动制造服务模块生态位宽度反映的特化与泛化,揭示了资源与竞争的内在机制,可以在竞争策略选择时用作工具。

2. 移动制造服务模块生态位重叠测度

生物生态演化分析中,生态位重叠是为了系统的有序平衡,改变自然选择及其形态,使得生物体在生存竞争中避免生态位重叠。1971 年,Colwell 和 Abrams 提出生态位重叠概念,两个物种对资源的共同利用程度定义为生态位重叠。1978 年,Hurlbertt 提出生态位重叠是两个生态元共同占用同一资源而出现的情况,并深入研究了生态位重叠与竞争的关系。1972 年,MacArthur 提出生态位重叠计算公式,这个公式表示竞争压力和资源利用上的重叠,公式为

$$O_{ij} = \frac{\sum_{1}^{n} P_{ia} P_{ja}}{\sum_{1}^{n} P_{ia}^{2}} \tag{5.22}$$

式中,O_{ij} 表示两个物种 i 、j 之间的生态位重叠; P_{ia} 表示物种 i 利用资源 $a(a \in (1,n))$ 的个体数; P_{ja} 表示物种 j 利用资源 $a(a \in (1,n))$ 的个体数。一般地,$O_{ij} \in (0,1)$,生态位完全分离时取值为 0 ,生态位完全重叠时取值为 1 。

1994 年,Baum 和 singh 提出企业生态位重叠程度特性,他认为重叠程度以时间作为变量,随着生态位的变化而改变,种群密度值大于生态位重叠程度。两个企业的生态位重叠程度影响直接竞争的产生,两个企业生态位的差异性会产生互补共生的。生态位重叠程度与企业的间竞争强度成正比,生态位重叠程度与企业的失败率也成正比。为了缓解企业之间的竞争,可以把企业对资源需求的差异化,这种差异化以互不依赖的方式,使得企业处于非重叠生态位上,进而实现企业共生依存。

移动制造服务模块生态位的重叠度表示市场资源与移动制造服模块之间的交集。移动制造服务模块生态位重叠表现为两个移动制造服务模块利用同一个资源,也可以表现为两个移动制造服务模块共同占有商业生态系统环境变量。如果这种利用同一资源和共同占有商业生态系统环境变量的程度并非最大,就是两个移动制造服务模块生态位部分重叠。较大的生态位重叠度和竞争程度关联不大,而与生态位宽度相关。

生态位重叠出现在两个移动制造服务模块利用需要同一个制造服务资源时，考虑两个移动制造服务模块具有相同生态位，采用 Gause 原理分析可知，竞争排斥发生在移动制造服务模块生态位重叠部分。竞争程度与生态位重叠程度成正比，而移动制造服务模块独用制造服务资源空间与生态位重叠成反比。竞争结果是一个移动制造服务模块对应一个生态位空间。不产生竞争的条件是两个移动制造服务模块生态位完全分离，这样双方都可以占有各自的生态位。移动制造服务模块生态位重叠可以表示为矩阵 $m \times n$，m 表示 m 个资源状态，n 表示 n 个不同的移动制造服务模块，考虑移动制造服务模块生态位与商业生态系统资源环境之间的关系，矩阵 $m \times n$ 是资源 m 被移动制造服务模块 n 的利用量。根据所有移动制造服务的生态位重叠矩阵，可以建立移动制造服务模块的 $m \times n$ 矩阵，自我重叠的移动制造服务模块在矩阵对角线上，各个元素值取为 1。对于移动制造服务模块之间的相互重叠，将对角线以外各元素值取为小于 1。移动制造服务模块生态位重叠公式可以通过 Pianka 提出的生物生态位重叠测度方法获得，公式为

$$O_{ij} = \frac{\sum_{a=1}^{n} P_{ia} P_{ja}}{\sqrt{\left(\sum_{a=1}^{n} P_{ia}^2\right) \cdot \left(\sum_{a=1}^{n} P_{ja}^2\right)}} \tag{5.23}$$

式中，O_{ij} 表示移动制造服务模块 i 和 j 之间的生态位重叠值，$O_{ij} = O_{ji}$；P_{ia} 表示移动制造服务模块 i 对资源 a 的利用部分；P_{ja} 表示移动制造服务模块 j 对资源 a 的利用部分。

一般地，$O_{ij} \in [0,1]$，移动制造服务模块生态位完全分离时，$O_{ij} = 0$；移动制造服务模块生态位完全重叠时，$O_{ij} = 1$；移动制造服务模块生态位不完全分离时，$0 < O_{ij} < 1$，此时在资源使用上存在部分生态位重叠。从式(5.23)可以得到竞争状况，生态位重叠值 n 越大，移动制造服务模块竞争强度也越大。该公式对移动制造服务模块的个体数量特征不敏感，但是能客观反映出群落之间对制造服务资源利用或者生态适应的相似性，生态位重叠不超过 1，便于对不同种群制造服务的生态位重叠进行客观比较，具有较强实用性。

3. 移动制造服务模块选择测度

移动制造服务模块选择测度是表征移动制造服务模块被选择的可能性，该测度一方面取决于移动制造服务模块的竞争力，另一方面也取决于移动制造服务模块所处的商业生态系统环境。在移动制造服务模块形成过程中，不同时空尺度上

能够产生不同的生态位及动态模式。基于同类模块进行移动制造服务模块生态位规模优势的模块选择;基于技术创新进行移动制造服务模块生态位技术创新强势的模块选择;基于产业结构进行移动制造服务模块生态位主导的模块选择。移动制造服务模块生态位选择具有反馈机制,可以优化商业生态系统环境,并改变生态因子对生态区域的适宜度。

移动制造服务模块生态位选择包括两层含义,即选择发展哪一类移动制造服务模块和选择移动制造服务模块的机制路径。移动制造服务模块生态位选择应该根据竞争优势,选择符合区域产业优势的移动制造服务模块,选择正确的移动制造服务模块,实现最佳移动制造服务系统。与最佳移动制造服务系统相适应的移动制造服务模块生态位选择可以带动地区移动制造服务模块的优化组合。

根据移动制造服务模块多样性特点,结合关联度的研究方法,采用灰色关联分析方法构建移动制造服务模块的选择测度。灰色关联分析方法可以通过较少的数据发现因素之间的关联程度,对于不完全信息的决策是个较好的工具,移动制造服务模块的选择涉及较多的因素,用灰色关联方法确定主要因素与次要因素,得到各个因素的影响程度。灰色关联分析能够从已知信息求出各因素对所影响变量的关联度,关联度与该因素对变量的影响之间正相关。

首先,选择系统的参考序列与比较序列。

参考序列:$X_0 = \{x_0(k) \mid k = 1,2,\cdots,n\} = \{x_0(1),x_0(2),\cdots,x_0(n)\}$

比较序列:$X_i = \{x_i(k) \mid k = 1,2,\cdots,n\} = \{x_i(1),x_i(2),\cdots,x_i(n)\}$

其次,计算比较序列 X_i 对参考序列 X_0 在 k 时刻的关联系数

$$r(x_0(k),x_i(k)) = \frac{\min\limits_i \min\limits_k |x_0(k) - x_i(k)| + \rho \max\limits_i \max\limits_k |x_0(k) - x_i(k)|}{|x_0(k) - x_i(k)| + \rho \max\limits_i \max\limits_k |x_0(k) - x_i(k)|} \tag{5.24}$$

式中,$|x_0(k) - x_i(k)|$ 表示第 k 点 x_0 与 x_i 的绝对差;$\min\limits_i \min\limits_k |x_0(k) - x_i(k)|$ 、$\max\limits_i \max\limits_k |x_0(k) - x_i(k)|$ 分别表示两极最小差、两极最大差,有 $\lambda(k) = r(x_0(k), x_i(k))$;分辨系数 $\rho \in [0,1]$,通常取 $\rho = 0.5$ 。

最后,计算比较序列 X_i 和参考序列 X_0 之间的关联度

$$r(X_0,X_i) = \frac{1}{n}\sum_{k=1}^{n} r(x_0(k),x_i(k)) = \frac{1}{n}\sum_{1}^{n}\lambda(k) \tag{5.25}$$

式中,$r(X_0,X_i)$ 表示比较序列和参考序列的关联度;k 表示序列长度即资料的数量。

5.2.3　移动制造服务模块的生态位竞争策略

竞争是针对资源稀缺个体之间相互争夺的关系。在生态系统中，确定的生态位使得生物体通过竞争来占用资源，竞争的结果使系统的生态位趋于稳定，而系统的优化带来新的竞争，基于生态位的竞争反映了生物体适应环境的机制。移动制造服务模块的竞争具有必然性，有限的制造服务资源总是限制移动制造服务模块的生态位扩张。竞争迫使移动制造服务模块提高效率和竞争能力，并且相互协作，以生态位确定占用资源的比例。生态位宽度可以度量移动制造服务模块的竞争，移动制造服务模块的竞争能力和生态位宽度成正比。因此，移动制造服务模块与制造服务资源之间的竞争行为可以通过生态位宽度和生态位重叠来描述。

单个移动制造服务模块生态位利用经典 Levins 斑块占据模型表示的基本形式为

$$\frac{\mathrm{d}p}{\mathrm{d}t} = cp(1-p) - ep \tag{5.26}$$

式中，t 为时间；p 为移动制造服务模块价值占系统价值的比例；参数 c 和 e 分别表示移动制造服务模块成长率和衰亡率，该方程的非零平衡点 $\bar{p} = 1-(e/c)$ ，当 $e < c$ 时是全局稳定的。

假设移动制造服务模块生态位构建能力与移动制造服务模块价值占系统价值的比例相关，并且资源稀缺，不考虑资源恢复，移动制造服务模块环境资源的动态就具有如下形式：

$$\frac{\mathrm{d}R}{\mathrm{d}t} = \alpha p - \beta R \tag{5.27}$$

式中，t 表示时间；R 表示资源含量；α 、β 分别表示生态位构建系数和资源耗散率。考虑函数 $c = c'R$ ，式中的 c' 表示转化系数。根据零等倾线和李亚普诺夫定理分析，得出单个移动制造服务模块生态位续存的必要条件，即单个移动制造服务模块续存所需的生态位构建能力阈值为

$$\alpha > 4\beta e / c'^2 \tag{5.28}$$

两个移动制造服务模块生态位利用 Tilman 竞争模型表示的基本形式为

$$\frac{\mathrm{d}p_1}{\mathrm{d}t} = c_1 p_1 (1 - p_1) - e_1 p_1 \tag{5.29}$$

$$\frac{\mathrm{d}p_2}{\mathrm{d}t} = c_2 p_2 (1 - p_1 - p_2) - e_2 p_1 p_2 - c_1 p_1 p_2 \tag{5.30}$$

式中，t 为时间；p_1 、p_2 分别为两个移动制造服务模块价值占系统价值的比例；参

数 c_1 、c_2 分别表示两个移动制造服务模块成长率；参数 e_1 、e_2 分别表示两个移动制造服务模块衰亡率。

该模型描述了两个移动制造服务模块的动态竞争状况，两个移动制造服务模块稳定共存的条件是相互侵占的妥协和其极限相似度。在构建两个移动制造服务模块生态位时需要考虑竞争因素，动态竞争影响着生态位构建。对于弱势竞争者生态位构建对资源含量的影响，可以建立以下模型：

$$\frac{\mathrm{d}R}{\mathrm{d}t} = \alpha p_2 - \beta R + \gamma \tag{5.31}$$

式中，t 为时间；R 为资源含量；α 、β 、γ 分别表示生态位构建系数和资源耗散率、资源独立更新程度系数。$\alpha = 0$ 表示空间上没有形成局域移动制造服务模块生态位构建，$R_0 = \gamma/\beta$ 表示此时资源含量的平衡大小。移动制造服务模块最佳生态位与实际资源状态之间的贴近程度定义为生态位适宜度，用生态位适宜度表征移动制造服务模块生存环境支撑能力，同时生态位适宜度可以反映移动制造服务模块的可持续发展能力。假设移动制造服务模块Ⅰ的生态位适宜度受到移动制造服务模块Ⅱ的生态位构建的影响，同时移动制造服务模块Ⅰ的成长率受到该生态位适宜度的影响。如果移动制造服务模块Ⅰ的最佳资源含量是不存在移动制造服务模块Ⅱ时的大小 R_0 ，则移动制造服务模块Ⅰ的成长率具有如下形式：

$$c_1 = c\exp[-\delta(R - R_0)^2] \tag{5.32}$$

式中，t 表示时间；$1/\delta$ 、c 分别表示生态位宽度系数、比例常数。

假设 $c_2 + \mu\alpha = 1$ ，其中 μ 是比例系数。两个移动制造服务模块生态位构建会对商业生态系统环境产生影响，这个影响具体表现在两个方面：第一，移动制造服务模块Ⅱ排斥移动制造服务模块Ⅰ发生在生态位构建能力适中情况，此时商业生态系统环境受到生态位构建影响，强势竞争者的侵占力取决于资源含量；第二，生态位构建能力中等时的移动制造服务模块的妥协效果最佳。如 $\alpha = 0$ 或 $\alpha = 0.2$ 时，环境资源受到移动制造服务模块Ⅱ的影响很小，就不会对移动制造服务模块Ⅰ生态位适合度施压。而 $\alpha = 0.8$ 或 $\alpha = 1$ 时，侵占率变小，移动制造服务模块Ⅰ生态位适合度下降的影响效果小于损失的效果。

多个移动制造服务模块生态位利用 Tilman 竞争模型推广形式表示的基本表达式为

$$\frac{\mathrm{d}p_i}{\mathrm{d}t} = c_i p_i \left(1 - \sum_{j=1}^{i} p_j\right) - e_i p_i - \sum_{j=1}^{i=1} c_j p_i p_j \tag{5.33}$$

式中，t 表示时间，移动制造服务模块模块竞争共存方法是竞争-侵占妥协。方程动态变化是根据移动制造服务模块执行生态位构建发生的。假设移动制造服务模块数量为 n，仅考虑只有移动制造服务模块 n 影响资源环境含量，资源含量将影响移动制造服务模块的侵占率。移动制造服务模块 n 资源含量增加并且产业的成长率增加时，取生态位构建能力 α 的值为正数；移动制造服务模块 n 消耗资源并且产业的侵占率减小时，取生态位构建能力 α 的值为负数。

移动制造服务模块系统中，动态波动是由负的生态位构建引起的，而中间产业的竞争排斥是由正的生态位构建引起，但是有时负的生态位构建也会产生竞争排斥，正的生态位构建也会产生动态波动。具体分析可以知道，如果有 n 个移动制造服务模块的移动制造服务模块系统存在产业生态位构建为正，则移动制造服务模块Ⅰ压迫移动制造服务模块Ⅱ，也就客观上支持了移动制造服务模块Ⅲ；依此类推，移动制造服务模块 n 最终受益。一般地，在移动制造服务模块中生态位构建为正，就会产生正反馈，系统内中间产业将受到排斥；而生态位构建为负时，会使产业 n 消耗资源含量，产业侵占率减小，移动制造服务模块的成长率也随之减小，使得移动制造服务模块产生波动。

移动制造服务模块之间的竞争会产生移动制造服务模块生态位的分离，这种生态位分离表现为移动制造服务模块个体为了消除生态位重叠而退出潜在生存区域。可以看到移动制造服务模块共同生存在商业生态系统环境中，生态位分离的产生是必然的，只要竞争存在，总会有弱势竞争者被淘汰。移动制造服务模块生态位分离方式主要有三种：一是不同移动制造服务模块的进入时间有先后，这个是针对同一个区域而言；二是不同移动制造服务模块消耗的资源有差异，这个是针对资源要素而言；三是不同移动制造服务占据市场区域有区别，这是针对特定时间而言的。考虑移动制造服务模块的宽生态位，在特定区域外来竞争移动制造服务模块进入时，该移动制造服务模块会产生生态位压缩，其原因是资源竞争迫使改变资源要素的利用范围。

移动制造服务模块的进化会受到不同因素的影响，如商业生态系统环境、移动制造服务模块适应度、移动制造服务模块之间竞争。商业生态系统环境的影响表现在移动制造服务模块受到市场约束，以生态位重叠方式限制移动制造服务模块的行为；移动制造服务模块适应度也和生态位重叠有关，在减少生态位重叠的同时，就是增加移动制造服务模块的适应性；移动制造服务模块之间竞争表征为生态位宽度，移动制造服务模块生态位宽度增加，移动制造服务模块的竞争能力就增加。

5.3 移动制造服务模块的生态位评价与控制策略

移动制造服务模块具有独立的功能，在移动互联网环境中运作需要保证移动制造服务系统演化的实现。对于具体的移动制造服务模块生态控制落实在其生态位的控制，评价每个移动制造服务模块是实现控制的基础。借鉴企业评价方法，类似地构建合适的移动制造服务模块生态位评价模型，采用突变理论评价移动制造服务模块的生态位。依据移动制造服务模块的评价，可以制定适合的控制策略，这需要分析商业生态系统环境特点，研究移动制造服务模块自身竞争力以及模块与环境的关系。在构建移动制造服务模块生态位基础上，考虑经济与行业发展态势，以移动制造服务模块的能动性来选择生态控制策略。

5.3.1 移动制造服务模块的生态位评价模型

移动制造服务模块背后是具体企业的经营活动，在研究移动制造服务模块生态位评价因子时必须结合企业深层次生态位的影响因素。移动制造服务模块评价是确定能表征其主要特征的因子过程，通过表面现象发现内在本质来抽取特征因子。移动制造服务模块与商业生态系统环境之间的关系表面上是一种耗散过程，具有复杂性、综合性、多层次、全方位等特点，由于涉及要素多样，如信息、知识、人力、资本、资源等，所以呈现无序混沌现象。然而本质上移动制造服务模块与商业生态系统环境之间的关系是移动制造服务模块构成要素和商业生态系统环境生态位因子之间的相互影响过程。商业生态系统环境中，移动制造服务模块生态位因子主要包括需求、资源、技术、制度四个方面，其中需求是主要目标，资源是物质基础，技术是实现手段，制度是协同策略。

1. 移动制造服务模块生态位的需求因子

移动制造服务模块生态位的需求因子主要是顾客价值创新。顾客价值创新包括内生性创新和引致性创新，前者针对内部资源和需求过程挖掘顾客价值，而后者针对外部资源和资源过程挖掘顾客价值。顾客价值创新既是移动制造服务模块的核心动力，也是移动制造服务模块适应商业生态系统环境变化的重要手段。移动制造服务模块生态位需求实现途径主要有降低、创造、清除和提高，具体分析如下。所谓降低是指将负面影响顾客需求的价值要素水平降低到产业平均水平之下；所谓创造是指移动制造服务模块创造出顾客需求而产业中没有的价值因素；所谓清除是指把产业中顾客不需要的价值要素清除；所谓提高是指顾客需要但是出于产业水平之下的价值因素需要提高。如降低产品价格、创造新产品、清除使用很少的功能、提高产品质量等都是常见的移动制造服务模块生态位的需求。

2. 移动制造服务模块生态位的资源因子

移动制造服务模块生态位的资源因子是指移动制造服务模块具备竞争优势的独特资源，它是通过资源创新实现的。资源创新伴随着顾客价值创新，这是因为顾客价值的前序过程是生产，而资源创新是指产品生产过程涉及的各方面的创新。顾客价值也可以看成是产品创新和生产创新，移动制造服务模块的外部资源与内部资源过程连接着内部资源和需求过程，反映出资源创新与顾客价值创新的一致性。因此，资源创新包括基于产品功能的资源创新和基于业务活动方式的资源创新，前者主要是渐进式的价值创新和跳跃式的价值创新；而后者是通过改变现有市场规则来提高企业运作效率和便于顾客快捷购买。

3. 移动制造服务模块生态位的技术因子

移动制造服务模块生态位的技术因子是指企业的技术创新。技术创新作用于微观企业，基本上可分为两个阶段：一是技术的重大创新阶段。技术重大创新又可称为突破创新，是指淘汰原有技术，产生了不一样的更先进的技术。重大创新使得产品种类增加，生产企业增加的同时，就业状态会改善。二是技术的渐进创新阶段。技术的渐进创新是指对原有技术的改进和改良，技术的渐进创新使得劳动生产率提高，以先进技术改善生产布局和生产方式等方面，增加劳动效果的同时，节省人力和时间。移动制造服务模块在重大技术创新阶段开发新产品，可以扩张边界，增强与商业生态系统环境的作用。技术创新可以反映生态位上技术规则的变化状况，移动制造服务模块生态位宽度与技术规则的变化状况密切相关。

4. 移动制造服务模块生态位的制度因子

移动制造服务模块生态位的制度因子是指企业的制度创新。制度创新在商业生态系统环境中作用显著，它是构建新制度秩序、获取附加利益的活动。制度创新约束其他生态位因子，同时制约移动制造服务模块生态位的价值活动。具体的制度创新主要包括社会共同行为方式的变化、特定组织行为的变化、约束规范的变化等。移动制造服务模块生态位宽度与制度要素的变化状况密切相关。

移动制造服务模块生态位评价可参照企业能力评价的相关因素，设计针对性的评价因子，但是对于移动制造服务内涵的认识还不成熟，评价因子的建立需要在实践中不断修正。根据上面对需求、资源、技术和制度的分析，可以较好地描述移动制造服务模块的竞争力，因此，选择这四个因素作为评价指标来确定移动制造服务模块的生态位。

需求因子表征移动制造服务模块的需求偏好，评价基于顾客价值和顾客满意的顾客忠诚度。

资源因子表征移动制造服务模块的资源利用率，评价基于独特资源的核心资源成本和资源效率。

技术因子表征移动制造服务模块的技术可获性，评价基于创新能力的技术规则可获得能力。

制度因子表征移动制造服务模块的制度嵌入性，评价基于规范和约束的制度认同能力。

移动制造服务模块生态位的四个因子指标构成及关系如图 5.5 所示。它们从系统观角度综合评价移动制造服务模块生态位，形成相互联结的完整评价体系。

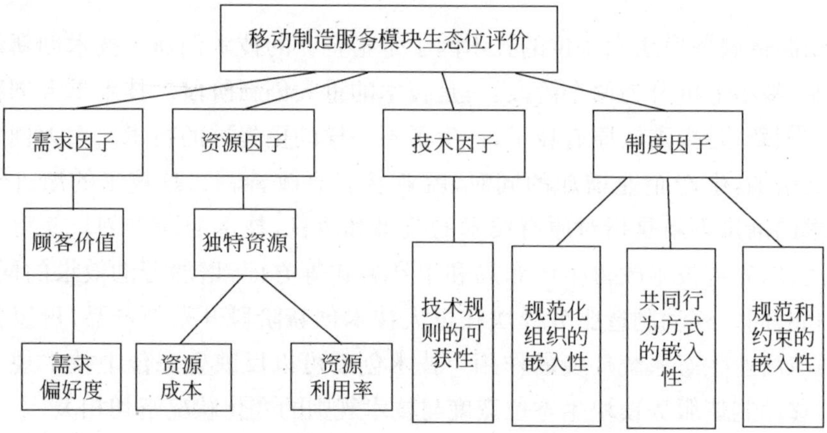

图 5.5　移动制造服务模块的评价模型

由于环境的变化，移动制造服务模块生态位在商业生态系统环境中会出现平衡破坏的漂移现象，淘汰旧生态位，产生新生态位。移动制造服务模块生态位的漂移过程，有缓慢、渐变的过程，也有剧烈、突变的情况发生。其中突变的情况对企业移动制造服务模块的影响很大，因此，在研究移动制造服务模块适应性时，要特别关注判断和应对生态位的突变问题。移动制造服务模块生态位的突变与生态位因子密切相关，需要探讨生态位因子的突变情况。

1972 年，法国数学家 Rene Thom 创立突变理论，该理论作为一个新兴数学学科主要研究非连续变化和突变现象，就是分类临界点附近非连续变化状态的特征，其特点是采用势函数系统实现临界点的分类。经济领域也存在突变现象，是指现象变动方向的突然改变或时间序列数据结构的突然变化。突变理论依据质变转化过程的中间状态是否稳定来区分渐变和突变，事物具有稳定性特征，存在对立统一的稳定态和非稳定态，质态变换通过渐变和突变途径，可以用质变经历的中间过渡态判断质变方式。渐变过程时质变经历的中间过渡态稳定，突变过程质变经历的中间过渡态不稳定。量变是事物在一种结构稳定态中的变化，而质变是在两个结构稳定态之间的变化，或者在结构不稳定和稳定状态之间的变化。

根据以上标准，综合前面的因子分析，进行如下移动制造服务模块生态位各因子突变界定：

需求突变，表示特定顾客需求与偏好发生改变，针对某个产品需求产生或者消失。出现全新产品或服务时，会引起可不逆转的顾客需求转折，而现有产品不能通过改良来满足顾客要求时，将会被直接淘汰。

资源突变，表示某一全新的资源出现，替代了现有的资源，即生产某产品的资源发生了完全的改变，原有资源被抛弃。

技术突变，表示技术规则的本质性改变。社会技术的突破性创新，使得技术规则发生跳跃性改变。

制度突变，表示制度创立、变更及随时间变化而被打破的方式。制度变迁意味着超越了现有意识形态的束缚，从而提高了整个社会的经济运行效率。

在突变数学模型中，系统势函数变量有状态变量和控制变量，前者是系统的内部表征变量，后者是系统运行的外部影响变量。系统的任一状态的值用势函数来描述，系统任一状态用状态变量和控制变量来描述。移动制造服务模块生态位系统包含两个层次，分别是生态位状态和需求资源状况，前者状态变量取生态位，控制变量取需求因子和资源因子；后者状态变量取需求因子和资源因子，控制变量取技术因子和制度因子。依据突变因子，用行为变化曲线描述突变模式，在突变因子小于 4 个时，7 种基本突变模式如下。其中突变流形是突变函数求导 $f'(x)=0$ 所得。

(1)折叠型突变函数(1 个因子)。

$$f(x)=x^3+ux \tag{5.34}$$

$$\text{突变流形} \rightarrow 3x^2+u=0 \tag{5.35}$$

(2)尖点型突变函数(2 个因子)。

$$f(x)=x^4+ux^2+vx \tag{5.36}$$

$$\text{突变流形}\rightarrow 4x^3+2ux+v=0 \tag{5.37}$$

(3)燕尾型突变函数(3 个因子)。

$$f(x)=x^5+ux^3+vx^2+wx \tag{5.38}$$

$$\text{突变流形}\rightarrow 5x^4+3ux^2+2vx+w=0 \tag{5.39}$$

(4)蝴蝶型突变函数(4 个因子)。

$$f(x)=x^6+tx^4+ux^3+vx^2+wx \tag{5.40}$$

$$\text{突变流形}\rightarrow 6x^5+4tx^3+3ux^2+2vx+w=0 \tag{5.41}$$

(5)双曲脐点型突变函数。

$$f(x,y)=x^3+y^3+wxy-ux-vy \tag{5.42}$$

$$\text{突变流形}\rightarrow 3x^2+wy-u=0;3y^2+wx-v=0 \tag{5.43}$$

(6)椭圆脐点型突变函数。

$$f(x,y)=x^3/3-xy^2+w(x^2+y^2)-ux+vy \tag{5.44}$$

$$\text{突变流形}\rightarrow x^2-y^2+2wx-u=0;\ -2xy+2wy+v=0 \tag{5.45}$$

(7)抛物脐点型突变函数。

$$f(x,y)=y^4+x^2y+wx^2+ty^2-ux-vy \tag{5.46}$$

$$\text{突变流形}\rightarrow 2xy+2wx-u=0;4y^3+x^2+2ty-v=0 \tag{5.47}$$

依据突变理论,可以得到图 5.6 所示的移动制造服务模块的生态位因子变量关系图,图中移动制造服务模块生态位状态为 x,需求、资源、技术、制度的状态分别为 $x1$ 、$x2$ 、$x3$ 、$x4$ 。

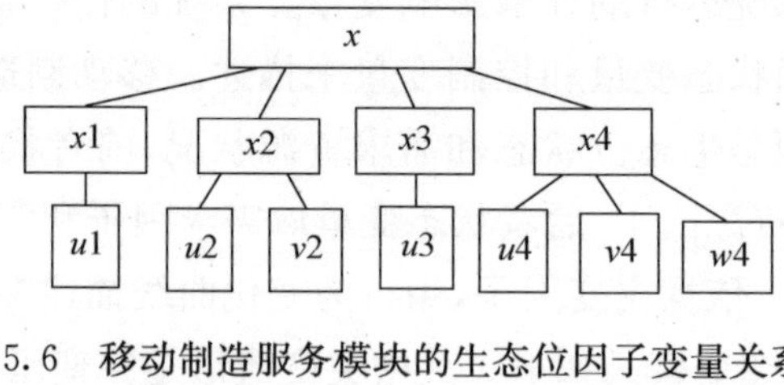

图 5.6　移动制造服务模块的生态位因子变量关系图

5.3.2　移动制造服务模块的生态位评价方法

移动制造服务模块生态位评价选择突变评价方法来评价。突变评价方法是一种基于突变理论的综合评价方法。首先,推导归一公式,归一公式是从突变的分解形式分歧点集方程中得到的。其次，由归一公式对系统进行综合量化递归运算，方法是以多维模糊隶属函数综合分析和评价，质态可以采用状态变量来表示。最后，计算总突变隶属函数值，并进行综合评价。突变评价方法融合定性与定量方法，并与模糊数学隶属函数相结合，对于移动制造服务模块生态位评价是一个较好的选择。下面基于移动制造服务模块生态位突变模型，采用突变评价方法对具体移动制造服务模块的生态位进行评估。

1. 确定评价指标体系

通过以上分析，移动制造服务模块生态位评价指标选择需求、资源、技术和制度等。

需求偏好是指顾客对某一移动制造服务模块的选择意向。顾客满意度、品牌偏好度、顾客忠诚度、市场占有率等变量都可以用来测量需求偏好度。移动制造服务模块需求因子选择市场占有率和消费者最喜爱品牌排名。

资源因子可以用资源成本与资源效率来测量，移动制造服务模块资源成本用其业务的成本费用利润率衡量；移动制造服务模块资源效率用其总资产增长率衡量。

移动制造服务模块对行业技术规则的掌握度，表示它对环境技术规则的把握程度，衡量指标采用移动制造服务模块对应企业的已推产品线长度。

移动制造服务模块制度嵌入性是有关企业合法性的度量，具体指标为：规范化组织、共同的行为方式、规范和约束三方面因素在企业内部的嵌入性。制度因子可以分别指企业与政府等其他社会组织的关系，即移动制造服务模块的社会支持度；移动制造服务模块行为的社会认同度，即移动制造服务模块的社会美誉度；移动制造服务模块的法律地位，即移动制造服务模块在社会正式体系中获得的地位。

各指标分类见表 5.1。

表 5.1　模型测量指标及其意义

指标		公式	意义
需求因子	顾客需求偏好	市场占有率、消费者最喜爱品牌排名两者平均值	顾客的偏好
资源因子	成本费用的利润率	净收入与成本费用在单位时间内的比值	移动制造服务模块资源成本效用
	总资产的增长率	净资产增加额与年初总资产的比值	移动制造服务模块资源利用率

续表

指标		公式	意义
技术因子	技术规则使用度	移动制造服务模块覆盖长度	移动制造服务模块的技术规则使用能力
制度因子	社会支持度	是否享有专门的扶持保护政策	与政府等社会组织关系
	社会美誉度	国内最具价值企业排名	模块社会认同度
	社会地位	企业所有权性质	模块合法性优势

2. 识别评价指标的类型

突变评价采用势函数分析，识别评价指标的类型依据状态变量和控制变量。典型突变模型性质见表 5.2。尖点突变、燕尾突变及蝴蝶突变模型是比较常用的单状态变量的突变模型，把状态变量分解为 2 个子指标时，对应尖点突变；把状态变量分解为 3 个子指标时，对应燕尾突变；把状态变量分解为 4 个子指标时，对应蝴蝶突变。

表 5.2　典型突变模型性质

类型	势函数	分歧集方程	归一公式	控制变量重要性排序
尖点模型	x^4+ax^2+bx	$a=-6x^2$	$x_a=a^{1/2}$	x
		$b=8x^3$	$x_b=b^{1/3}$	$a\quad b$
燕尾模型	$-\frac{1}{5}x^5+\frac{1}{3}ax^3+\frac{1}{2}bx^2+cx$	$a=-6x^2$	$x_a=a^{1/2}$	x
		$b=8x^3$	$x_b=b^{1/3}$	$a\quad b\quad c$
		$c=-3x^4$	$x_c=c^{1/4}$	
蝴蝶模型	$\frac{1}{6}x^6+\frac{1}{4}ax^4+\frac{1}{3}bx^3+\frac{1}{2}cx^2+dx$	$a=-10x^2$	$x_a=a^{1/2}$	x
		$b=20x^3$	$x_b=b^{1/3}$	$c\quad d\quad a\quad b$
		$c=-15x^4$	$x_c=c^{1/4}$	
		$d=4x^5$	$x_d=d^{1/5}$	

表 5.2 中，x 表示状态变量；a、b、c、d 表示控制变量。显然，对于折叠突变型的归一公式为 $x_a=a^{1/2}$ 。控制变量重要性一般由左至右排列。

运用突变评价法进行移动制造服务模块生态位评价时，最上层的 x 表示总评价指标；第 2 层的 x_1 、x_2 、x_3 、x_4 表示需求、资源、技术和制度指标，是蝴蝶突变型；第 3 层的 u_1 、u_2 、v_2 、u_3 、u_4 、v_4 、w_4 分别表示四种指标的子指标，根据子指标个数可以选择突变类型。

3. 底层评价指标评分的确定

作为控制变量的底层指标想要将原始数据规格化，获得模糊隶属函数的初始值。状态变量 x 的不同特征表示控制变量 a、b、c、d，这些原始数据无法比较，需要根据突变评价方法要求，对控制变量进行原始数据规格化。具体方法是把控制变量的原始数据映射到 [0,1] 内，以无量纲数值来描述。模糊隶属函数的初始值是由于底层指标的模糊性形成的，以区间打分法确定其中的定性指标。对于效益型指标和成本型指标，需要在 [0,1] 取值范围内标准化，标准化方法如下。

效益型指标为

$$\begin{cases} y_{ij} = \dfrac{x_{ij} - \min x_{ij}}{\max x_{ij} - \min x_{ij}} \\ y_{ij} = \dfrac{x_{ij}}{\max x_{ij} + \min x_{ij}} \\ y_{ij} = \dfrac{x_{ij}}{\max x_{ij}} \end{cases} \tag{5.48}$$

成本型指标为

$$\begin{cases} y_{ij} = \dfrac{\max x_{ij} - x_{ij}}{\max x_{ij} - \min x_{ij}} \\ y_{ij} = 1 - \dfrac{x_{ij}}{\max x_{ij} + \min x_{ij}} \\ y_{ij} = \dfrac{\min x_{ij}}{x_{ij}} \end{cases} \tag{5.49}$$

式中，所有 $x_{ij} \geqslant 0$，$i = 1,2,\cdots,m$（m 为指标数），$j = 1,2,\cdots,n$（n 为评价对象数）。

假设某移动制造服务模块 MMSM_i 的底层评价指标评分的规格化评估数据如图 5.7 所示。

4. 基于归一公式的量化递归运算

突变级数值是各控制变量的相应中间值，可以根据初始模糊隶属函数值，采用归一公式来计算。先计算最下层突变隶属函数值，再逐级计算上一层的突变隶属函数值，直到最上层计算出总突变隶属函数值。

模糊综合评价的突变理论方法需要考虑互补原则和非互补原则。互补原则是指利用针对同一个对象的各个控制变量之间存在关联作用，非互补原则是指利用

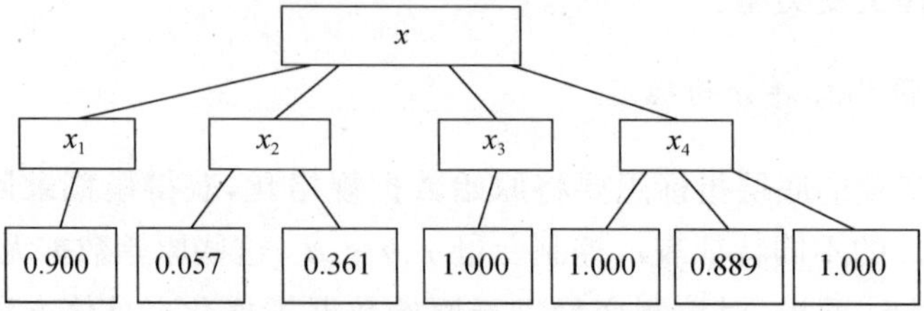

图 5.7　某移动制造服务模块的生态位规格化评分结果

针对同一个对象的各个控制变量之间不存在关联作用。

针对同一个对象，存在多种目标，假设模糊目标分别为 $A_1, A_2, \cdots, A_m$，则理想策略是 $C = A_1 \cap A_2 \cap \cdots \cap A_m$，对应的隶属函数

$$\mu_C(x) = \mu_{A_1}(x) \wedge \mu_{A_2}(x) \wedge \cdots \wedge \mu_{A_m}(x) \tag{5.50}$$

式中，$\mu_{A_i}(x)$ 为 A_i 的隶属函数；x 值为突变级数值中的最小值，记为 $x = \min\{x_a, x_b, x_c, x_d\}$，而对于互补型的指标，$x$ 值是突变级数值的平均值，记为

$$x = \frac{x_a + x_b + x_c + x_d}{4} \tag{5.51}$$

移动制造服务模块 MMSM_i 的生态位量化递归运算举例如下：

指标 u_1 有 $x_1 = u_1^{1/2} = 0.900^{1/2} = 0.949$；

指标 u_2、v_2 互补，则有 $x_1 = \dfrac{u_2^{1/2} + v_2^{1/3}}{2} = \dfrac{0.057^{1/2} + 0.361^{1/3}}{2} = 0.476$；

指标 u_3 有 $x_3 = u_3^{1/2} = 1^{1/2} = 1$；

指标 u_4、v_4、w_4 互补，则有

$$x_4 = \frac{u_4^{1/2} + v_4^{1/3} + w_4^{1/4}}{3} = \frac{1^{1/2} + 0.889^{1/3} + 1^{1/4}}{3} = \frac{1 + 0.962 + 1}{3} = 0.987$$

指标 x_1、x_2、x_3、x_4 互补，则有

$$x = \frac{x_1^{1/2} + x_2^{1/3} + x_3^{1/4} + x_4^{1/5}}{4} = \frac{0.949^{1/2} + 0.476^{1/3} + 1^{1/4} + 0.987^{1/5}}{4}$$

$$= \frac{0.974 + 0.781 + 1 + 0.998}{4} = 0.938$$

因此，移动制造服务模块 MMSM_i 的生态位评价参数为 0.938。

5. 移动制造服务模块生态位综合评价

存在不同的方案 $C_1, C_2, \cdots, C_n$，$\mu_{C_i}(x)$ 是方案 C_i 的隶属函数。如果 $\mu_{C_i}(x) > \mu_{C_j}(x)$，则表示方案 C_i 比 C_j 更优。对于移动制造服务模块生态位的综合评价，取

决于总突变隶属函数值。

5.3.3 移动制造服务模块的生态位控制策略

移动制造服务模块生态位控制是基于生态位的综合评价结果，根据具体的控制目标设计的移动制造服务模块行为规则。本节讨论的控制策略是从宏观上对商业生态系统环境采取的基本策略。移动制造服务模块处于自然选择过程，要不断适应商业生态系统环境，适应过程中会形成k控制策略和r控制策略以及k-r控制策略连续系统等生态策略。生态策略是生物在进化过程中对某些特定生态压力所采取的行为模式，生态位控制策略是生物在环境适应过程中形成的进化策略，是生物自然选择的一个最优化过程，包括繁殖策略、取食策略、避敌策略、扩散策略、k策略和r策略等。

移动制造服务模块生态位控制是典型的自然选择过程，考虑商业生态系统环境，r策略移动制造服务模块具有专业化优势，能够以规模小取胜，但是容易复制，市场竞争的壁垒比较低。因此，r策略移动制造服务模块会由于生长总量超出环境资源的承载极限，出现耗尽商业生态系统环境资源而消亡。迫于商业生态系统环境压力，移动制造服务模块需要改变策略模式，由r策略移动制造服务模块向k策略移动制造服务模块转化。k策略移动制造服务模块的特征是繁殖率相对较低，具有不可替代的核心竞争能力，因而不容易复制，并且k策略移动制造服务模块适宜在稳定的商业生态系统环境资源中生存发展。但是采用k策略移动制造服务模块为主时，商业生态系统环境趋于饱和，缺乏活力。

1962年，MacArthur提出了r-k选择德尔自然选择理论，后来又从物种适应性出发，把r选择的物种称为r策略者，k选择的物种称为k策略者。r策略是指有利于增大内禀增长率的选择，该策略为了适应不稳定的环境，采取产生变态后代的措施，r策略的繁殖能力较强；k策略是指有利于增加竞争能力的选择，该策略为了达到高饱和密度，采取提高物种环境容量的措施，k策略的资源利用率较高。

企业生态控制策略表示在商业生态系统环境不断变化时，各个企业个体在竞争中形成的特征。竞争过程可以是自然选择，就是对产业集群内各企业个体实现优胜劣汰。基于生态理论的自然选择，r策略是企业为了保证产品利润总和的动态平衡，采取生产多种产品占据产业集群空间不同生态位的措施，这种策略用于企业的商业生态系统环境不稳定时，称为变态繁殖策略。k策略是保证企业能从各项产品中得到较多利润来维持自身生存，采取提高核心竞争力的措施，这种策略用于企业的商业生态系统环境稳定时，称为饱和策略。

对于企业的 r-k 策略可以推广到移动制造服务模块，一个具体的移动制造服务模块就是一个虚拟化的企业结合具体的商业生态环境，移动制造服务模块的生态位控制策略也可以采用 r-k 策略来实现。

1. 移动制造服务模块的生态位 r 控制策略

移动制造服务模块的生态位 r 控制策略主要是在商业生态系统中增加更多的移动制造服务模块。这主要是将分散的移动制造服务资源通过移动互联网环境聚集的过程，在不同区域或者不同行业构建移动制造服务平台，服务企业、制造企业、终端用户将各类资源模块化后发布在移动制造服务平台。移动制造服务资源的虚拟化是 r 控制策略的关键任务，可以区域性策略来实现。

移动制造服务模块的区域性策略是根据不同区域市场采取不同的重视程度，该策略一般通过重点区域策略来实现。移动制造服务模块的重点区域策略是为了提高移动制造服务模块的市场辐射能力，采取重点区域开发快速应用的重要渠道措施，以点带面，由重点区域带动其他区域市场。移动制造服务模块在重点区域的发展策略，使得在不同区域市场的移动制造服务模块受到的重视程度不同。移动制造服务模块的区域性策略对移动制造服务模块竞争的参与程度和移动制造服务模块的生态分布产生巨大影响。

2. 移动制造服务模块的生态位 k 控制策略

移动制造服务模块的生态位 k 控制策略主要是在商业生态系统中整合优化移动制造服务模块。这主要是将移动制造服务模块通过移动制造服务平台组合的过程，通过对制造服务需求分析，设计移动制造服务系统，选择合适的移动制造服务模块集成为移动制造服务系统，来满足制造服务需求。移动制造服务模块的服务化是 r 控制策略的关键任务，可以采用多样化策略。

移动制造服务功能是移动制造服务模块参与竞争的核心，移动制造服务模块生态位的竞争策略取决于移动制造服务模块的功能特性。这种影响可以用移动制造服务模块生态位宽度来表示，具体的功能特性表现为基于不同消费群体的定位、功能的持续性、功能种类等。移动制造服务模块生态位宽度可以通过功能多样化来提高，功能多样化可以减少竞争对手，避免移动制造服务模块的生态位重叠发生。

移动制造服务模块生态位和销售渠道选择相关。移动制造服务模块生态位的竞争状态受到销售渠道选择的直接影响。如果移动制造服务模块在一定的渠道中不占竞争优势，那么可以通过细分市场的策略来实现更好的资源配置。促销和定价策略更直接影响移动制造服务模块的生态位。

3. 移动制造服务模块生态位的 r-k 控制策略

r 策略和 k 策略从两方面反映了移动制造服务模块生态位的自然选择。大多数移动制造服务模块生态位个体的控制策略位于 r 策略和 k 策略之间。r-k 控制策略是指介于 r 策略和 k 策略间的混合对策，也称为从 r 到 k 的策略连续，该策略是基于商业生态系统环境和移动制造服务模块自身条件不同而设计的。移动制造服务模块生态位的 r-k 控制策略具体表现在移动制造服务模块全生命周期的每个阶段。

(1)更新期移动制造服务模块生态位的控制策略。在移动制造服务模块的演进过程中，产业生态环境不稳定，表现为消费需求的不确定性和多样性。在这一时期，移动制造服务模块适用于研发策略，即开发不同的产品来测试市场，以保证一些新的移动制造服务模块能够适应新的产业环境和生存，并为移动制造服务模块的成长奠定基础。因此，基本的移动制造服务模块是这一时期的移动制造服务模块的主要成员，具有最大优势。

(2)积累期移动制造服务模块生态位的控制策略。在移动制造服务模块的演进过程中，该行业具有较大的空间，且生态环境稳定，移动制造服务模块的性能可以更好地把握消费者的需求，并进一步提高和熟练技术。其结果是，个人移动制造服务模块是适合的策略，而核心竞争力，特别是通过规模效应，迅速占据了绝大多数的工业生态空间，以实现快速增长的目标。此时，基础型移动制造服务模块优势度下降；支撑型移动制造服务模块优势度上升至最大值后转为下降；混合型移动制造服务模块优势度持续上升，最终超过支撑型移动制造服务模块的优势度。

(3)过渡期移动制造服务模块生态位的控制策略。移动制造服务模块在过渡期的过程中，作为消费者追求差异化的产品和服务，对移动制造服务模块采取差异化竞争策略，使产业生态环境动荡不安。移动制造服务模块适宜采取 r 策略，而不同的消费者需要研究和开发不同的移动制造服务模块，占据产业生态位。当产业生态环境发生变化，即消费者需求发生转移时，确保能够从部分移动制造服务模块中获得足够利润来维持生存或生长。此时，混合型移动制造服务模块提供的大宗产品逐渐失去市场，其优势度下降；支撑型移动制造服务模块通过提供差异化产品和差异化服务等措施占据产业生态空间中的特定生态位，优势度上升并且超过混合型移动制造服务模块，具有最大优势度。

(4)稳定期移动制造服务模块生态位的控制策略。在移动制造服务模块的连续化过程中，实现了对消费者需求的动态平衡，即保持原有需求的新需求。每一个移动制造服务模块都可以采取 r 策略或 k 策略维护生存，从而可以增强核心竞争力，巩固自己的地位，占据基本稳定的产业生态空间，同时也通过发展不同的移动制造服务模块占据不同的生态空间，并在一些生态位空间，通过开发新的移动制造服务模块占据其小空间，以保证自身的生存。此时，支撑和混合的移动制造服务模块相对保持不变，支持移动制造服务模块仍然拥有最大的优势。基本移动制造服务模块为满足个性化需求重新出现，具有一定的优势度。

(5)衰退期移动制造服务模块生态位的控制策略。在移动制造服务模块演替过程中的衰退期，移动制造服务模块应该采取 r 策略，在移动制造服务模块生态空间不断变小的同时，根据新的商业生态系统环境，研发新的移动制造服务模块。在消亡出现之前，准备好进入下一演替环节。

5.4 本章小结

本章的主要研究工作可概括为如下几点。

(1)研究了移动制造服务模块的划分与创建原理，将本体技术和移动互联网结合起来，描述和存储移动制造服务模块，构建了移动制造服务模块匹配模型，并建立了基于服务类别、服务内容和服务接口匹配的三级移动制造服务模块匹配策略。

(2)结合商业生态理论，建立了移动制造服务模块的生态位模型，该模型以宽测度、重叠测度和选择测度等刻画移动制造服务模块特性，为找准移动制造服务模块在移动制造服务系统中的位置奠定基础，同时研究了移动制造服务模块竞争策略。

(3)从需求、资源、技术、制度四个方面构建移动制造服务模块生态位的评价模型，基于冲突理论评价移动制造服务模块的生态位，基于自然选择理论建立移动制造服务模块的 r-k 控制策略。

第 6 章　移动制造服务系统的生态演化技术

移动互联网环境中的制造服务提供者和制造服务使用者之间形成的移动制造服务是一个复杂系统，针对特定移动制造服务需求设计满足要求的一整套方案，这套方案选择若干移动制造服务模块组成移动制造服务系统。在研究了移动制造服务需求和移动制造服务模块之后，需要进一步探索移动制造服务系统的演化过程。移动制造服务系统是在商业生态环境中动态演化的，对于服务企业、制造企业和终端用户来说，系统的演化方式各有不同，应该设计有针对性的演化机制。同时也要构建适合移动制造服务系统运营的演化环境，具体要从生态角度研究移动制造服务主体之间的竞争战略、共生价值以及生态演化等问题。当然，移动制造服务系统的演化可以有不同的研究思路，本章仅从商业生态角度建立一套可行的移动制造服务系统生态演化技术。在商业生态系统的基础上，构建生态演化环境，设计生态演化原理，分析生态演化过程。

6.1　移动制造服务系统的商业生态演化环境构建

为了支撑移动制造服务系统的生态演化，需要构建适合服务企业、制造企业和终端用户之间制造服务活动的商业生态环境，主要包括移动制造服务系统的竞争战略、移动制造服务主体之间的共生价值、移动制造服务系统的生态演化。在确定移动制造服务系统创新共生战略的基础上，采用共生理论分析制造服务主体之间的价值分配，基于产业集群研究移动制造服务系统的生态演化规律，以演化规律指导商业生态演化环境的构建，并建立生态演化基本模型，分析其稳定性，确定其演化路径等。在移动互联网环境中构建的移动制造服务系统具有移动性、生态性和动态性，可以实现制造服务随时随地运作。

6.1.1　移动制造服务系统的竞争战略分析

移动制造服务系统是指在一定时间和空间内，通过移动互联网由制造企业、服务企业和终端用户及其所在的自然环境、经济环境和社会环境组成的整体系统。企业之间、企业与用户之间通过物质循环、资金流动、信息共享、知识交换、技术扩散等交换活动相互作用，最终形成一个自组织和自适应的生态学功能单位。移动制造服务系统作为不断进行物质、能量、信息交换而运转的开放的复杂系统，具有整体性、环境密不可分、开放动态系统和协同进化等特征。移动制造服务系统为实现制造服务主体共同愿景和稳定发展的目标，竞争战略分析主要包含三个部分：首先选择合适的价值链，建立基于价值网的生态系统；其次要提高移动制造服务系统的核心能力，构建适应生态系统的创新机制；最后是协同移动制造服务系统的管理，促进生态系统的可持续适应。

1. 移动制造服务系统的网链结构

早在 1985 年，哈佛商学院的 Porter 就提出价值链的概念，价值定义为买方愿意为他们的产品或服务支付的价格，通常表现为总收入；价值链分解为基本价值活动和辅助价值活动，通常表现为利润。一般而言，价值链定义为企业在特定行业中的这些活动的总和。企业的价值活动资源配置方式和成本有差异，就需要在增加成本的同时，创造价值并且增加竞争优势。Hines 定义价值链为集成物料价值的运输线，纳入了材料和顾客。虚拟价值链的概念由 Rayport 和 Sviokla 在 1995 年提出，他们认为企业竞争不仅在市场场所存在，而且在市场空间也存在。信息的收集、组织、选择、合成以及分配等活动形成虚拟价值链。后来 Rayport 等又提出了价值矩阵的构想。

在网络环境中，企业的价值链边界逐渐模糊，基于信息技术，企业的价值链关系逐渐成为价值网络关系。Sriniras 把价值网定义为一个拓扑空间和价值流网络，该网络是由价值链中的不同成员的动态整合形成的。在移动制造服务系统中，价值网是由移动制造服务模块的价值生成、价值分配、价值转移和价值使用等组成的网络关系。移动互联网环境下的移动制造服务系统是以服务企业、制造企业、终端用户、竞争企业、互补企业等为主组成的网络链结构。服务供应商、制造商和用户形成价值链，围绕共同的愿景，价值链和企业互补的企业形成一个网络结构的竞争，如图 6.1 所示。竞争企业是与龙头企业有竞争关系的企业，它可能是其他节点企业的更换，而互补性企业是客户可以购买的互补性制造服务或供应企业销售互补资源的企业。

在移动互联网环境下，节点企业或移动制造服务模块具有采购、研发、设计、制造、销售和服务的功能，每个节点企业的移动制造服务模块并不能全部完成这些功能，每个企业在价值链中只保留核心竞争力，其他功能都是虚拟的，借助外力来弥补。企业参与移动互联网环境的竞争需要联合其他企业，这样基于利益相关形成

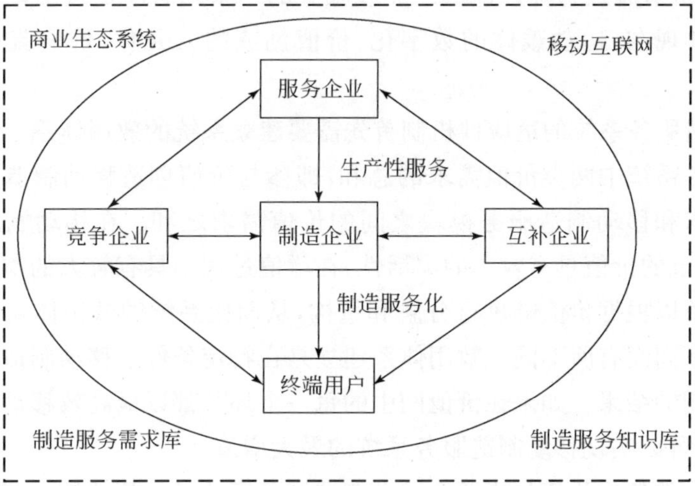

图 6.1　移动制造服务系统的框架结构

企业之间的价值网络关系。在价值网中，节点表示网络的单个组织，通常包含服务企业、制造企业、终端用户、互补性业和竞争企业。一般移动制造服务系统的网链结构中，节点企业之间存在着垂直、水平和斜向三种关系。

移动制造服务系统作为一种网链结构，系统的边界是模糊的、可渗透的。每个节点具有相对独立性和能动性。移动制造服务系统的网链结构还具有良好的适应性，这种适应性表现为能动的生态结构、动态的组织结构、促进系统平衡的信息流、灵活多变的调整机制和重点企业的引领等。

2. *移动制造服务系统的适应性机制*

移动制造服务系统的适应性机制，从本质上看是构建核心竞争力、实现价值创造，而适应性创新有两个层次：一个是网络环境的不确定性，变化移动制造服务系统的边界，提升系统的核心能力，促使系统与网络环境能够匹配；另一个是移动制造服务模块之间的协作，以价值网分析创新价值活动，来处理移动制造服务模块之间的相互适应问题，并创新其适应基础。针对核心能力构建移动制造服务系统的适应性机制如下。

基于价值网的移动制造服务系统能够对企业的核心能力进行整合和管理，它可以保证网络中每个移动制造服务模块的价值增值和相对稳定。移动制造服务系统的适应性创新基础是组织和环境之间关系以及创新的层次性，其特点主要表现在强化链、限制链、牵连机制、变化和创造机制等。同时，移动互联网的价值流也有了新的变化,价值流是为客户提供产品或服务的一系列有序衔接活动。价值流的新变化主要体现在:运动载体的数字化、价值创造的二元化、价值流运动的积聚化等。

移动制造服务系统的适应性机制首先需要建立系统的效用体系。效用体系是移动制造服务系统中两类价值需求的总和,即参与价值创造移动制造服务模块的自身价值需求和移动制造服务模块之间的价值需求之和。在移动制造服务系统中,网络各环节的价值具有较大的灵活性,在增值过程中具有较大的空间。移动制造服务模块可以根据价值链进行分解和重构,从而使系统的效用体系由于市场需求或产品的不同而有所不同。效用体系建立是在特定条件下移动制造服务模块之间的相互作用的结果。如果在价值网中的每一个环节都以最高效移动制造服务模块来执行,就可以实现移动制造服务系统的最大增值。

核心能力的集成价值是指两个移动制造服务模块 A 、B 的核心能力叠加之后得到的实际价值,它是认知价值与集成中花费成本的差值。假设移动制造服务模块 A 的核心能力为 G_a ,移动制造服务模块 B 的核心能力为 G_b ,则

$$\mathrm{TV} = \int_{t_0}^{t_1} [f(R_{ab}) - f(\mathrm{TC}_{ab})]\mathrm{d}t \tag{6.1}$$

式中,t 为时间;$t_1 - t_0$ 为某一产品的时间周期;TV 为核心能力的集成价值;$f(R_{ab})$ 表示认知价值;$f(\mathrm{TC}_{ab})$ 表示集成中花费成本。

假设核心能力集成的选择评价是

$$\mathrm{TV}' = f(k) \tag{6.2}$$

式中,k 为效用因子,表示为

$$k = \mathrm{TR}_{ab}/\mathrm{TC}_{ab} \tag{6.3}$$

式中,TR_{ab} 表示移动制造服务模块 A 、B 的核心能力集成得到的认知价值;TC_{ab} 表示移动制造服务模块 A 、B 核心能力集成中花费成本。

当 $k < 0$ 时,表示两个移动制造服务模块不是核心能力的集成,它们的集成只会给企业带来严重的负面影响。

当 $0 < k < 1$ 时,表示 G_a 、G_b 的集成同两个移动制造服务模块不集成相比,得不偿失,集成后两个移动制造服务模块的效益不好。

当 $k = 1$ 时,表示 G_a 、G_b 的集成中认知价值与花费成本相等,集成获得了期望的价值。

当 $k > 1$ 时,表示 G_a 、G_b 的集成可以获得超额价值。

3. 移动制造服务系统的协同竞争

在移动互联网环境中，信息与知识迅猛增加，消费者需求变化迅速而且捉摸不定，使得企业之间的竞争从对抗型竞争走向协同竞争。协同竞争是企业在保持自身独立法人资格，同时与其他企业合作过程中的竞争，这是企业相互适应的结果。移动制造服务系统内移动制造服务模块之间的竞争，实质上就是一种协同竞争，具体表现在：网络环境缩短了竞争者之间的时空距离，经济全球化适应了协同竞争的市场规模，信息和知识成为协同竞争的要素依赖。

协同竞争可以被认为是移动制造服务模块的适应性创新的结果，这些适应性创新关系主要表现在以下几个方面：一是竞争对手的合作共赢是适应性创新的方式；二是多重角色是适应性创新的载体；三是适应性创新的路径依赖于协同竞争的时间长短，四是适应性创新的制衡点来自协同竞争中第三方的协调。同时移动制造服务系统内的博弈格局可描述为参与者的理性行为以及节点移动制造服务模块行为的不确定性、不完全信息、非零和博弈、重复博弈等。

在移动制造服务系统 n 个移动制造服务模块中任意选取两个移动制造服务模块 A 和 B，构建移动制造服务系统协同竞争的博弈模型，先作如下假设。

(1)移动制造服务模块 A、B 的核心能力集成时，核心能力本身包括很高的价值，设 C 为移动制造服务模块 A、B 各种资源的总价值，也是合作的总成本。移动制造服务模块 A 占比为 a，移动制造服务模块 B 占比为 b，则 $a+b=1$。

(2)两个移动制造服务模块 A、B 的决策，可以是合作，也可以是不合作。如果合作，用 V_{ik} 表示其回报。假如 A 合作概率取 p，不合作概率为 $1-p$；B 合作概率取 q，不合作概率为 $1-q$。

(3)移动制造服务模块 A、B 在动态博弈时，会出现均衡多样性，就是移动制造服务模块决策判断有不确定性。博弈次数为 T，正反馈的激励因子取 $\delta>0$，δ 变大，A、B 合作效果变好。

(4)针对移动制造服务模块 A、B 竞争，出现一个不合作，就认为投入的成本是损失量，合作方是负数收益，不合作方是零收益。

移动制造服务系统的动态博弈，移动制造服务模块 $i=1,2,\cdots,n$ 重复博弈。对于博弈关注的关键问题是利益分配，总收益是各个移动制造服务模块分配收益的总和，移动制造服务模块合作所得收益应该大于不合作时的收益，即

$$V=\sum V_{ik}(1+\delta)^{T-1} \tag{6.4}$$

$$V_{ik}(1+\delta)^{T-1}>V_i \tag{6.5}$$

式中，V 表示总收益；V_i 表示移动制造服务模块不合作时的收益。

对于第 T 次合作竞争，其竞争矩阵见表 6.1。

表 6.1 移动制造服务系统协同竞争矩阵

<table>
<tr><td colspan="2" rowspan="2">移动制造服务系统协同竞争矩阵</td><td colspan="2">移动制造服务模块 B</td></tr>
<tr><td>合作 (q)</td><td>不合作 ($1-q$)</td></tr>
<tr><td rowspan="2">移动制造服务模块 A</td><td>合作 (p)</td><td>V_{1A}，V_{1B}</td><td>V_{2A}，V_{2B}</td></tr>
<tr><td>不合作 ($1-p$)</td><td>V_{3A}，V_{3B}</td><td>V_{4A}，V_{4B}</td></tr>
</table>

(1)当移动制造服务模块 A 和 B 都合作时，定义 A、B 支付矩阵如下：

$$V_{1A}=pqa(1+\delta)^{T-1}C-pqaC \tag{6.6}$$

$$V_{1B}=pqb(1+\delta)^{T-1}C-pqbC \tag{6.7}$$

(2)当移动制造服务模块 A 合作，但是 B 不合作时，定义 A、B 支付矩阵如下：

$$V_{2A}=-(1-q)paC \tag{6.8}$$

$$V_{2B}=0 \tag{6.9}$$

(3)当移动制造服务模块 A 不合作，但是 B 合作时，定义 A、B 支付矩阵如下：

$$V_{3A}=0 \tag{6.10}$$

$$V_{3B}=-(1-p)qbC \tag{6.11}$$

(4)当移动制造服务模块 A 和 B 都不合作时，定义 A、B 支付矩阵如下：

$$V_{4A}=V_{4B}=0 \tag{6.12}$$

因此，对于移动制造服务模块 A、B 的动态博弈，双方合作时收益大于 0；双方不合作时收益等于 0；只有一方合作时，合作方收益小于 0，而不合作方收益是 0。出现最后一种情况，合作方的投入有损失，分析如下：

$$V_{1A}>V_{3A}=0=V_{4A}>V_{2A} \tag{6.13}$$

$$V_{1B}>V_{2B}=0=V_{4B}>V_{3B} \tag{6.14}$$

以移动制造服务模块 A 为例分析支付函数。由于信息不完全，A 在决策是否合作时，主要考虑期望回报之差 ΔV_A，合作 ($p=1$)，还是不合作 ($p=0$)，以其期望回报的差值来决策。

$$\Delta V_A=\sum_{i=1}^{4}V_{iA}(p=1)-\sum_{i=1}^{4}V_{iA}(p=0) \tag{6.15}$$

整理得到

$$\sum_{i=1}^{4} V_{iA}(p=1) = V_{1A} + V_{2A} + V_{3A} + V_{4A}$$
$$= [qa\,(1+\delta)^{T-1}C - qaC] + [-(1-q)aC] + 0 + 0$$
$$= qa\,(1+\delta)^{T-1}C - aC \tag{6.16}$$

$$\sum_{i=1}^{4} V_{iA}(p=0) = V_{1A} + V_{2A} + V_{3A} + V_{4A} = 0 \tag{6.17}$$

$$\Delta V_A = qa\,(1+\delta)^{T-1}C - aC \tag{6.18}$$

对于合作情况，移动制造服务模块 A 的 $\Delta V_A \geqslant 0$ ，于是

$$q \geqslant 1/\,(1+\delta)^{T-1} \tag{6.19}$$

又由于 $1 \geqslant q \geqslant 0$ ，所以

$$1 \geqslant q \geqslant 1/\,(1+\delta)^{T-1} \tag{6.20}$$

同样，可得

$$1 \geqslant p \geqslant 1/\,(1+\delta)^{T-1} \tag{6.21}$$

动态博弈中，δ 不变，T 增大，移动制造服务模块之间相互适应，选择合作的概率变大，可以形成比较稳定的合作；而 T 不变，δ 增大，选择合作的概率也会变大。因此，企业对于移动制造服务模块的推介交流很重要，并且要在商业生态系统中提高 δ 值。

对式(6.18)的 δ 求偏导，得

$$a\,(1+\delta)^{T-1}C > 0 \tag{6.22}$$

因此，移动制造服务模块 A 决策合作时，依赖于移动制造服务模块 B 的合作概率 q ，形成正相关。移动制造服务模块 B 决策合作的情况与模块 A 类似。

6.1.2　移动制造服务系统的共生价值分析

移动制造服务系统的生态演化环境还依赖于系统中移动制造服务模块之间的共生，其本质特征是移动制造服务模块在演化过程中产生的共生价值。移动制造服务模块集成与协同会创造出新的额外收益，对于移动制造服务系统而言，是新增的共生价值。

移动制造服务系统共生价值分析可以基于移动制造服务模块生态位进行，将移动制造服务模块作为共生单元，用共生单元的特征指标分析共生价值，这些指标主要有生态位宽度、生态位重叠度、生态位弥合度、共生效应度、共生密度和共生维度等。

1. 生态位宽度

对于制造服务而言，被服务者需要利用外来的环境资源，其生态位宽度为移动制造服务模块利用移动制造服务系统中生产性资源和市场性资源的多样化程度。同时提供服务者的生态位宽度是移动制造服务模块提供的可作为环境资源的副产品的多样化程度。生态位宽度的测度计算公式如下：

$$\mathrm{ENB}_i = \frac{\lg\sum_{j=1}^{r} N_{ij} - (1/N_{ij})\left(\sum_{j=1}^{r} N_{ij}\lg N_{ij}\right)}{\lg r} \tag{6.23}$$

式中，ENB_i 表示移动制造服务模块 i 的生态位宽度；r 表示移动制造服务模块生态位资源等级数；N_{ij} 表示移动制造服务模块 i 利用资源 j 的数量。

2. 生态位重叠度

生态位重叠是指移动制造服务系统中多个移动制造服务模块利用相似的资源环境。移动制造服务模块之间的竞争程度与其生态位重叠是正相关的。生态位重叠度为

$$\alpha_{ij} = \frac{\sum_{k=1}^{r}(\theta_{ik}\theta_{jk})}{\sum_{k=1}^{r}\theta_{ik}^2} \tag{6.24}$$

式中，r 表示移动制造服务模块生态位资源等级数；θ_{ik} ，θ_{jk} 分别表示移动制造服务模块 i 、j 的对于资源等级 k 的占用比。

3. 生态位弥合度

生态位弥合是指移动制造服务系统中相关移动制造服务模块之间的相互补充和不可或缺性。如某个移动制造服务模块的缺少会影响整个生态系统的平衡。生态位弥合度为

$$\beta_{ij} = \sum_{k=1}^{r}\theta_{ik}\theta_{ikj} \tag{6.25}$$

式中，r 表示移动制造服务模块生态位资源等级数；θ_{ik} 表示移动制造服务模块 i 对于资源等级 k 的占用比；θ_{ikj} 表示移动制造服务模块 i 对于资源等级 k 又利用 j 的产出物占用比。

4. 共生效应度

共生效应度是指某个移动制造服务模块生态链接引起的共生效应影响其他移动制造服务模块的程度。在有 n 个移动制造服务模块的生态产业链中，移动制造服务系统共生效应度为

$$\psi = \frac{\mathrm{EC_e} + \mathrm{EN_e}/\mathrm{EI} + W_e}{\sum_{i=1}^{n} I_i} \tag{6.26}$$

式中，$\mathrm{EC_e}$ 表示系统的经济效益；$\mathrm{EN_e}$ 表示系统的环境效益；W_e 表示系统的社会效益；I_i 表示移动制造服务模块 i 的要素投入量；EI 表示环境影响程度。

5. 共生密度

共生密度是移动制造服务系统中同类共生单元，即移动制造服务模块所占的比例。假定所研究的移动制造服务系统中共有 n 个移动制造服务模块，而同类共生单元有 n_1 个，移动制造服务系统共生密度为

$$\rho = \frac{n_1}{n} \tag{6.27}$$

6. 共生维度

共生维度是移动制造服务系统中异类共生单元，即移动制造服务模块所占的比例。假定所研究的移动制造服务系统中共有 n 个移动制造服务模块，而异类共生单元有 n_2 个，移动制造服务系统共生维度为

$$\eta = \frac{n_2}{n} \tag{6.28}$$

7. 移动制造服务系统的共生价值

共生价值体现了移动制造服务系统的增值和生存能力，同时共生单元对于移动制造服务系统的质量和数量具有影响。结合上述六个指标，移动制造服务系统的共生价值为

$$E_e = f\left(\sum_{i=1}^{n} \mathrm{ENB}_i, \sum_{i=1}^{n}\sum_{j=1}^{n} \alpha_{ij}, \sum_{i=1}^{n}\sum_{j=1}^{n} \beta_{ij}, \psi, \rho, \eta\right) \tag{6.29}$$

共生价值的非对称分配会导致移动制造服务系统从一个状态转变为另一个状态，该过程称为共生系统的相变，共生的移动制造服务系统发生相变表示系统的不

稳定甚至解体。下面讨论移动制造服务系统中的共生价值分配机制。

移动制造服务系统的共生价值分配类似于对多人合作博弈的利益分配，可采用沙普利值法求解。在移动制造服务模块群 κ 中的群子集 S 中，定义 $u(s)$ 是所有群子集 S 产生的效益，而 $u(s/i)$ 是在 S 除去移动制造服务模块 i 产生的效益。则 $u(s)-u(s/i)$ 可以表示移动制造服务模块 i 对 S 的效益贡献量。

沙普利值由一个有限移动制造服务模块集合 N 与定义在 N 上的子集的函数 $u(S)$ 表示。假设移动制造服务模块演化次序随机，并且发生概率都是 $1/n!$。移动制造服务模块和以前的 $|S|-1$ 模块生成系统 S，移动制造服务模块 i 对系统的贡献量是 $u(S)-u(S/i)$。沙普利值就是移动制造服务模块 i 所做贡献的期望值。沙普利值由特征函数确定，$\varphi(u)=\{\varphi_1(u),\varphi_2(u),\cdots,\varphi_n(u)\}$ 是一种特定的分配，即 $\varphi_i(u)=X_i$

$$\varphi_i(u)=\sum_{S\in S_i}\lambda(|S|)[u(S)-u(S/i)],\quad i=1,2,\cdots,n \tag{6.30}$$

$$\lambda(|S|)=\frac{(n-|S|)!(|S|-1)!}{n!} \tag{6.31}$$

式中，S_i 为含有 i 的所有子集；$|S|$ 为子集 S 中的元素数目；S/i 为从 S 中去掉 i，$\lambda(|S|)$ 为加权因子。

将移动制造服务模块 A、B、C 演化组成的移动制造服务系统记为 $\kappa=\{A,B,C\}$，并记系统前各自独立经营的利益为 $u(A)=6$，$u(B)=13$，$u(C)=7$，移动制造服务系统中的共生价值分配机制以求移动制造服务模块 A 的分配利益 $\varphi_A(u)$ 为例来说明。已知 A 参与的合作集为 $S_1=\{A,A+B,A+C,A+B+C\}$，且知 $u(A+B)=35$，$u(A+C)=27$，$u(B+C)=23$，$u(A+B+C)=53$。按照沙普利值法列表计算的过程见表 6.2～表 6.4。

表 6.2　$\varphi_A(u)$ 的计算

S	A	$A+B$	$A+C$	$A+B+C$
$u(S)$	6	35	27	53
$u(S/A)$	0	13	7	23
$u(S)\times u(S/A)$	6	22	20	30
$\|S\|$	1	2	2	3
$\lambda(\|S\|)$	1/3	1/6	1/6	1/3
$\lambda(\|S\|)[u(S)\times u(S/A)]$	2	11/3	10/3	10
$\varphi_A(u)$	19			

表 6.3　$\varphi_B(u)$的计算

S	B	$A+B$	$B+C$	$A+B+C$
$u(S)$	13	35	23	53
$u(S/B)$	0	6	7	27
$u(S)\times u(S/B)$	13	29	16	26
$\|S\|$	1	2	2	3
$\lambda(\|S\|)$	1/3	1/6	1/6	1/3
$\lambda(\|S\|)[u(S)\times u(S/B)]$	13/3	29/6	16/6	26/3
$\varphi_B(u)$	41/2			

表 6.4　$\varphi_C(u)$的计算

S	C	$B+C$	$A+C$	$A+B+C$
$u(S)$	7	23	27	53
$u(S/C)$	0	13	6	35
$u(S)\times u(S/C)$	7	10	21	18
$\|S\|$	1	2	2	3
$\lambda(\|S\|)$	1/3	1/6	1/6	1/3
$\lambda(\|S\|)[u(S)\times u(S/C)]$	7/3	10/6	21/6	6
$\varphi_C(u)$	27/2			

因此，$\varphi_A(u)+\varphi_B(u)+\varphi_C(u)=53$。$B$ 与 A 合作可得收益 35，B 和 C 合作可得收益 23，即判断 A 对 B 比 C 对 B 重要；同理，可判断 A 对 C 比 B 对 C 重要，则 A 在最后三家合作产生的 53 单位收益的分配比重较大，共生价值的贡献量也较大。

6.1.3　移动制造服务系统的生态演化分析

移动制造服务系统的生态演化是通过生态产业链演化实现的，生态产业链是一种具有相互依存、制约和作用的移动制造服务模块组成的序列，表现为生态群落。可以认为，移动制造服务系统的生态演化过程本质上是移动制造服务模块基于生态群落的具体环境不断适应的过程，其中包含着有关价值分配的博弈演化。

1. 移动制造服务系统的生态演化基本模型

为了便于分析，对于移动制造服务系统作必要的简化：将商业生态系统的移动制造服务模块假设为两种，一种是用于构建生态产业链的模块，另一种是没有生态链接的模块。生态链接问题是移动制造服务模块之间同时决策和博弈的复杂过程。服务企业和制造企业的策略选择空间需要考虑生态产业链的均衡分析，并去掉一些策略空间和收益。

假设制造企业采取接受服务企业的制造服务，两者之间建立生态链接关系的移动制造服务模块比例为 $x(0 \leqslant x \leqslant 1)$，不合作的制造企业比例为 $1-x$；服务企业中采用资源化处理的合作策略的比例为 $y(0 \leqslant y \leqslant 1)$，而没有合作意向直接进入环境的移动制造服务模块比例为 $1-y$。其中 a、b、c、d、e、f 均为纳什均衡系数，则构建复制动态演化模型的过程具体如下。

考虑制造企业，合作策略时收益是 $u_{xh}=ya+(1-y)e$，不合作策略时收益是 $u_{xb}=c$，则制造企业的平均收益是

$$\bar{u}_x = xu_{xh}+(1-x)u_{xb}=x[ya+(1-y)e]-(1-x)c \tag{6.32}$$

其动态变化速度的复制动态微分方程为

$$\begin{aligned}\frac{\mathrm{d}x}{\mathrm{d}t} &= y(u_{xh}-\bar{u}_x)\\ &= x\{ya+(1-y)e-x[ya+(1-y)e]-(1-x)c\}\\ &= x(1-x)[(a-e)y-(c-e)]\end{aligned} \tag{6.33}$$

考虑服务企业，合作策略时收益是 $u_{sh}=xb+(1-x)d$，不合作策略时收益 $u_{sb}=f$，则服务企业的平均收益是

$$\bar{u}_s = yu_{sh}+(1-y)u_{sb}=y[xb+(1-x)d]-(1-y)f \tag{6.34}$$

其动态变化速度的复制动态微分方程为

$$\begin{aligned}\frac{\mathrm{d}y}{\mathrm{d}t} &= y(u_{sh}-\bar{u}_s)\\ &= y\{xb+(1-x)d-y[xb+(1-x)d]-(1-y)f\}\\ &= y(1-y)[(b-d)x-(f-d)]\end{aligned} \tag{6.35}$$

令 $\frac{\mathrm{d}x}{\mathrm{d}t}=0$、$\frac{\mathrm{d}y}{\mathrm{d}t}=0$，获得方程的不动点，表示服务企业与制造企业采取合作策略比例的稳定性，可以得到系统的 5 个局部不动点，分别为：$(0,0)$、$(1,1)$、$(0,1)$、$(1,0)$、$((f-d)/(b-d),(c-e)/(a-e))$。

2. 移动制造服务系统的生态演化的稳定性

移动制造服务系统的不动点稳定性可以通过分析系统的雅可比矩阵来进行，该系统一般由微分方程系统描述的群体动态。移动制造服务系统生态演化基本模型的雅可比矩阵为

$$J=\begin{bmatrix}(1-2x)[(a-e)y-(c-e)] & x(1-x)(a-e)\\ y(1-y)(b-d) & (1-2y)[(b-d)x-(f-d)]\end{bmatrix} \tag{6.36}$$

对不动点的局部稳定性分析，计算雅可比矩阵的不动点处行列式和迹。考虑系数 $c-e$ 、$f-d$ 、$a-c$ 、$b-f$ 、$a-e$ 、$b-d$ 的符号及大小比较。

当 $c-e>0$ 时，表示制造企业的补贴价值大于零。

当 $f-d>0$ 时，表示服务企业对于制造服务资源化之后，服务企业的收益增加。

当 $a-c>0$ 时，表示制造企业合作服务企业之后，原材料采购的收益增加。

当 $b-f>0$ 时，表示为其他用户提供收益是直接由服务企业资源为基础的制造服务，这是大于其初级处理移动制造服务收益。

当 $a-e>0$ 时，表示不合作制造企业收益小于合作企业。

当 $b-d>0$ 时，表示服务企业的补贴价值也大于零。

对移动制造服务系统的生态演化分析其稳定性如下。

行列式值记为 Δ ，迹的值记为 τ ，则 $\dfrac{f-d}{b-d}<0$ 。并且 $\dfrac{c-e}{a-e}<0$ ，故不再讨论其稳定性。

1) (0,0) 点

将点 (0,0) 代入雅可比矩阵得

$$J_{(0,0)}=\begin{bmatrix}-(c-e) & 0\\ 0 & -(f-d)\end{bmatrix} \tag{6.37}$$

则

$$\Delta_{(0,0)}=(c-e)(f-d)>0,\quad \tau_{(0,0)}=-(c-e)-(f-d)>0,$$
$$\tau_{(0,0)}^2-4\Delta_{(0,0)}\geqslant 0$$

显然，(0,0) 点不稳定，表示在环保意识和利益驱动时，服务企业和制造企业会逐步增加采取合作策略的企业。

2) (1,1) 点

将点 (1,1) 代入雅可比矩阵得

$$J_{(1,1)}=\begin{bmatrix}-(a-c) & 0\\ 0 & -(b-f)\end{bmatrix} \tag{6.38}$$

则

$$\Delta_{(1,1)}=(a-c)(b-f)>0,\quad \tau_{(1,1)}=-(a-c)-(b-f)<0,$$

$$\tau^2_{(1,1)} - 4\Delta_{(1,1)} \geqslant 0$$

因此，(1,1) 点是稳定点，意味着制造企业和服务企业的演化趋向于合作策略。对于制造企业，移动制造服务的优势明显，外部市场的原材料采购会减少，最优策略就是合作。而对于服务企业而言，移动制造服务的销售可以明显改善，选择合作策略也是最优的。

3) (0,1) 点和 (1,0) 点

将点 (0,1) 和 (1,0) 分别代入雅可比矩阵得

$$J_{(0,1)} = \begin{bmatrix} a-c & 0 \\ 0 & f-d \end{bmatrix} \tag{6.39}$$

$$J_{(1,0)} = \begin{bmatrix} c-e & 0 \\ 0 & b-f \end{bmatrix} \tag{6.40}$$

则

$$\Delta_{(0,1)} = (a-c)(f-d) < 0, \quad \Delta_{(1,0)} = (c-e)(b-f) < 0$$

因此，(0,1) 点和 (1,0) 点均为鞍点。针对不动点 (0,1)，说明制造企业原材料的来源对于特定移动制造服务有依赖，存在风险。通过移动制造服务系统可以缓解风险，并且在商业生态系统中更好地发展激励机制和保障机制，以利益驱动制造企业的策略转变。针对不动点 (1,0)，说明制造企业意识到参与生态链接的获益性，逐步采取合作策略；而服务企业由于业务复杂多变，需要引导、学习模仿认识缔结生态链的优势，从而调整到合作策略。

总之，复制动态方程所规定的移动制造服务系统，其状态将随时间逐渐趋于稳定的定态点 (1,1)，而系统趋于稳定点的路径不同。

3. 移动制造服务系统的生态演化路径

移动制造服务系统的生态演化路径主要有两种方式：自发形成和人为规划。前者是自下而上模式，从业务需求、特殊区位条件等方面诱发，聚集形成移动制造服务系统；后者是自上而下模式，从政府的规划和政策等方面诱发，促进形成生态工业系统。

移动制造服务系统的自发形成一般具有个体特征，而企业的经济效益是起点，合作与互动都是自发的，成员有较高的积极性，才能保证生态系统的效率。企业按照经济和技术规律，主动聚在一起，共同生产，以降低成本，从而实现经济利润和环境目标。如具体产品的移动制造服务系统，从配套企业和核心企业到终端用户，围绕产品形成完整的生态产业链，制造服务需求具体、明确，自发形成系统会形成更大的竞争

力同时满足各个参与者的需要，在产业链上实现每个移动制造服务系统的生态演化。

移动制造服务系统的人为规划是以特定的环境效益为基础，考虑到整个产业的长远发展，促进生态工业体系的发展。在这个过程中，它涉及许多利益相关者，实施区域移动制造服务系统需要一个非常全面的规划和策略。例如，对于行业性移动制造服务系统，可以通过具体的网络平台，收集到制造服务需求，组织规划制造服务需求对应的制造服务整体解决方案，提供通用的行业制造服务标准库，在平台上实现每个移动制造服务系统的生态演化。

移动制造服务系统的生态演化路径一般是通过共生模式实现的，共生(symbiosis)是指两种生物共同生活在一起，双方可以获取利益的现象。1879 年，德国的德贝里首先提出共生的概念，后来范明特、科勒瑞和斯哥特等研究系统的共生理论。国内有袁纯清将共生理论用于分析经济问题，提出共生的三个要素来描述共生的本质。同时很多专家在工业共生和集群共生问题研究中均获得一些有益的结果。

移动制造服务模块之间的相互关系和相互作用的关系可以说是共生关系。共生关系是共生单元在一定的共生环境中的关系，是以共生模式的形成。共生的本质反映在共生单元、共生模式、共生环境等要素。在移动制造服务系统的共生系统中，共生单元可以是服务企业、制造企业或者终端用户。共生环境是指影响共生的各种因素，如自然因素、经济因素和社会因素等。服务企业与制造企业之间的共生模式是服务企业与制造企业共生的互动方式。共生行为模式揭示了共生系统各单元间相互作用的行为。移动制造服务系统具有一定的生态环境特征。它采用生物种群的分类方法，共生模式主要有寄生、偏利共生、非对称互惠共生和对称互惠共生等。

对于共生模式的效率，寄生模式本身并没有产生新的价值，而整个共生过程中的价值是单向流动的。偏利共生关系产生新价值，但新价值只为某一共生单元所得，这种关系对一方有利而对另一方既无利也无害。互惠关系产生价值，新价值在共生单元之间分配，存在着双向的利益交流机制。在移动制造服务系统中大量存在的则是互惠共生模式，即对共生双方都有利，如果双方利益均等，称为对称互惠共生，否则称为非对称互惠共生。非对称互惠共生是移动制造服务系统共生最常见的模式，对称共生则是较理想的状态。由于共生双方都可以从共生中受益，都希望维持共生，所以互惠共生模式稳定性较好。

例如，服务企业和制造企业通过对部分利润的寄生，进而对行为模式的互惠共生，创造并吸引了大量新企业，促成了大量制造企业和服务企业的成长，也使制造企业与服务企业的共生从形成阶段逐步演化到成熟阶段。这一过程表明，移动制造服务系统的发展过程从零开始、从小到大、从少到多，也反映了移动制造服务系统从不平等到平等、从不稳定到稳定共生的演进过程。这种共生行为的演化过程，代表了共生进化过程中的不同阶段。服务型企业和制造型企业共生行为发展模式的最大功能是利益分配与稳定性之间的关系，从稳定性分析，尽管共生行为存在多种模式，但对称性互惠共生是进化的一致方向，所有共生系统中对称性互惠共生系统是最有效率也是最稳定的系统，任何具有对称性互惠共生特征的系统在同种共生模式中具有最大的共生价值。

6.2 移动制造服务系统的生态演化原理

在生物群落中，生物不仅与环境之间发生着密切联系，而且生物之间也表现出捕食、共生、竞争等复杂的种间关系。将生态学模型引入移动制造服务系统的生态演化中，服务企业驱动演化的原理在于捕食关系的机制，制造企业驱动演化实质上是共生关系的演化，终端用户驱动演化是基于竞争关系构建系统的。通过对移动制造服务系统中存在的三种主要关系的建模分析，建立移动制造服务系统的生态演化原理体系。

6.2.1 移动制造服务系统的服务企业演化机制

在移动制造服务系统中，服务企业为制造企业提供中间性的制造服务，从服务企业驱动演化看，两者之间产生的服务关系可以用生态学中的捕食者与被捕食者之间的 Lotka-Volterra 捕食模型来描述其演化机制。捕食关系指的是一种生物以另一种生物为食的现象，如食肉动物吃食草动物，食草动物吃绿色植物，昆虫中的拟寄生者、同类相食等。对于 Lotka-Volterra 捕食模型，基本假设为，捕食关系中有一种捕食者和猎物，捕食者数量减少达到一定数量时猎物数量增加，捕食者数量增加时猎物数量减少，猎物数量情况相反。在满足模型基本假设的前提下，把移动制造服务系统中制造企业购买服务企业的服务导致服务企业库存减少看作捕食者与被捕食者之间的互动，则生态学中的捕食者与被捕食者模型则可以被借用来研究服务企业与制造企业之间的关系。

捕食模型描述服务企业驱动演化机制，其生态学意义表现在四个主要方面：一是在移动制造服务系统的资源流中，制造企业作用明显，各个演化阶段的服务关系表现为捕食作用的实力；二是服务企业种群依赖于制造企业的动态调节；三是服务企业种群适合度需要制造企业来影响，服务企业适合度高，就越容易获得捕食作用；四是制造企业在服务企业的进化中起着选择性因素的作用。

假设移动制造服务系统中只有一个服务企业和制造企业。在有限的系统 K 内，对于服务企业，如果没有制造企业购买它的制造服务，其制造服务库存量 y_2 将表现为逻辑斯蒂增长

$$\frac{\mathrm{d}y_2}{\mathrm{d}t}=r_2y_2\left(1-\frac{y_2}{K}\right) \tag{6.41}$$

式中，y_2 为服务企业的库存量；t 为时间；r_2 为服务企业产出水平的最大增长率；K 为环境所能容纳的最大移动制造服务模块规模。

如果服务企业不向制造企业提供移动制造服务，制造企业的产出水平会减少，表示为

$$\frac{\mathrm{d}y_1}{\mathrm{d}t}=-r_1y_1 \tag{6.42}$$

式中，y_1 为制造企业的产出水平；r_1 为制造企业产出水平的最大增长率。

当服务企业与制造企业共同存在于一个有限系统 K 时，建立两者之间的捕食模型如下：

$$\frac{\mathrm{d}y_2}{\mathrm{d}t}=r_2y_2\left(1-\frac{y_2}{K}\right)-qy_1y_2 \tag{6.43}$$

式中，q 为制造企业对服务企业的购买率。

同时，制造企业的产出水平随着服务企业的产量增加而升高，因此同样可建立制造企业的捕食模型方程为

$$\frac{\mathrm{d}y_1}{\mathrm{d}t}=(-r_1+\theta qy_2)y_1 \tag{6.44}$$

式中，θ 为制造企业将服务企业的制造服务转化为自身产品的效率。

捕食模型刻画了服务企业和制造企业之间的生产性服务关系，制造企业对于移动制造服务的购买量和服务企业移动制造服务的库存量之间存在反向关系，同时服务企业的移动制造服务供应不足会影响制造企业的产量减少。一般要达成制造企业与服务企业之间的平衡，对于服务企业有

$$\frac{\mathrm{d}y_2}{\mathrm{d}t}=r_2y_2\left(1-\frac{y_2}{K}\right)-qy_1y_2=0 \tag{6.45}$$

由此可得服务企业的库存的零增长线

$$y_1=\frac{r_2}{q}\left(1-\frac{y_2}{K}\right) \tag{6.46}$$

同样，对于制造企业有

$$\frac{\mathrm{d}y_1}{\mathrm{d}t}=(-r_1+\theta qy_2)y_1=0 \tag{6.47}$$

由此可得制造企业产品的零增长线

$$y_2 = \frac{r_1}{q\theta} \tag{6.48}$$

服务企业的库存量和制造企业的产出规模组合的稳定平衡点是直线 y_1 和 y_2 的交点

$$\left(\frac{r_1}{q\theta}, \frac{r_2}{q} - \frac{r_1 r_2}{\theta K q^2}\right)$$

因此，服务企业与制造企业达到均衡状态应该满足的条件是

$$\frac{r_2}{q} - \frac{r_1 r_2}{\theta K q^2} > 0 \tag{6.49}$$

即

$$q\theta > \frac{r_1}{K} \tag{6.50}$$

由服务企业和制造企业达到均衡状态应满足的条件是 $q\theta > \frac{r_1}{K}$，对于移动制造服务的制造企业自身转化率和服务企业购买率相乘趋向大数，二者的服务关系均衡，两个企业均衡的关键点在于针对移动制造服务的转化和购买。

(1)参数 θ 分析。当 θ 增加时，移动制造服务的制造企业转化率增加，制造企业产出增加，服务企业库存下降；而当 θ 减少时，情况相反。显然制造企业应该促进制造服务化，增加移动制造服务的转化。

(2)参数 q 分析。在平衡点上的库存量和 q 反向相关，产量和 q 抛物线相关。产量最大处是制造企业的最佳产品购买率，大于最佳购买率时，产出水平和购买率反向相关。服务企业的情况可以类似分析。商业生态系统系统中的制造企业和服务企业之间的依赖程度要采取适中策略。

因此，制造企业与服务企业的捕食演化机制在于均衡制造企业和服务企业，采取的手段是提高制造企业对于移动制造服务的转化率，增加服务企业对于移动制造服务的购买率。移动制造服务系统的均衡程度反映出捕食演化机制的设计优劣。同时，生产性服务关系是一种互利关系，其中的服务企业与制造企业不能无限制依赖，应该在博弈过程中寻求均衡。

6.2.2　移动制造服务系统的制造企业演化机制

在移动制造服务系统中，服务企业为制造企业提供中间性的制造服务，从制造企业驱动演化看，一方面制造企业要与服务企业保持生产性服务，另一方面制造企

业要与终端用户保持制造服务化，三类移动制造服务主体在商业生态环境中形成共生。移动制造服务系统的演化过程也是类似于自然界中各类种群所构成的生态系统的发育过程，因此，可以引入生态学理论的共生机制，用 Logistic 模型分析制造企业驱动的演化机制。

共生模型描述制造企业驱动演化机制，其生态学意义表现在三个主要方面：一是对于生产性服务共生体，包含两个共生单元服务企业和制造企业；对于制造服务化共生体，包含两个共生单元制造企业和终端用户；二是共生环境表现为商业生态系统，以移动互联网技术支撑，同时也包含自然、经济和社会环境；三是制造服务主体共生模式既有生产性服务，也有制造服务化，每两个共生单元的共生行为模式也是从利益分配的角度去表征。

假设移动制造服务系统中服务企业和制造企业的种群密度分别为 x_1 、x_2 ，共生体自然增长率分别为 r_1 、r_2 ，能够承载的最大环境容量分别为 N_1 、N_2 ，则两个种群的动态演化方程为

$$\begin{cases}\dfrac{\mathrm{d}x_1(t)}{\mathrm{d}t}=r_1\left[1-\dfrac{x_1(t)}{N_1}\right]x_1(t), \quad x_1(t_0)=x_{10}\\ \dfrac{\mathrm{d}x_2(t)}{\mathrm{d}t}=r_2\left[1-\dfrac{x_2(t)}{N_2}\right]x_2(t), \quad x_2(t_0)=x_{20}\end{cases} \tag{6.51}$$

式中，t 为时间；x_{10} 服务企业初始种群密度；x_{20} 为制造企业初始种群密度，一般设为常量，因子 $1-\dfrac{x_1(t)}{N_1}$ 表示服务企业规模增长的阻滞作用，因子 $1-\dfrac{x_2(t)}{N_2}$ 表示制造企业规模增长的阻滞作用。

如果只考虑种群数量相互影响，得到两个种群相互作用的共生动力演化模型为

$$\begin{cases}\dfrac{\mathrm{d}x_1(t)}{\mathrm{d}t}=r_1\left[1-\dfrac{x_1(t)}{N_1}+a_{12}x_2(t)\right]x_1(t)\\ \dfrac{\mathrm{d}x_2(t)}{\mathrm{d}t}=r_2\left[1-\dfrac{x_2(t)}{N_2}+a_{21}x_1(t)\right]x_2(t)\end{cases} \tag{6.52}$$

式中，t 为时间；a_{12} 为制造企业种群对服务企业种群的共生作用系数；a_{21} 为服务企业种群对制造企业种群的共生作用系数。

通过 a_{12} 、a_{12} 取值范围，对动力演化模型讨论如下。

(1)当 $a_{12}<0$ 时，表示两种群竞争同类资源，制造企业的存在消耗服务企业的资源。当 $a_{12}>0$ 时，表示两种群协同共生，制造企业的存在促进服务企业的成长。

(2)当 $a_{21}<0$ 时，表示两种群竞争同类创新资源，服务企业的存在消耗制造企业的资源。当 $a_{21}>0$ 时，表示两种群协同共生，服务企业的存在促进制造企业的成长。

(3)当 $a_{12}>0$、$a_{21}>0$ 时，表示服务企业与制造企业之间是互惠共生关系。$a_{21}\neq a_{21}$ 时，服务企业与制造企业是非对称互惠共生模式；$a_{21}=a_{21}$ 时，服务企业与制造企业是典型的互惠共生模式。

(4)当 $a_{12}<0$ 和 $a_{21}<0$ 时，表示服务企业与制造企业不共生，存在竞争关系。

(5)当 $a_{12}>0$、$a_{21}<0$ 或 $a_{12}<0$、$a_{21}>0$ 时，表示服务企业与制造企业之间为寄生共生模式。

(6)当 $a_{12}=0$、$a_{21}>0$ 或 $a_{12}>0$、$a_{21}=0$ 时，表示服务企业与制造企业之间为偏利共生模式。

(7)当 $a_{12}=0$ 和 $a_{21}=0$ 时，表示服务企业与制造企业之间不存在共生关系。

采用分段 Logistic 曲线叠加可以精确描述服务企业和制造企业的共生演化过程。需要对式(6.52)进行变换如下：

$$\begin{cases}\dfrac{\mathrm{d}x_1}{\mathrm{d}t}=r_1(1+a_{12}x_2)\dfrac{N_1(1+a_{12}x_2)-x_1}{N_1(1+a_{12}x_2)}x_1\\[2ex]\dfrac{\mathrm{d}x_2}{\mathrm{d}t}=r_2(1+a_{21}x_1)\dfrac{N_2(1+a_{21}x_1)-x_2}{N_2(1+a_{21}x_1)}x_2\end{cases}\tag{6.53}$$

令

$$\begin{cases}\lambda_1=f_{\lambda_1}(x_2,t)=r_1(1+a_{12}x_2)\\ \lambda_2=f_{\lambda_2}(x_1,t)=r_2(1+a_{21}x_1)\\ M_1=f_{m_1}(x_2,t)=N_1(1+a_{12}x_2)\\ M_2=f_{m_2}(x_1,t)=N_2(1+a_{12}x_2)\end{cases}\tag{6.54}$$

则

$$\begin{cases}\dfrac{\mathrm{d}x_1}{\mathrm{d}t}=\lambda_1\left(1-\dfrac{x_1}{M_1}\right)x_1\\[2ex]\dfrac{\mathrm{d}x_2}{\mathrm{d}t}=\lambda_2\left(1-\dfrac{x_2}{M_2}\right)x_2\end{cases}\tag{6.55}$$

式中，t 为时间；λ_1、λ_2 分别为服务企业和制造企业的共生自然增长率；M_1、M_2 分别为服务企业和制造企业的种群最大共生环境容量；r_1、r_2 分别为服务企业和制造企业的固有自然增长率；N_1、N_2 分别为服务企业和制造企业的种群最大固有环境容量；x_1 和 x_2 不断随时间变化，则 λ_1、λ_2、M_1、M_2 也随时间变化。服务企业种群和制造企业种群是相互耦合的复杂系统，演化过程符合生态学机制。

在演化时间轴上可以分区段应用 Logistic 曲线模拟共生演化，如在较小时间段内 $t\in[t_i,t_{i+1}]$，$(i=0,1,2,\cdots,n)$，以 Logistic 曲线代替演化曲线，再将曲线连接形成共生演化曲线。假设有 $[t_i,t_{i+1}]$，区间长度 $\Delta t = t_{i+1} - t_i = 1$ 。在种群密度的演化曲线上，设服务企业在 $[t_i,t_{i+1}]$ 区间上的增加值增量为 $\Delta x_1(t_{i+1}) = x_1(t_{i+1}) - x_1(t_i)$，平均值为 $\overline{x_1}(t_{i+1}) = \dfrac{x_1(t_{i+1}) + x_1(t_i)}{2}$，两端点的直线斜率为 $\dfrac{\Delta x_1(t_{i+1})}{\Delta t}$ 。同样，对于制造企业在 $[t_i,t_{i+1}]$ 区间上的总产值增量为 $\Delta x_2(t_{i+1}) = x_2(t_{i+1}) - x_2(t_i)$，平均值为 $\overline{x_2}(t_{i+1}) = \dfrac{x_2(t_{i+1}) + x_2(t_i)}{2}$，两端点的直线斜率为 $\dfrac{\Delta x_2(t_{i+1})}{\Delta t}$ 。在较小的时间段内，服务企业和制造企业种群密度可以近似为

$$\begin{cases} x_1(t) = \overline{x_1}(t_{i+1}) \\ x_2(t) = \overline{x_2}(t_{i+1}) \end{cases} \tag{6.56}$$

同时，服务企业和制造企业两种群的共生自然增长率和最大环境容量在较小的时间段内可以近似表示为

$$\begin{cases} \lambda_1^{i+1} = r_1(1 + a_{12}\ \overline{x_2}(t_{i+1})) \\ \lambda_2^{i+1} = r_2(1 + a_{21}\ \overline{x_1}(t_{i+1})) \\ M_1^{i+1} = N_1(1 + a_{12}\ \overline{x_2}(t_{i+1})) \\ M_2^{i+1} = N_2(1 + a_{21}\ \overline{x_1}(t_{i+1})) \end{cases}, \quad i = 0,1,2,\cdots,n \tag{6.57}$$

在较小时间段内 $t \in [t_i,t_{i+1}]$，服务企业与制造企业的共生相互作用种群密度增长符合 Logistic 方程，则方程的解为

$$\begin{cases} x_1(t) = \dfrac{M_1^{i+1}}{1 + \dfrac{M_1^{i+1} - x_1(t_i)}{x_1(t_i)} \mathrm{e}^{-\lambda_1^{i+1} t}} \\ x_2(t) = \dfrac{M_2^{i+1}}{1 + \dfrac{M_2^{i+1} - x_2(t_i)}{x_2(t_i)} \mathrm{e}^{-\lambda_2^{i+1} t}} \end{cases} \tag{6.58}$$

用区间两端点连接直线，斜率近似代替在区间 $[t_i,t_{i+1}]$ 上各点斜率，则有描述服务企业和制造企业的共生演化过程的分段 Logistic 共生演化模型为

$$\begin{cases} \dfrac{\Delta x_1(t_{i+1})}{\Delta t} = \lambda_1^{i+1}\left(1 - \dfrac{\overline{x_1}(t_{i+1})}{M_1^{i+1}}\right)\overline{x_1}(t_{i+1}) \\ \dfrac{\Delta x_2(t_{i+1})}{\Delta t} = \lambda_2^{i+1}\left(1 - \dfrac{\overline{x_2}(t_{i+1})}{M_2^{i+1}}\right)\overline{x_2}(t_{i+1}) \end{cases}, \quad i = 0,1,2,\cdots,n \tag{6.59}$$

该模型的求解方法如下：首先，从式(6.59)可得服务企业与制造企业的最大环境容量迭代公式为

$$\begin{cases} M_1^{i+1} = \dfrac{\overline{x_1}(t_{i+1})}{1 - \dfrac{\Delta x_1(t_{i+1})}{\lambda_1^{i+1}\ \overline{x_1}(t_{i+1})}} \\ M_2^{i+1} = \dfrac{\overline{x_2}(t_{i+1})}{1 - \dfrac{\Delta x_2(t_{i+1})}{\lambda_2^{i+1}\ \overline{x_2}(t_{i+1})}} \end{cases},\quad i = 0,1,2,\cdots,n \tag{6.60}$$

然后，由 $M_1^{i+1} > 0$ ，得 $1 - \dfrac{\Delta x_1(t_{i+1})}{\lambda_1^{i+1} \cdot \overline{x_1}(t_{i+1})} M_1^{i+1} > 0$ ，则

$$\lambda_1^{i+1} > \frac{\overline{x_1}(t_{i+1})}{\Delta x_1(t_{i+1})},\quad i = 0,1,2,\cdots,n \tag{6.61}$$

同样，得

$$\lambda_2^{i+1} > \frac{\overline{x_2}(t_{i+1})}{\Delta x_2(t_{i+1})},\quad i = 0,1,2,\cdots,n \tag{6.62}$$

$\overline{x_1}(t_{i+1})$ 、$\overline{x_2}(t_{i+1})$ 、$\Delta x_1(t_{i+1})$ 和 $\Delta x_2(t_{i+1})$ 可以通过给定的数据计算获得。可在限定范围内给定一组 λ_1^{i+1} 和 λ_2^{i+1} 的估计值 $\hat{\lambda}_1^{i+1}$ 和 $\hat{\lambda}_2^{i+1}$ $(i = 0,1,2,\cdots,n)$ ，通过式(6.60)计算可得在各个区间 $[t_i, t_{i+1}]$ 的 M_1^{i+1} 和 M_2^{i+1} 的估计值 $\hat{M}_1^{i+1}$ 和 $\hat{M}_2^{i+1}$ $(i = 0,1,2,\cdots,n)$ 。将 $\hat{\lambda}_1^{i+1}$ 、$\hat{\lambda}_2^{i+1}$ 、$\hat{M}_1^{i+1}$ 和 $\hat{M}_2^{i+1}$ 四组估计值代入式(6.58)，得到估计值

$$\begin{cases} \hat{x}_1(t_{i+1}) = \dfrac{\hat{M}_1^{i+1}}{1 + \dfrac{\hat{M}_1^{i+1} - x_1(t_i)}{x_1(t_i)} e^{-\hat{\lambda}_1^{i+1}\Delta t}} \\ \hat{x}_2(t_{i+1}) = \dfrac{\hat{M}_2^{i+1}}{1 + \dfrac{\hat{M}_2^{i+1} - x_2(t_i)}{x_2(t_i)} e^{-\hat{\lambda}_2^{i+1}\Delta t}} \end{cases} \tag{6.63}$$

得到服务企业和制造企业各个观察分钟内生产总值的第 k 次估计值与实际值的平方差

$$\begin{cases} \Delta e_1^2(k) = \sum\limits_{i=0}^{n} [\hat{x}_1(t_{i+1}) - x_1(t_{i+1})]^2 \\ \Delta e_2^2(k) = \sum\limits_{i=0}^{n} [\hat{x}_2(t_{i+1}) - x_2(t_{i+1})]^2 \end{cases} \tag{6.64}$$

最后，多次迭代得到自然增长率 λ_1^{i+1} 和 λ_2^{i+1} 值 $(i = 0,1,2,\cdots,n)$ ，将自然增长率代入式(6.60)，得到每分钟对应的最大环境容量 M_1^{i+1} 和 M_2^{i+1} 。这样就可以获得服务企业与制造企业分段 Logistic 共生演化模型的参数 λ 和 M 。

6.2.3　移动制造服务系统的终端用户演化机制

在移动制造服务系统中，制造企业为终端用户提供的制造服务表现为产品服务系统，是通过制造服务化实现的。从终端用户驱动演化看，对于同一类产品服务系统，除了垄断行业外，一般会有多个制造企业提供制造服务。竞争是移动制造服务主体针对制造服务资源的争夺以及对于价值分配的动态博弈，可以采用生态学的 Lotka-Volterra 竞争方程来建立终端用户演化机制。移动制造服务系统的终端用户演化机制关键在于两个制造企业通过竞争获得提供给终端用户制造服务的市场份额，可以用竞争方程来描述。

竞争排斥是种群之间不可共生、相互对立的，在移动制造服务系统中终端用户选择移动制造服务就存在非此即彼的竞争排斥。由 Lotka 和 Volterra 提出的 Lotka-Volterra 竞争方程为

$$\frac{\mathrm{d}N_1}{\mathrm{d}t}=\frac{r_1N_1(K_1-N_1-\alpha_{12}N_2)}{K_1} \tag{6.65}$$

$$\frac{\mathrm{d}N_2}{\mathrm{d}t}=\frac{r_2N_2(K_2-N_2-\alpha_{21}N_1)}{K_2} \tag{6.66}$$

式中，t 为时间；r_1 、r_2 为两个物种的最大瞬时增长率；K_1 、K_2 为两个物种的非竞争性环境负荷量；N_1 、N_2 为最大资源数；α_{12} 、α_{21} 为竞争系数。

竞争模型描述终端用户驱动演化机制，其生态学意义表现在三个主要方面：首先，竞争排斥不会在没有竞争性制造服务资源的环境中出现；其次，竞争排斥不会出现在移动制造服务系统不稳定或者制造企业之间不平衡状态中；最后，竞争排斥不会出现制造企业被排斥掉之前或者竞争方向随环境发生改变时。

假设移动制造服务系统中只有甲乙两个制造企业。对于同一类终端用户提供制造服务，若是独自在一个市场环境生存时，用 Logistic 规律表示产量的变化，对于两个制造企业的产量 x_1 、x_2 ，考虑其平均产量 r_1 、r_2 和最大产量 N_1 、N_2 。针对同一种制造服务资源存在竞争，假设

$$x'_1(t)=r_1x_1\left(1-\frac{x_1}{N_1}-\sigma_1\frac{x_2}{N_2}\right) \tag{6.67}$$

式中，t 为时间；σ_1 为竞争指标。

对于制造企业乙的产量有

$$x'_2(t)=r_2x_2\left(1-\sigma_2\frac{x_1}{N_1}-\frac{x_2}{N_2}\right) \tag{6.68}$$

为便于讨论设 $\sigma_1<1$ ，$\sigma_2<1$ ，而且 x_1 、x_2 都是常数，则

$$\begin{cases} r_1x_1\left(1-\sigma_2\dfrac{x_1}{N_1}-\dfrac{x_2}{N_2}\right)=0 \\ r_2x_2\left(1-\sigma_2\dfrac{x_1}{N_1}-\dfrac{x_2}{N_2}\right)=0 \end{cases} \tag{6.69}$$

解方程组,得到 4 个平衡点:

$$P_1(N_1,0),P_2(0,N_2),P_3(0,0),P_4\left(\frac{N_1(1-\sigma_1)}{1-\sigma_1\sigma_2},\frac{N_2(1-\sigma_2)}{1-\sigma_1\sigma_2}\right)$$

进一步在相平面上讨论平衡点的稳定性,在相平面第一象限中,直线 L_1 、L_2 把第一象限分成 4 个区域,如图 6.2 所示。

$$\text{直线 } L_1: \quad L_1=1-\frac{x_1}{N_1}-\sigma_1\frac{x_2}{N_2}=0 \tag{6.70}$$

$$\text{直线 } L_2: \quad L_2=1-\sigma_2\frac{x_1}{N_1}-\frac{x_2}{N_2}=0 \tag{6.71}$$

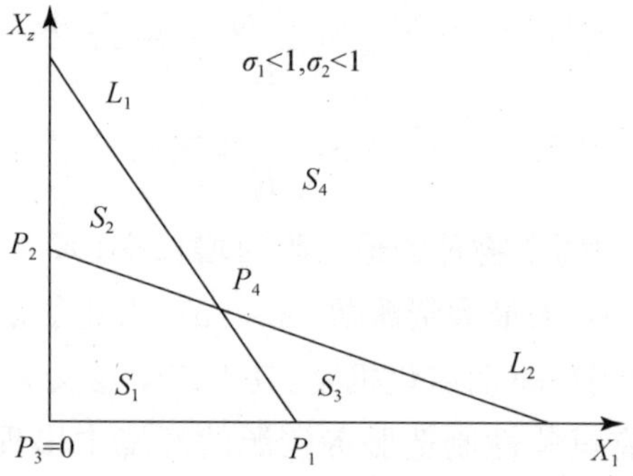

图 6.2 $\sigma_1<1$ 、$\sigma_2<1$ 时,相平面上平衡点的稳定性

假定初始相点 (x_1,x_2) 在区域 S_1 ,随着时间 t 的增加,x_1 、x_2 都增加,逐步相点进入 S_2 、S_3 或者 P_4 。如果相点 (x_1,x_2) 在 S_2 ,则 x_1 增加 x_2 减小,最终趋向点 P_4 ;如果相点 (x_1,x_2) 在 S_3 ,则 x_1 减少 x_2 增加,最终也趋向 P_4 。若初始相点 (x_1,x_2) 在 S_4 ,同样进入 S_2 、S_3 或者 P_4 。因此 P_1 、P_2 、P_3 是不稳定的平衡点,P_4 是稳定平衡点。

若 $\sigma_1>1$, $\sigma_2>1$,也可以得到 4 个平衡点 P_1 、P_2 、P_3 、P_4 ,如图 6.3 所示。用同样的方法分析,得到 P_3 、P_4 是不稳定点,以轨线 Γ 为界,初始相点在 Γ 以上时,轨线逼近点 P_2 ,反之逼近 P_1 ,称 P_1 、P_2 是局部稳定的。

若 $\sigma_1<1$, $\sigma_2>1$,得到 3 个平衡点 P_1 、P_2 、P_3 ,如图 6.4 所示。用同样的方法分析,得到 P_2 、P_3 都不稳定,P_1 是稳定的。

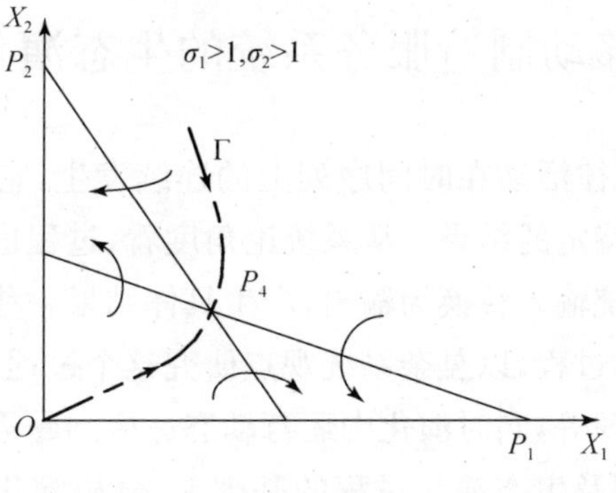

图 6.3　$\sigma_1>1$、$\sigma_2>1$ 时，相平面上平衡点的稳定性

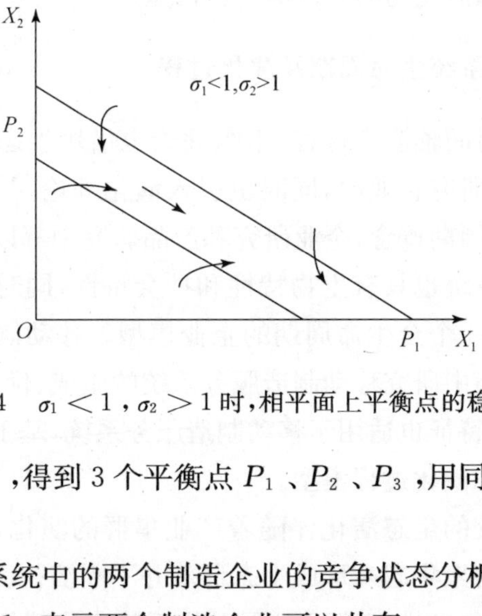

图 6.4　$\sigma_1<1$，$\sigma_2>1$ 时，相平面上平衡点的稳定性

若 $\sigma_1>1,\sigma_2<1$，得到 3 个平衡点 P_1、P_2、P_3，用同样的方法分析只有 P_2 是稳定的。

在移动制造服务系统中的两个制造企业的竞争状态分析如下：

(1) $\sigma_1<1,\sigma_2<1$，表示两个制造企业可以共存。

(2) $\sigma_1>1,\sigma_2>1$，表示两个制造企业存在排斥竞争，失败一方会退出。

(3) $\sigma_1<1,\sigma_2>1$，表示制造企业甲威胁乙，会逼迫乙退出。

(4) $\sigma_1>1,\sigma_2<1$，表示制造企业乙威胁甲，会逼迫甲退出。

考虑到 σ_1、σ_2 是竞争指标，若是同质的制造企业会出现 $\sigma_1=\dfrac{1}{\sigma_2}$，这样就不存在 $\sigma_1<1$、$\sigma_2<1$ 或者 $\sigma_1>1$、$\sigma_2>1$，即两个制造企业无法实现共存。因此，制造企业实现共存的基本条件为必须存在异质性。同时，制造企业之间的竞争是一个动态过程，趋于稳定而又保持稳定的时间越来越短。

6.3　移动制造服务系统的生态演化过程

过程是一系列有规律活动在时间序列上的连续发生，它具有确定的发生方式和执行规则，并且导致特定的结果。从系统论角度看，过程也是一系列逻辑相关活动的有序集合，它将系统输入转换为输出，产生具体结果。移动制造服务系统演化过程就是一种转换活动过程，以复杂系统观点研究这个过程，转换活动包括生态演化的渐变、突变以及涌现等，同时演化中还有动态适应问题需要解决。在构建移动制造服务系统生命周期及生态演化过程的基础上，分析演化过程中的分岔与突变过程和涌现过程，模拟移动制造服务系统生态演化轨迹的某些典型特征，进而构建移动制造服务系统生态演化的动态适应过程模型。

6.3.1　移动制造服务系统生命周期及演化过程

演化源于生物的时间轴演变过程，组织理论也借用生态演化刻画组织的形成过程，将组织理论用于研究企业时，同时也引入演化理论，并且对经济主体的生命特征，提出系统的生命周期概念，企业研究和产品研究中都以生命周期描述其演化过程。移动制造服务系统也具有生物特性和社会特性，同时也是一个组织或者企业，客观上可以抽象为一个全生命周期的企业模型。移动制造服务系统的生态演化是在全生命周期环境中研究移动制造服务系统的生成、优化、应用、更新、消亡等过程，企业生命周期的特征也适用于移动制造服务系统，基于生命周期可以获得移动制造服务系统的生态演化过程模型。

移动制造服务系统的生态演化伴随着产业集群的演化，使相同产业的制造服务主体通过移动互联网聚集起来形成生态群落并不断演替。移动制造服务系统是一个复杂的过程，采用复杂性理论可以深入分析其演化特征。移动制造服务系统生态演化过程包括创建、扩展、协调、进化和更新过程。移动制造服务系统的生命周期及其演化过程如图 6.5 所示。在创建阶段，生产要素的集中供给、生产的专业化分工、某产品的集中需求和产品差异化的特定需求是集群的得以生存的关键；而进入扩展阶段，制造服务主体之间的合作竞争、外部经济、创新和知识扩散的实现则显得更为重要；在协调阶段，推动力量体现在信息聚集的引力、外部市场的引力和社会资本或文化的引力；步入进化阶段，关键又体现在制造服务主体能否实现对生态位超体积模型的深刻理解，在优化自身的同时对系统内其他制造服务主体的发展起到促进作用。更新阶段移动制造服务系统在正常运转，其中的某些移动制造服务模块完成任务，会按规则自然消亡，或者出现新的制造服务需求，系统重组移动制造服务模块，生成新的移动制造服务系统，开始新的生命周期。

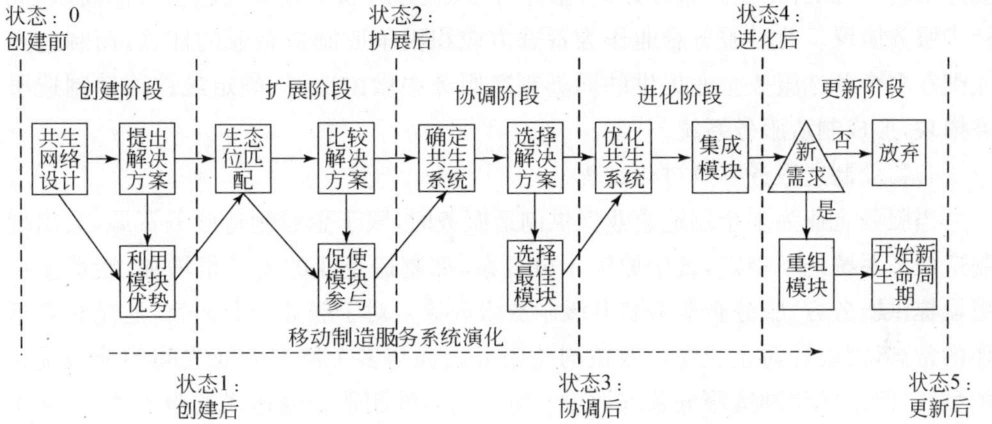

图 6.5　移动制造服务系统的生命周期及其生态演化过程

对于移动制造服务系统生态演化过程的五个阶段，根据不同的驱动主体会按照不同的机制演化，如服务企业驱动按照捕食模型的机制围绕服务企业为关键种展开，制造企业驱动按照共生模型的机制围绕制造企业为关键种展开，终端用户驱动按照竞争模型的机制围绕终端用户为关键种展开等。这样对于各类制造服务主体都可以构建适合自己的个性化移动制造服务系统。下面仅以服务企业驱动为例简要说明基于商业生态的移动制造服务系统演化过程。

1)移动制造服务系统创建过程

服务企业是生产性服务提供者，一方面以模块化方法整合制造服务资源，生成制造服务模块，在移动化后发布在移动互联网环境中，等待制造企业的捕食；另一方面还要寻求已经存在的相关行业制造企业的制造服务需求，设计新的移动制造服务模块来满足需求。在服务企业与多个制造企业之间构建服务网络，以捕食模型分析网络稳定性，对于特定制造企业，制定针对具体需求的制造服务解决方案。

2)移动制造服务系统扩展过程

进一步确定服务企业对于特定制造企业的生态位，对每个制造企业进行生态位匹配，并对通用的移动制造服务模块进行个性化变形。在与制造企业沟通中确定多个预选方案，建立方案比较机制，可以引入同类制造服务的典型配置与性能参数，使制造企业能够方便选择，也可以提供同类服务企业的相关信息以利于比较。

3)移动制造服务系统协调过程

协调阶段是服务企业和制造企业针对某个具体移动制造服务模块，在比较解决方案的基础上，相互就服务方式、服务价格、服务时间等细节问题进行协商，达成初步服务协议。此时服务企业作为备选方应积极争取制造企业的捕食，而制造企业则在多个备选服务企业提供的同类制造服务中做出选择，确定最佳移动制造服务模块，形成制造服务系统。

4)移动制造服务系统进化过程

当服务企业为多个制造企业提供制造服务时，限于企业制造服务资源，会出现制造服务系统的不稳定，其中原因十分复杂，如制造企业的需求量增加、制造企业更换提供服务方、服务企业需要升级制造服务等。对于服务企业而言，这是企业运作的常态，需要针对企业综合效益构建服务企业与多个制造企业之间的价值优化模型，以此来优化制造服务系统。对于每一个新的制造企业达成的服务关系，在加入制造服务系统前都要通过优化模型处理，然后再集成到制造服务系统中。

5)移动制造服务系统更新过程

移动制造服务系统正常运作时服务企业不进行制造服务更新。当制造企业提出新需求时，系统启动更新功能，开发新的移动制造服务模块，并进行移动制造服务模块重组来满足新的制造服务需求，这样新的制造服务系统产生，并开始自己的生命周期提供制造服务。

6.3.2 移动制造服务系统生态演化中的分岔、突变与涌现过程

移动制造服务系统生态演化中还存在一些复杂性过程，如分岔与突变，这两个过程都是对于某种确定状态属性的坚持。移动制造服务系统的分岔是依据演化历史建立的定态，使得系统演化形成路径依赖性，以历史性影响系统演化的分叉路径。移动制造服务系统的突变表现在系统受到外界环境作用而产生微涨落以及巨涨落，使得系统崩溃或者在稳定中跃变。在移动制造服务系统分岔和突变的过程中也会产生复杂系统的涌现，涌现是用来描述复杂系统内部结构方式的变化机制，针对移动制造服务系统，本节只讨论演化过程中系统内部相互作用使得不同的结构方式产生不同的涌现。

1. 移动制造服务系统生态演化中的分岔过程

移动制造服务系统是一个动态系统，它的非线性特征表现为系统演化会出现分岔现象，就是系统结构在分岔点会发生转化，演化轨迹不稳定。分岔过程是移动

制造服务系统状态转变过程，在临界点处，系统出现多种结构与状态，通过选择状态形成分岔，导致系统的稳态跃升，也会产生系统崩溃。

1)构建移动制造服务系统模型

对于移动制造服务系统的状态变量 y，以及其正反馈 αy（$\alpha > 0$）和正负反馈机制 $y(1-y)$，有状态变量的变化率 $\dot{y}$ 的非线性作用 $\alpha y \times y(1-y)$。移动制造服务系统与外界进行物质、能量和信息等交换，形成了不同的结果。对于随机的环境控制变量 β，会产生这些结果的得随机作用 βy。

移动制造服务系统状态为

$$\dot{y} = \alpha y \times y(1-y) - \beta y \tag{6.72}$$

2)移动制造服务系统的模型变换

令 $x = \sqrt{\alpha} y - \frac{\sqrt{\alpha}}{3}$，则有

$$y = \frac{1}{\sqrt{\alpha}} x + \frac{1}{3}$$

$$\frac{\mathrm{d}y}{\mathrm{d}t} = \frac{1}{\sqrt{\alpha}} \times \frac{\mathrm{d}x}{\mathrm{d}t} \tag{6.73}$$

将式(6.73)带入式(6.72)并整理，得

$$\frac{\mathrm{d}x}{\mathrm{d}t} = -x^3 - \left(\frac{3\beta-\alpha}{3}\right)x - \left(\frac{9\beta-2\alpha}{27}\right)\sqrt{\alpha} \tag{6.74}$$

为简化方程，令 $u = \frac{\alpha - 3\beta}{3}$、$v = \frac{2\alpha - 9\beta}{27}\sqrt{\alpha}$，则

$$\dot{x} = -x^3 + ux + v \tag{6.75}$$

式中，x、u、v 分别表示移动制造服务系统生态演化的状态变量、内部控制变量和外部控制变量。状态变量可以选择绩效或者利润，度量移动制造服务系统生态演化的整体行为。

3)分岔分析

移动制造服务系统内部假设 $v = 0$，则有

$$\dot{x} = -x^3 + ux = -x(x^2 - u) \equiv f(x,u) \tag{6.76}$$

由 $\dot{x} = 0$ 得到式(6.76)的三个定态解：$x_0(u) = 0$，$x_1 = \sqrt{u}$，$x_2 = -\sqrt{u}$。

由此可得

$$D_x f(x,u) = -3x^2 + u \tag{6.77}$$

说明对于解的平衡态，可能是稳定的，也会出现不稳定的情况。显然 $x_0(u) = 0$，有 $D_x f(x,u) = -3x^2 + u = u$，即当 $u < 0$ 时平衡状态渐近稳定；$x_1 = \sqrt{u}$ 时平衡

状态不稳定。而对于解曲线 $x_{1,2}(u)=\pm\sqrt{u}(u\geqslant 0)$，有 $D_x f(x,u)=-3x^2+u=-2u\leqslant 0$，这时的平衡状态当然是稳定的。

对于控制参数变化影响移动制造服务系统状态如图 6.6 所示，这是平衡位置的 x-u 的分岔图。

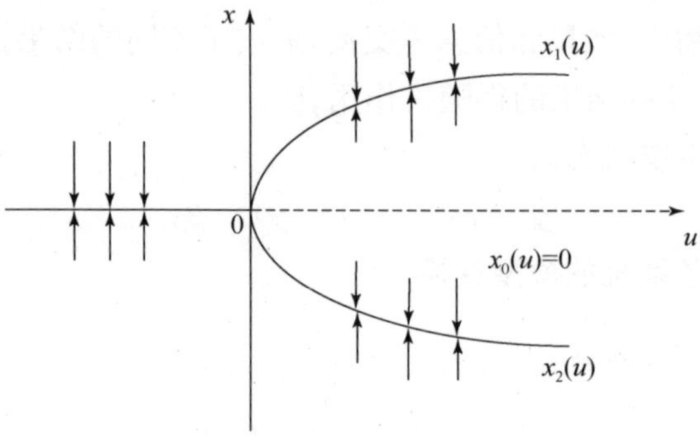

图 6.6　移动制造服务系统分岔图

图 6.6 中的实线和虚线分别表示稳定解和不稳定解，在移动制造服务系统行为状态的控制参数 u 的连续变化中，分岔点出现在 $u=0$ 处，移动制造服务系统的一个解在控制参数 u 从负变正时，分岔为三个解，意味着系统性质显著变化，而且是发生质变，稳定性交换、有序演化形成。移动制造服务系统演化路径出现多样性和分岔性。

2. 移动制造服务系统生态演化中的突变过程

移动制造服务系统生态演化中的突变是指系统稳定状态的突然跃升，如图 6.7 所示。突变的同时也会有分岔，生态演化过程的复杂性表现在变量的渐变会引起突变，而且是系统结构的突然变化。

移动制造服务系统生态演化中，突变性是动态演化的动力，控制参数的涨落会影响生态演化的方向。在突变过程中生态演化瞬间从稳定状态变为不稳定状态，进而演化为新的稳定状态，整个过程都伴随着突变性。

突变理论利用势函数反映突变过程，对于移动制造服务系统 $V=f(X,U)$，$X=\{x_1,x_2,\cdots,x_n\}$ 是状态变量，$U=\{u_1,u_2,\cdots,u_m\}$ 是外部控制参量。构造状态空间、控制空间可以求解 $V'(x)$、$V''(x)$，获得临界点，以临界点处的拓扑性质研究突变特征。

移动制造服务系统 S 存在一个位势函数 $f(x,u,v)$，系统存在突变特征，则系

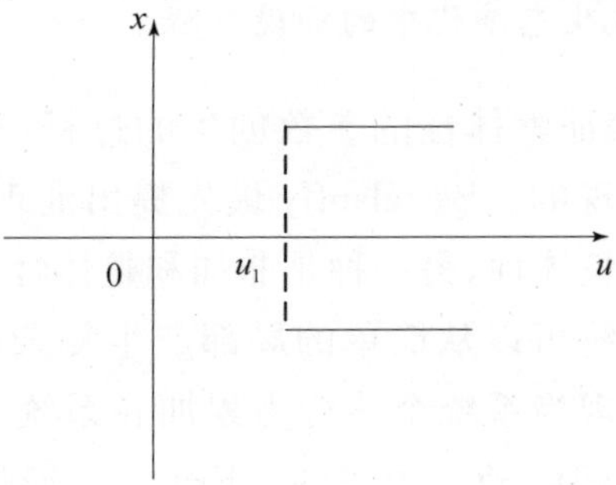

图 6.7　移动制造服务系统的突变

统 S 模型为

$$\text{grad } f(x,u,v)=\left(\frac{\partial f}{\partial x_1},\frac{\partial f}{\partial x_2},\cdots,\frac{\partial f}{\partial x_n}\right) \tag{6.78}$$

在此基础上,可得到移动制造服务系统生态演化的动态系统

$$\frac{\mathrm{d}x}{\mathrm{d}t}=-\text{grad } f(x,u,v)=-\frac{\partial f(x,u,v)}{\partial x_i},\quad i=1,2,\cdots,n \tag{6.79}$$

根据 $\frac{\partial f(x,u,v)}{\partial x_i}=-\frac{\mathrm{d}x}{\mathrm{d}t}=-(-x^3+ux+v)$,则势函数为

$$V(x,u,v)=-\frac{1}{4}x^4+\frac{1}{2}ux^2+vx,\quad x\in R,(u,v)\in R^2 \tag{6.80}$$

尖点突变模型是一个三维空间,包含控制变量 (u,v) 与状态变量 (x)。由 (u,v) 组成控制空间,其中的控制参数可以构造势函数,并且变化控制参数值,其组合的势函数结构不同。由 $V'(x)=0$ 计算每个势函数的临界点,所有在 (x,u,v) 空间中的势函数集合就是突变流形 M

$$\frac{\partial V(x)}{\partial x}=-x^3+ux+v=0$$

$$M:\{(u,v,x)\mid -x^3+ux+v=0\} \tag{6.81}$$

$V''(x)=0$,计算移动制造服务系统生态演化的奇异点,这些奇异点集合 K 要满足

$$\frac{\partial^2 V(x)}{\partial x^2}=-3x^2+u=0 \tag{6.82}$$

显然分岔集 B

$$\Delta=4u^3-27v^2=0 \tag{6.83}$$

以上是移动制造服务系统的演化动态平衡模型,该模型表示移动制造服务系统生态演化中,系统内部各要素之间的关系参数和影响参数的特征。

3. 移动制造服务系统生态演化中的涌现过程

涌现是系统演化中表征整体性的参数创生的过程，这些性质是组成部分不具有，在形成系统后才出现的。Bertalanffy 最先提出涌现的概念，他把系统整体性分为两种，一种为加和整体性，另一种是非加和整体性。在复杂适应系统研究中发现涌现现象，就是系统可以从简单的局部产生复杂的整体。Goldstein 也研究了涌现的特征，具体表现为系统个体行为累加和系统宏观层次的行为模式不一致，这种不一致是在时间中动态形成的。Eriksson 通过实例研究提出系统的全局行为不可预测，它会受到局部规则的影响，这种影响是在个体互动及相互适应中产生的。

对于移动制造服务系统而言，也存在涌现，可以理解为移动制造服务系统的性能不是其中的若干移动制造服务模块简单相加，而是通过移动制造服务模块的相互作用，出现新的行为和价值特征。针对复杂移动制造服务系统的涌现，需要结合复杂理论来探讨涌现产生的动因和结果，并在此基础上，描述移动制造服务系统涌现的概念模型。

(1)移动制造服务系统的涌现产生的动因。移动制造服务系统的内部组成部分是移动制造服务模块，外部环境刺激时，由于移动制造服务模块之间的有效协同出现涌现，移动制造服务系统生态演化过程伴随着整体涌现性的产生，动因主要包含移动制造服务模块的知识共享、移动制造服务资源共享、移动制造服务系统性能改善、移动制造服务模块适应性学习增强、商业生态系统系统理论改善移动制造服务模块之间的系统，以及外部环境效应等。同时移动互联网技术的应用，也促进了移动制造服务系统生态演化的涌现。

(2)移动制造服务系统的涌现过程的结果。首先，移动制造服务系统整体性会出现新的特征，这些特征是单个移动制造服务模块不具备的。例如，制造服务平台所提供的外部环境，是单个移动制造服务模块没有的，在平台上实时共享信息的实时性就是涌现的新特征。其次，移动制造服务系统涌现具有层次性，系统的层次也会在涌现中提高。单个移动制造服务模块没有层次的概念，它要通过生态位控制确定在系统中的层次和位置，移动制造服务系统形成层次结构，高层次会具有新的性质。最后，移动制造服务系统涌现结果是双向的，一方面，涌现使系统和环境适应，从而促进移动制造服务系统演化到更高层次，并且趋于稳定；另一方面，环境变化和系统演化趋势有矛盾，不能有效协同，使得移动制造服务系统瓦解或崩溃。

(3)移动制造服务系统涌现过程的概念模型。根据复杂系统理论,系统涌现不是一蹴而就,而是要经过一系列层次状态等级的整合,一步步涌现。可以建立系统涌现过程的状态层次概念模型,就是用层次状态表征涌现等级,每次涌现都会表现出新的层次状态。假设最开始层次为元素层次,是最低层次,移动制造服务系统每涌现一次,层次状态就增加一级,由低向高逐步演化,可以设计适用的层次结构,最后的目标是整体的层次状态。涌现出现在微观主体,引起宏观系统的突变,如产生新层次状态、新层次状态的分化、新层次状态多样性等。对于移动制造服务系统涌现过程的状态层次概念模型,还需要深入研究,在这里只是抛砖引玉,提出一个构想概念模型。

6.3.3　移动制造服务系统生态演化中的适应过程

移动制造服务系统的生态演化过程是处于瞬息万变的商业生态系统环境中,移动互联网技术的应用也加剧了制造服务需求的变化。系统与环境的物质与信息交换不断变化,映射在移动制造服务系统生态演化上,表现为系统根据环境变化不断进行调整,达成系统与环境的适应目标。因此,移动制造服务系统生态演化的基本形式就是系统的适应过程,可以通过适应过程表示系统演化的特征。移动制造服务系统的适应性主要表征系统结构在商业生态系统作用下不断改变的过程,这个过程有系统结构发生适应行为,也有系统结构完成适应过程。移动制造服务系统生态演化的适应过程具有不同的阶段,在每个阶段的适应策略也不尽相同,适应策略的不同就形成不同的适应过程。

在移动制造服务系统生态演化的适应过程中,根据系统结构可以发现适应过程的轨迹,这个轨迹是随着商业生态系统环境的变化改变的,适应轨迹也会受到适应策略的影响。通过复杂系统的适应性分析,适应过程是一个不断优化的过程,适应性分析对于移动制造服务系统的性能起着重要作用。可以采用适应性分析来构建移动制造服务系统生态演化的适应过程模型。

移动制造服务系统生态演化过程可以分成不同的时间段 $t = 1,2,\cdots,T$ 。这个时间段类似于遗传学中生物体进化的代,可以采用染色体理论表示移动制造服务系统的结构基因模式。假设移动制造服务系统结构染色体 $A = (A_{\mathrm{R}},A_{\mathrm{C}},A_{\mathrm{K}},A_{\mathrm{S}})$,长度是 L , $A_i = \{a_{i1},a_{i2},\cdots,a_{ik}\}$, $i = 1,2,\cdots$, a_{ik} 表示第k 位基因的数量,那么移动制造服务系统结构空间为

$$R = A_1 \times A_2 \times \cdots \times A_L = \prod_{i=1}^{L} A_i \tag{6.84}$$

移动制造服务系统结构 $A(t)$ 处于阶段 t 时，$I(t)$ 是环境 $E(t)$ 提供的信息，采用的适应策略是 τ_t 。移动制造服务系统经过适应产生新的结构如下：

$$\tau_t: A(t) \times I(t) \to A(t+1)$$
$$A(t+1) = \tau_t(A(t), I(t)) \tag{6.85}$$

移动制造服务系统的生态演化过程也要考虑系统的历史过程，这个过程存在路径依赖，适应过程和历史过程也存在间接联系。在构建新系统结构时，综合环境信息和历史信息的效应。将考虑环境变化的历史信息记为 $M_E(t+1) = \langle I(1), I(2), \cdots, I(t-1) \rangle$ ，则有

$$\tau_t: A(t) \times I(t) \times M_E(t) \to A(t+1)$$
$$A(t+1) = \tau_t(A(t), I(t), M_E(t)) \tag{6.86}$$

即

$$M_E(t+1) = \tau_t(M_E(t), I(t)) \tag{6.87}$$

可以看出，移动制造服务系统生态演化中系统结构改变是受到适应策略影响的随机过程。如果 $R = \{a_1, a_2, \cdots, a_j, \cdots, a_N\}$ ，$N = |R|$ ，则 $A(t) = a_j (j = 1, 2, \cdots, N)$ ，考虑适应策略 τ_t 的作用，$A(t+1) = \{a_q \mid q = 1, 2, \cdots, N\}$ 的概率为

$$P(t) = \left\{ p_{i,q}(t) \,\middle|\, \sum_{q=0}^{N} p_{i,q}(t) = 1 \right\}$$

若是 $q = j$ ，则适应策略影响不大，同时

$$\tau_t = A(t) \times I(t) \times M_E(t) \to P(t+1) \tag{6.88}$$

移动制造服务系统生态演化中，系统和环境相互适应，以效用表示系统结构 $A(t)$ 对环境 $E(t)$ 的适应，这个效用就是适应性测度，一般取值为正实数，则

$$u_{E,t}: A(t) \times E(t) \to R^+$$
$$u_E(A(t)) = u_{E,t}(A(t) \times E(t)) \tag{6.89}$$

在 t 阶段的环境信息是

$$I(t) = u_{E,t}(A(t)) \tag{6.90}$$

适应策略本身需要不断调整，根据商业生态系统环境以及移动制造服务系统的结构变化，选取合适的适应策略，优化移动制造服务系统的结构的适应性。适应策略的设计除了考虑当前系统的结构 $A(t)$ 、环境 $E(t)$ 和环境信息 $I(t)$ 、$M_E(t)$ ，还要考虑移动制造服务系统的历史选择 $M_E(t) = (\tau(1), \tau(2), \cdots, \tau(t-1), \tau(t))$ ，表示为

$$\omega: A(t) \times I(t) \times M_E(t) \times M_\tau(t) \to \tau(t+1)$$
$$\tau(t+1) = \omega(A(t), I(t), M_E(t), M_\tau(t)) \tag{6.91}$$

式中，$\tau(t+1)$ 为适应计划空间 Σ 中的一个具体形式，$\tau(t+1) \in \Sigma$。

$u_{E,t}$ 是在阶段 t 时 $A(t)$ 对 $E(t)$ 的适应性，它可以反映适应策略是否有效。移动制造服务系统生态演化的适应过程是一个动态过程，可以用适应性测度函数表示系统与环境的动态变化，移动制造服务系统的适应性测度函数为

$$\tau_t: u_{E,t} \times A(t) \times I(t) \rightarrow u_{E,t+1}$$
$$u_{E,t+1} = \tau_t(u_{E,t}, A(t), I(t)) \tag{6.92}$$

式中，$u_{E,t+1}$ 为测度函数整体 Γ 中的一个具体形式，即 $u_{E,t+1} \in \Gamma$。

移动制造服务系统和商业生态系统环境相互适应过程中的适应性测度记为

$$U(T) = \sum_{t=1}^{T} u_{E,t} \tag{6.93}$$

适应策略会影响到适应过程，对于适应策略序列 $M_\tau(t)$，移动制造服务系统适应过程可以构建适应性测度。如适应策略 $M_\tau(t) = \langle \tau(1), \tau(2), \cdots, \tau(t+1), \tau(t) \rangle$，移动制造服务系统适应过程的适应过程的适应性测度是

$$U(T, M_{\tau_1}(t)) = \sum_{t=1}^{T} u_{E,t}(\tau_1(t)) \tag{6.94}$$

移动制造服务系统的适应过程具有随机性，$M_\tau(t)$ 适应过程的适应测度是

$$U(T) = \sum_{t=1}^{T} \sum_{j=1}^{N} U_{E,t}(a_j) \times (p_j) = \sum_{t=1}^{T} \bar{u}_{E,t} \tag{6.95}$$

式中

$$\bar{u}_{E,t} = \sum_{j=1}^{N} u_{E,t}(a_j) \times (p_j)$$

对于最佳适应策略

$$U^*(T) = \max_{\tau_i \in \Sigma} \{M_{\tau_i}(T)\} \tag{6.96}$$

移动制造服务系统的适应计划 $U(M_{\tau_i}(T)) = \langle \tau_i(1), \tau_i(2), \cdots, \tau_i(t) \rangle$ 要成为满意适应计划，根据控制理论，需要满足

$$\lim_{T \to \infty} [U(M_{\tau_i}(T)) / U^*(T)] = 1 \tag{6.97}$$

商业生态系统环境变化确定 $E_T(t) = \langle E(1), E(2), \cdots, E(t) \rangle$，$E(t) \in \varepsilon$，$E_T(t) \in \varepsilon$，则有

$$U(M_{\tau_i}(T)) / U^*(T) \geqslant 1 - \alpha \tag{6.98}$$

式中，$1 > \alpha \geqslant 0$，$U(M_{\tau_i}(T))$ 表示针对移动制造服务系统生态演化适应过程中的一个满意适应策略。

如果适应过程问题的先验信息不充分，而移动制造服务系统针对商业生态系

统环境 $E(t) \in \varepsilon$ 不独立，则系统结构和适应策略之间关系密切，表示为

$$E(t+1) = \tau_t(A(t), I(t), M_E(t)) \tag{6.99}$$

移动制造服务系统生态演化是全生命周期的演化过程，书中提到的创建阶段、扩展阶段、协调阶段、进化和更新阶段描述了这种生命周期，同时每个阶段的复杂性特点也不一样，这些复杂性特点需要结合适应过程理论来分析。尽管每个演化阶段存在较强的路径依赖，但是适应系统理论可以改善路径依赖带来的不适应因素。移动制造服务系统生态演化过程伴随着突变、分岔和涌现过程，这些过程引起的不适应充分反映了移动制造服务系统的复杂性。对于不适应的研究还需要引入更多复杂系统理论来开展，适应系统理论就是一个比较好的选择，它可以针对移动制造服务系统生态演化提供规范的数学描述。移动制造服务系统生态演化研究刚刚起步，还需要进一步深入。

6.4 本章小结

本章主要研究了移动制造服务系统的生态演化技术，概括如下。

(1)在分析移动制造服务系统生态演化特点的基础上，将工业共生和移动互联网结合起来，构建了制造服务系统演化的商业生态环境，该环境具有一定的通用性和可扩展性，可有效提供移动制造服务系统演化所需的支撑条件。

(2)结合生态学理论，建立了移动制造服务系统生态演化的原理模型，该模型分别针对服务企业、制造企业和终端用户建立了捕食关系演化、共生关系演化和竞争关系演化机制，有效刻画了三种移动制造服务主体驱动的生态演化原理。

(3)从移动制造服务系统生命周期的角度，提出了移动制造服务系统的生态演化过程，分析了其分岔、突变、涌现等过程，得到了演化轨迹的特征。采用复杂系统理论构建了移动制造服务系统的动态适应过程模型。

第7章　总结与展望

7.1　移动制造服务的理论技术总结

本书针对制造业和服务业融合的需求，结合国家自然科学基金项目“第四方运作环境下面向复杂制造服务系统的自组织设计与组建(51205353)”、中国博士后科学基金特别资助项目“云计算环境下制造服务模块化与自适应匹配机制研究(2013T60586)”、浙江省博士后科研择优资助项目“物联网环境下制造服务知识建模与智能演化机制研究(BSH1202053)”和“基于移动互联网的制造服务需求智能化挖掘技术研究(BSH1402022)”，在移动制造服务运营建模的基础上，分析了移动制造服务关键技术，提出了基于商业生态的移动制造服务理论与技术体系，研究了移动制造服务需求的价值挖掘技术、移动制造服务模块的生态控制技术、移动制造服务系统的生态演化技术等问题，最后，完成了移动制造服务理论与技术体系的建立。本书主要理论技术的内容如下。

(1)分析了商业生态系统理论和移动互联网技术，即商业生态系统结构模型、系统内部企业角色战略匹配和健康状况评价模型等理论和移动互联网的移动终端、接入网络和应用服务等技术。在此基础上，提出了基于商业生态的移动制造服务理论与技术体系框架。

(2)在移动制造服务核心需求分析的基础上，提出了基于“一切即服务”的移动制造服务基本运营模式，并探讨了几种典型的移动制造服务变异运营模式。通过对服务企业与制造企业之间的生产性服务特征分析，提出了面向生产性服务基于价值链的移动制造服务运营模式以及信息化方法；通过对制造企业与终端用户之间制造服务化的理论分析，提出了面向制造服务化基于产业链的移动制造服务运营模式以及信息化方法。

(3)针对移动制造服务需求，提出了一种基于数据挖掘的移动制造服务需求价值挖掘技术方法，该方法首先采用企业价值理论分析移动制造服务需求内涵，将移动制造服务需求映射到移动制造服务价值，基于价值理论构建移动制造服务主体价值模型，基于价值链理论建立移动制造服务关系价值模型；然后从制造企业再购买移动制造服务角度静态挖掘服务企业价值,从终端用户交叉购买移动制造服务角度静态挖掘制造企业价值,从移动制造服务交易趋势角度静态挖掘终端用户价值;最后用社会网络方法动态挖掘生产性服务价值,用服务个性化推荐方法动态挖掘制造服务化价值。

(4)针对移动制造服务模块,提出了一种基于生态位的移动制造服务模块生态控制技术方法,该方法首先采用模块化理论将移动互联网环境下的制造服务创建成移动制造服务模块,以可配置性和松散耦合性度量,以本体技术描述,以移动互联网技术存储,并建立基于服务类别、服务内容和服务接口匹配的三级移动制造服务模块匹配策略;然后利用生态学理论分析移动制造服务模块的生态位内涵、生态位的宽测度、重叠测度和选择测度等,并建立基于生态学的移动制造服务模块生态位竞争策略;最后采用突变理论评价移动制造服务模块的生态位,制定基于自然选择理论的移动制造服务模块生态位 r-k 控制策略。

(5)针对移动制造服务系统,提出了一种基于商业生态的移动制造服务系统生态演化技术方法,该方法首先采用共生理论分析移动制造服务主体之间的价值分配,基于产业集群研究移动制造服务系统的生态演化规律,以演化规律指导商业生态演化环境的构建,并建立生态演化基本模型;然后利用生态学机理分析制造服务主体的生态演化机制,包括服务企业驱动生态演化的捕食模型、制造企业驱动生态演化的共生模型,以及终端用户驱动生态演化的竞争模型等;最后基于复杂系统理论,研究移动制造服务系统生命周期及演化过程,并分析生态演化中的分岔、突变和涌现过程,建立移动制造服务系统生态演化的动态适应过程模型。

本书关于移动制造服务理论技术的主要特色为:从制造与服务融合的整体角度,以生产性服务和制造服务化为基础,建立了一种基于商业生态的移动化制造服务理论与技术体系,该体系从移动制造服务需求、移动制造服务模块和移动制造服务系统等方面形成移动制造服务随时随地运作的支撑环境;将商业生态系统理论引入制造服务研究,提出了一组在商业生态系统环境中运营的移动制造服务理论体系,该体系从价值链角度分析移动制造服务需求,从生态位角度控制移动制造服务模块,从生态学角度演化移动制造服务系统,以商业生态理论协同移动制造服务关系从而最优分配价值,使服务企业、制造企业和终端用户三方取得共赢;将移动互联网技术融入制造服务应用,构建了一套在移动互联网环境下运营的移动制造服务技术体系,该体系从移动制造服务需求价值挖掘技术、移动制造服务模块生态控制技术、移动制造服务系统生态演化技术等方面将分散的移动制造服务资源集成起来共同创造价值,提高了制造企业的核心竞争力,有效融合了制造和服务。

本书的主要创新点有:提出了一组基于企业价值理论和数据挖掘技术相结合的移动制造服务需求价值挖掘技术方法;提出了一种基于生态位理论和模块化技术相结合的移动制造服务模块生态控制技术方法;提出了一套基于企业生态理论和系统演化技术相结合的移动制造服务系统生态演化技术方法。

7.2 移动制造服务的研究难点探讨

移动制造服务研究还处于初始阶段,一方面制造服务理论研究还不成熟,制造服务概念还不清晰,制造服务原理还不明确;另一方面,移动互联相关技术还没有完全突破,云计算、物联网和大数据等技术在制造领域应用还没有推广,特别是移动互联网模式在在制造业应用中存在一些障碍。通过初步研究发现,移动制造服务研究的主要难点如下。

(1)移动制造服务需求的价值挖掘涉及移动制造服务主体的私有信息保护,特别是涉及价值分配方面的金融信息很难透明。对于制造服务主体的信息安全和信用评价等方面还需要深入研究。

(2)移动制造服务模块的生态控制难点在于模块划分的标准体系,对于行业不同、区域各异的移动制造服务大数据,提炼出模块划分原则是个巨大挑战,同时,移动制造服务模块生态位概念需要进一步研究。

(3)移动制造服务系统的生态演化生命周期理论值得探讨,不同演化阶段的演化机制从生态学角度需要深入分析。同时,对于商业生态系统与移动制造服务系统在演化中的关系需要进一步分析。

7.3 移动制造服务的应用前景展望

移动制造服务是一个涉及内容广泛、涉及对象和问题较多的复杂研究课题。本书所研究的理论技术可以较好地为服务企业、制造企业和终端用户的移动制造服务运营提供帮助,同时促进企业信息化和服务化,使制造业和服务业深度融合。移动制造服务可以满足制造服务主体的个性化需求,移动制造服务工程可以提高制造企业竞争力,移动制造服务平台可以提供制造服务主体之间实践服务化的桥梁。

(1)面向国际制造企业的移动制造服务,可以提供企业在全球范围的运作和管理,将最新制造战略快速传递到世界各个分公司,而且制造服务各个环节的起承转合都不受时间和地域限制。更多生产性服务加入移动互联网可以不断改进企业的方方面面，如产品设计、产品制造、产品销售、人力资源部署配置、金融资本流通、服务方案落实等，特别是决策支持系统的个性化咨询服务。

(2)面向中央制造企业的移动制造服务，可以提供企业更快的实现技术和管理创新，将世界范围内最好的资源快速集成到企业发展蓝图中，能及时获取更全面的技术信息和管理策略。更多制造服务化方案可供企业选择，特别是装备企业提供产品服务系统的整体方案可以通过移动制造服务获得顶尖的技术支持，另外使企业和消费者获得双赢。

(3)面向民营制造企业的移动制造服务，可以提供企业更多的商机，使得企业产品和服务更方便地出售，对于企业的信息化可以采用租用模式节省成本，且可获得信息化带来的便捷。企业难题可以通过移动制造服务在世界范围内悬赏求助，更有机会获得最佳的制造服务资源。企业的个性化需求也会给其他企业带来制造服务创业的机会，使分散的民间智力资源充分发挥作用。

参考文献

[1]Skinner W. Manufacturing-the missing link in corporate edge[J]. Harvard Business Review, 1969,47(3): 136-145.

[2]Hayes R H, Wheelwright S C. Restoring Our Competitive Edge[M]. New York: John Wiley, 1984.

[3]Swamidass P M, Newell W T. Manufacturing strategy, environmental uncertainty and performance: A path analytic model[J]. Management Science, 1987, 33(4): 509-524.

[4]刘飞,张华. 比较优势增长型与制造业发展战略选择[J]. 中国机械工程,1998,9(6): 76-80.

[5]Mohanty R P, Deahmukh S G. Managing green productivity, some strategic directions[J]. Production Planning and Control, 1998, 9(7): 624-633.

[6]Shi Y, Gregory M. International manufacturing networks to develop global competitive capabilities[J]. Journal of Operations Management, 1998, 16(2): 195-214.

[7]John E. R&D and global manufacturing performance[J]. Management Science, 1998, 44(1): 1-11.

[8]Ioan D M. Innovation and globalization of manufacturing[J]. International Journal of Industrial Engineering, 1998, 5(3): 244-248.

[9]Jeffrey K L. Flexibility and standardization: Test of a contingency model of product design manufacturing integration[J]. Journal of Product Innovation Management, 1999, 16(3): 248-267.

[10]Brown S. The role of manufacturing strategy in mass customization and agile manufacturing [C]// Kanda et al. International Conference POMS-99(India) on Operations Management for Global Economy: Challenges and Prospects. New Delhi: Phoenix Publishing House, 1999: 35-50.

[11]Johan C H S, Cannon A R, Pouder R W. Change drivers in the new millennium: Implications for manufacturing strategy research[J]. Journal of Operations Management, 2001, 19: 143-160.

[12]朱高峰. 关于发展中国制造业的几点思考[J]. 中国工业经济,2001,18(7): 5-16.

[13]顾新建,祁国宁,陈子辰. 网络化制造的战略和方法[M]. 北京:高等教育出版社,2001.

[14]汪应洛,王能民,孙林岩. 绿色供应链管理的基本原理[J]. 中国工程科学,2003,11(1): 82-87.

[15]吕铁. 比较优势增长型与制造业发展战略选择[J]. 管理世界,2003,18(4): 33-39.

[16]李京文,黄鲁成. 关于中国制造业创新战略的思考[J]. 中国软科学,2003,18(1): 23-26.

[17]范玉顺,刘飞,祁国宁. 网络化制造系统及其应用实践[M]. 北京:机械工业出版社,2003.

[18]郭重庆. 中国制造业企业的创新与品牌之路[J]. 管理学报,2004,1(1): 1-3.

[19]张曙．对中国制造业中长期发展战略的思考[J]．中国工程科学，2004，6(5)：1-7.
[20]江平宇．网络化制造电子服务理论与技术[M]．北京：科学出版社，2004.
[21]Slack N，Lewis M，Bates H. The two worlds of operations management research and practice：Can they meet，should they meet[J]. International Journal of Operations & Production Management，2004，24(3/4)：372-387.
[22]胥军．中国信息化与工业化融合发展的影响因素及策略研究 [D]．武汉：华中科技大学，2008.
[23]郎咸平．产业链阴谋：一场没有硝烟的战争(I)[M]．北京：东方出版社，2008.
[24]孙林岩．中国制造业发展战略研究[M]．北京：清华大学出版社，2009.
[25]祁国宁．四大压力催生制造服务[J]．中国制造业信息化，2009，(1)：14，15.
[26]孙林岩，李刚，江志斌，等．21 世纪的先进制造模式——服务型制造模式[J]．中国机械工程，2007，18(19)：2307-2312.
[27]孙林岩，高杰，朱春燕，等．服务型制造：新兴的产品模式和制造范式[J]．中国机械工程，2008，19(21)：2600-2604.
[28]孙林岩．服务型制造理论与实践[M]．北京：清华大学出版社，2009.
[29]孙林岩，孔婷，梁东寒．中国服务型制造企业案例集[M]．北京：清华大学出版社，2011.
[30]孙林岩，杨才君，张颖．中国制造企业服务转型攻略[M]．北京：清华大学出版社，2011.
[31]何哲，孙林岩．中国制造服务化理论、路径及其社会影响[M]．北京：清华大学出版社，2012.
[32]朱春燕，魏丁，孙林岩．服务型制造环境下的主动式产品创新理论及工具[M]．北京：清华大学出版社，2011.
[33]Maglio P P，Srinivasan S，Kreulen J T，et al. Service systems，service scientists，SSME，and innovation [J]. Communications of the ACM，2006，49(7)：81-85.
[34]徐晓飞，王忠杰，莫同．服务工程方法体系[J]．计算机集成制造系统，2007，13(8)：1457-1464.
[35]王忠杰，吴倩，徐晓飞．组合 Web 服务的价值分析方法[J]．计算机集成制造系统，2014，20(8)：2038-2050.
[36]王忠杰，徐飞，徐晓飞．支持大规模个性化功能需求的服务网络构建[J]．软件学报，2014，25(6)：1180-1195.
[37]战德臣，程臻，赵曦滨，等．制造服务及其成熟度模型[J]．计算机集成制造系统，2012，18(7)：1584-1595.
[38]何霆，徐晓飞，金铮．基于 E3-Value 的服务供应链运作管理流程和方法[J]．计算机集成制造系统，2011，17(10)：2231-2238.
[39]王忠杰，徐晓飞．基于分层超图的服务价值依赖模型[J]．计算机集成制造系统，2011，17(8)：1834-1844.

[40]王忠杰,徐晓飞．多层次图形化服务价值建模方法[J]. 计算机集成制造系统,2009,15(12):2319-2328.

[41]王忠杰,徐晓飞．面向双边资源整合的服务创新模式[J]. 计算机集成制造系统,2009,15(12):2216-2226.

[42]Mont O. Clarifying the concept of product service system [J]. Journal of Cleaner Production, 2002,10(3):237-245.

[43]Manzini E, Vezzoli C. A strategic design approach to develop sustainable product service systems: Examples taken from the environmentally friendly innovation Italian prize [J]. Journal of Cleaner Production, 2003, 11(8): 851-857.

[44]Morelli N. Developing new product service systems (PSS): Methodologies and operational tools [J]. Journal of Cleaner Production, 2006, 14(17): 1495-1501.

[45]Mont O, Tukker A. Product service systems: Reviewing achievements and refining the research agenda [J]. Journal of Cleaner Production, 2006, 14(17): 1451-1454.

[46]Meier H, Roy R, Seliger G. Industrial product service systems IPS2 [J]. CIRP Annals Manufacturing Technology, 2010, 59(2): 607-627.

[47]Evans S. Cogent - implementing a successful vehicle manufacturer/supplier co-development initiative [J]. Journal of Materials and Manufacturing, 2002, 111(1): 204, 205.

[48]Evans S, Partidario P, Lambert J. Industrialization as a key element of sustainable product-service solutions [J]. International Journal of Production Research, 2007, 45 (18): 4225-4246.

[49]Partidario P, Lambert J, Evans S. Building more sustainable solutions in production-consumption systems: The case of food for people with reduced access [J]. Journal of Cleaner Production, 2007, 15(7): 513-524.

[50]Lettice F, Wyatt C, Evans S. Buyer-supplier partnerships during product design and development in the global automotive sector: Who invests, in what and when [J]. International Journal Production Economics, 2010, 127(2): 309-319.

[51]Tan A, Matzen D, McAloone T, et al. Strategies for designing and developing services for manufacturing firms [J]. CIRP Journal of Manufacturing Science and Technology, 2010, 33(3): 90-97.

[52]Yang M, Rana P, Evans S. Using value analysis to drive sustainable product-service system (PSS) [C]// Proceedings of The Spring Servitization Conference 2013: Servitization in the Multi-Organisation Enterprise, Birmingham, 2013: 85-93.

[53]Gokula Vijaykumar A V, Komoto H, Hussain R, et al. Manufacturing framework for capability-based product-service systems design [J]. Journal of Remanufacturing, 2013, 3(8): 1-32.

[54]宋高歌．基于资源节约的产品服务系统协调机制研究[D]. 上海:上海交通大学,2007.

[55]杨宇时．以可持续发展为目标的产品服务系统设计研究[D]．无锡：江南大学，2009.

[56]张在房．顾客需求驱动的产品服务系统方案设计技术研究[D]．上海：上海交通大学，2011.

[57]朱琦琦，江平宇，张明，等．数控加工装备的产品服务系统配置与运行体系结构研究[J]．计算机集成制造系统，2009，15(6)：1140-1147.

[58]刘和东，薛跃．基于产品服务系统的绿色供应链研究[J]．工业技术经济，2007，126(17)：62-64.

[59]李晓．企业产品服务系统价值流理论与方法研究[D]．杭州：浙江大学，2010.

[60]Li X, Gu X J, Liu Z G. A strategic performance measurement system for firms across supply and demand chains on the analogy of ecological succession [J]. Ecological Economics, 2009, 68(12): 2918-2929.

[61]李晓，刘正刚，顾新建．面向可持续发展的企业产品服务系统研究[J]．中国工业经济统，2011，23(2)：110-119.

[62]顾新建，方小卫，纪杨建，等．制造服务创新方法和案例[M]．北京：科学出版社，2014.

[63]顾新建，李晓，祁国宁，等．产品服务系统理论和关键技术探讨[J]．浙江大学学报(工学版)，2009，43(12)：2237-2243.

[64]江平宇，朱琦琦，张定红．工业产品服务系统及其研究现状[J]．计算机集成制造系统，2011，17(9)：2071-2077.

[65]韩燕波，王桂玲，刘晨．互联网计算的原理与实践[M]．北京：科学出版社，2010.

[66]韩燕波，王桂玲，刘晨．网格、云、SaaS、SOA、WebX.0本质是互联网计算[J]．中国计算机学会通讯，2009，5(11)：55-58.

[67]张莉．互联网计算：网络化软件[J]．中国计算机学会通讯，2009，5(12)：6，7.

[68]李德毅，张海粟．超出图灵机的互联网计算[J]．中国计算机学会通讯，2009，5(12)：8-16.

[69]Cohen R, Havlin S. Scale-free networks are ultrasmall[J]. Physical Review Letters, 2003, 90(5): 058751.

[70]Watts D J. A twenty-first century science[J]. Nature, 2007, 83(7127): 8-13.

[71]Goldston D. Big data: Data wrangling [J]. Nature, 2008, 455: 15.

[72]Lazer D, et al. Computational social science [J]. Science, 2009, 323 (8): 721-723.

[73]Reichman O J, Jones M B, Schildhauer M P. Challenges and opportunities of open data in ecology [J]. Science, 2011, 311(6018): 703-705.

[74]李国杰，程学旗．大数据研究：未来科技及经济社会发展的重大战略领域——大数据的研究现状与科学思考[J]．中国科学院院刊，2012，27(6)：647-657.

[75]邬贺铨．大数据时代的机遇与挑战[J]．求是，2013，55(4)：47-49.

[76]孟小峰，慈祥．大数据管理：概念、技术与挑战[J]．计算机研究与发展，2013，50(1)：146-169.

[77]刘鹏．云计算——将计算变成水和电[J]．中国计算机学会通讯，2009，5(10)：49-54.

[78]肖臻．云计算与虚拟化[J]．中国计算机学会通讯，2009，5(10)：45-48.
[79]周洪波．云计算技术、应用、标准和商业模式 [M]．北京：电子工业出版社，2011.
[80]陈康，郑纬民．云计算：系统实例与研究现状[J]．软件学报，2009，5(10)：1337-1346.
[81]罗军舟，金嘉晖，宋爱波，等．云计算：体系架构与关键技术[J]．通信学报，2009，32(7)：3-21.
[82]Mark W. The computer for the 21st century[J]. Scientific American，1991，265(3)：94-104.
[83]张尧学．透明计算：概念，结构与示例[J]．电子学报，2004，32(12A)：169-174.
[84]International Telecommunication. Internet Reports 2005：The Internet of things Thought[R]. Geneva：ITU，2005.
[85]Conti J P. The internet of things [J]. Communications Engineer，2006，4(6)：20-25.
[86]Welbourne E，Battle L，Cole G，et al. Building the internet of things using RFID：The RFID ecosystem experience [J]. Internet Computer，2009，13(3)：48-55.
[87]Wolf W. Cyber-physical systems [J]. Computer，2009，43(2)：88，89.
[88]沈苏彬，范曲立，宗平，等．物联网的体系结构与相关技术研究[J]．南京邮电大学学报，2009，29(6)：1-11.
[89]邬贺铨．物联网的应用与挑战综述[J]．重庆邮电大学学报(自然科学版)，2010，22(5)：526-531.
[90]孙其博，刘杰，黎彝，等．物联网：概念、架构与关键技术研究综述[J]．北京邮电大学学报，2010，33(3)：1-9.
[91]沈苏彬，毛燕琴，范曲立，等．物联网概念模型与体系结构[J]．南京邮电大学学报(自然科学版)，2010，30(4)：1-8.
[92]Atzori L，Iera A，Morabito G. The internet of things：A survey [Z]. Computer Networks，2010
[93]Rolf H W，Romana W. Internet of Things [M]. New York：Springer-verlag，2010.
[94]Cusumano M. Technology strategy and management，the evolution of platform thinking [J]. Communications of the ACM，2010，53(1)：32-34.
[95]Michahelles F，Karpischek S，Schmidt A. What can the internet of things do for the citizen-workshop at pervasive [J]. Pervasive Computing，2010，9(4)：102-104.
[96]Ma H D. Internet of things：Objectives and scientific challenges [J]. Journal of Computer Science and Technology，2011，26(6)：161-183.
[97]周洪波．物联网技术、应用、标准和商业模式[M]．2 版．北京：电子工业出版社，2012.
[98]毛新生．SOA 原理方法实践[M]．北京：电子工业出版社，2007.
[99]王紫瑶，南俊杰，段紫辉．SOA 核心技术及应用[M]．北京：电子工业出版社，2008.
[100]焦烈焱，冯兴智，杨洪波．SOA 中国路线图(实施版)[M]．北京：清华大学出版社，2009.
[101]董颖．知识服务机制研究[D]．北京：中国科学院研究生院，2003.

[102]岳昆,顾小玲,周傲英 . Web 服务核心支撑技术:研究综述[J]. 软件学报,2004,15(3):428-442.
[103]肖素梅 . 中小型制造企业物流管理 ASP 平台模式与实施技术研究[D]. 成都:四川大学,2006.
[104]郑小林 . 基于应用服务提供商(ASP)模式的网络化制造系统若干关键技术研究[D]. 杭州:浙江大学,2004.
[105]王正肖,潘晓弘 . 轻纺区域网络化制造系统的研究[J]. 中国机械工程,2004,15(19):1770-1774.
[106]Greenfield H. Manpower and the Growth of Producer Services[M]. New York: Columbia University Press,1966.
[107]Healey M J,Ilbery B W. Location & Change: Perspective of Economic Geography[M]. London: Oxford University Press,1990.
[108]Howells G. Location,technology and industrial organization in UK services[J]. Progress in Planning,1986,2:83-183.
[109]Hansen N. The strategic role of producer services in regional development[J]. International Regional Science Review,1994,1-2:187-195.
[110]Daniels P W. Service Industries: A Geographical Appraisal[M]. Methuen London,1985.
[111]Coffey W J,Bailly A S. Producer services and flexible production: An exploratory analysis [J]. Growth & Change,2006,22(4):95-117.
[112]Harrington J W. Producer services research in U. S. regional studies[J]. Professional Geographer,1995,47(1):87-96.
[113]Hepworth M. The Geography of the Information Economy [M]. London: Belhaven ,1989.
[114]Goe R, Shanahan J. A gonceptual approach for examining service sector growth in urban economises: Issues and problems in analyzing the service economy[J]. Economic Development,1990,4(1):144-153.
[115]Crawford-Welch S. International marketing and competition in european markets[J]. Inernational Journal of Contemporary Hospitality Management,1991,3(4):47-54.
[116]Hess C M,Kemerer C F. Computerized loan origination systems: An industry case study of the electronic market hypotuesis[J]. MIS Quarterly,1994,18(3):251-275.
[117]Brown S W,Fisk R P,Bitner M J. The development and emergence of services marketing thought[J]. Inernational Journal of Service Industry Management,1994,5(1):21-49.
[118]李江帆 . 中国第三产业发展研究[M]. 北京:人民出版社,2005.
[119]李江帆,毕斗斗 . 国外生产性服务业研究评述[J]. 外国经济与管理,2004,26(11):16-19.
[120]毕斗斗 . 美国生产服务业演变趋势的实证研究[J]. 经济问题探索,2009,(7):127-131.
[121]毕斗斗 . 生产服务业演变趋势研究[D]. 广州:中山大学,2005.

[122]毕斗斗．生产服务业发展研究[M]. 上海:经济科学出版社,2009.

[123]任旺兵．中国制造业发展转型期生产性服务业发展问题[M]. 北京:中国计划出版社,2008.

[124]甄峰,顾朝林,朱传耿．西方生产性服务业研究述评[J]. 南京大学学报:哲社版,2001,38(3):31-38.

[125]吕政,刘勇,王钦．中国生产性服务业发展的战略选择[J]. 中国工业经济,2006,13(8):8-13.

[126]顾乃华,毕斗斗,任旺兵．生产性服务业与制造业互动发展:文献综述[J]. 经济学家,2006,21(6):34-40.

[127]杨春立,于明．生产性服务与制造业价值链变化的分析[J]. 计算机集成制造系统,2008,2006,14(1):153-159.

[128]郑吉昌,夏晴．基于互动的服务业发展与制造业竞争力关系——以浙江先进制造业基地建设为例[J]. 工业工程与管理,2005,10(4):98-103.

[129]唐强荣,徐学军,何自力．生产性服务业与制造业共生发展模型及实证研究[J]. 南开管理评论,2009,23(12):20-26.

[130]庞博慧,郭振．生产性服务业和制造业共生演化模型研究[J]. 经济管理,2006,32(9):28-35.

[131]魏江,周丹．生产性服务业与制造业互动机理研究——以乐清低压电器产业链为例[J]. 科学学研究,2010,32(9):1171-1180.

[132]高峰．全球价值链视角下制造业与服务业的互动[J]. 现代管理科学,2007,12(1):43-45.

[133]Karldo N. Cause of the Slow Rate of Growth of the United Kingdom [M]. London: Cambridge University,1966.

[134]维克托·R. 富克斯．服务经济学[M]. 北京:商务印书馆,1992.

[135]Carson I. The world as a single machine[J]. The Economist,1998,155(1):11-15.

[136]Garcia-MilaT,McGuire T J. A noteon the shift to a service-based economy and the consequencesfor regional growth [J]. Journal of Regional Science,1998,38(2):353-363.

[137]Coyle D. Economics: The weightless economy [J]. Critical Quarterly,1997,39(4):92-98.

[138]Drucker P F. The emerging theory of manufacturing [J]. Harvard Business Review,1990,19(3): 123-145.

[139]Houghton J, Pappas N, Sheehan P. New Manufacturing : One approach to the knowledge economy [C]//The Knowledge Economy and China ' s Development Conference, Shanghai,1999.

[140]Sheeham. Manufacturing industry consultative council[C]// The Conference of Agenda for New Manufacturing,Barcelona, 2000.

[141]Vanderemerwe S,Rada J. Servitization of business: Adding value by adding services[J]. Europe-

an Management Journal,1988,6(4):314-324.

[142]White A L,Stoughton M,Feng L. Servicizing: The Quiet Transition to Extended Product Responsibility [M]. Boston: Tellus Institute ,1999.

[143]Szalavetz A. Tertiarization of manufacturing industry in the new economy: Experiences in Hungarian companies [J]. Hungarian Academy of Sciences Working Papers,2003,31(3):134,135.

[144]Neely A. The performance measurement revolution: Why now and what next [J]. International Journal of Operations & Production Management,1999,19(2):205-228.

[145]Neely A,Mills J,Platts K,et al. Performance measurement system design: Developing and testing a process-based approach[J]. International Journal of Operatians & Production Management,2000,20(10):1119-1145.

[146]Neely A,Ng I ,Roy R. Complex engineering service systems [J]. Journal of Service Management,2014,25(5):54-64.

[147]Ranaweera C,Neely A. Some moderating effects on the service quality-Customer retention link[J]. International Journal of Operations & Production Management, 2003, 23 (2): 230-248.

[148]Wilkinson A,Dainty A,Neely A. Changing times and changing timescales: The servitization of manufacturing [J]. International Journal of Operations & Production Management,2009,29(5):31-43.

[149]Baines T,Lightfoot H,Evans S,et al. State of the art in product-service systems [J]. Journal of Engineering Manufacture,Part B,2007,19(2):1543-1594.

[150]Benedettini O,Neely A. Why do servitized firms fail? A risk-based explanation [J]. International Journal of Operations & Production Management,2015,35(6):946-979.

[151]Porter M E. Competitive Advantage: Creating and Sustaining Superior Performance[M]. New York: Free Press,1985.

[152]Porter M E. Clusters and the new economics of competition[J]. Harvard business review,1998,76(6):77-90.

[153]Porter M E. The Competitive Advantage of Nations: With A New Introduction[M]. New York:Free Press,1998.

[154]刘继国. 制造服务化:概念界定与机理研究[D]. 广州:中山大学,2007.

[155]刘继国. 制造服务化发展趋势研究[M]. 上海:经济科学出版社,2009.

[156]刘继国,李江帆. 国外制造服务化问题研究综述[J]. 经济学家,2007,3:119-126.

[157]蔺雷. 制造企业的服务增强机制研究[D]. 北京:清华大学,2005.

[158]蔺雷,吴贵生. 制造业发展与服务创新机理、模式与战略[M]. 北京:科学出版社,2008.

[159]蔺雷,吴贵生. 制造业的服务增强研究:起源、现状与发展[J]. 科研管理,2006,1:91-99.

[160]鲁桂花,蔺雷,吴贵生. 差别化竞争战略与服务增强的内在机理[J]. 中国工业经济,2005,5:21-27.

[161]蔺雷,吴贵生. 制造企业服务增强差异化机制的实证研究[J]. 管理世界,2007,6:103-113.

[162]蔺雷,吴贵生. 制造企业服务增强的质量弥补:基于资源配置视角的实证研究[J]. 管理科学学报,2009,3:142-154.

[163]蔺雷,吴贵生. 服务延伸产品差异化:服务增强机制探讨[J]. 数量经济技术经济研究,2005,8: 137-147.

[164]顾建新,祁国宁. 知识型制造业:中国制造企业如何赢得知识经济时代的挑战[M]. 北京:国防工业出版社,2000.

[165]柏昊,徐捷. 服务增强在制造业企业产品创新中的作用研究[J]. 华东经济管理,2006,20(10): 28-31.

[166]陈煜,秦俭. 物流企业增值服务模式探讨[J]. 商场现代化,2005,30(24): 37-43.

[167]李伯虎,张霖,王时龙,等. 云制造-面向服务的网络化制造新模式[J]. 计算机集成制造系统,2010,16(1): 1-7,16.

[168]杨海成. 云制造是一种制造服务[J]. 中国制造业信息化,2010,39(6): 22,23.

[169]Charles S S,Paul K W. CyberCut: A world wide web based design-to-fabrication tool[J]. Journal of Manufacturing Systems,1996,23(6):432-442.

[170]Tao L X. Shifting paradigms with the application service provider model [J]. Computer,2001,34(2):32-39.

[171]Fan Y S,Zhao D Z,Zhang L Q,et al. Manufacturing grid: Needs,concept and architecture [J]. Grid and Cooperative Computing,2004,30(2):653-656.

[172]Kidd P T. Agile manufacturing: A strategy for the 21st century [C]// Agile Manufacturing (Digest No. 1995/179),IEE Colloquium on,Coventry: IET,1995,1-6.

[173]William H D,Michael S M. The Virtual Corporation: Structuring and Revitalizing the Corporation for the 21st Century[M]. New York: Harper Business,1993.

[174]范玉顺. 网络化制造的内涵与关键技术问题[J]. 计算机集成制造系统,2003,9(7): 576-582.

[175]齐二石,李天博,刘亮,等. 云制造理论、技术及相关应用研究综述[J]. 工业工程与管理,2015,20(1): 8-14.

[176]Brin S,Page L. The anatomy of a large-scale hyper-textual web search engine [J]. Computer Networks,1998,30(1-7):107-117.

[177]Barroso L A,Dean J,Hölzle U. Web search for a planet: The Google cluster architecture[J]. IEEE Micro,2003,23(2):22-28.

[178]Xiang F,Hu Y F. Cloud manufacturing resource access system based on internet of things

[J]. Applied Mechanics and Materials,2011,10(2):121-126.

[179]张霖,罗永亮,范文慧,等. 云制造及相关先进制造模式分析[J]. 计算机集成制造系统,2011,17(3):458-468.

[180]战德臣,赵曦滨,王顺强,等. 面向制造及管理的集团企业云制造服务平台[J]. 计算机集成制造系统,2011,17(3):487-494.

[181]张太华,何二宝,孙超. 基于知识的云制造的研究现状[J]. 现代机械,2012,20(5): 1-5.

[182]尹超,张云,钟婷. 面向新产品开发的云制造服务资源组合优选模型[J]. 计算机集成制造系统,2012,18(7):1368-1378.

[183]顾新建,黄沈权,陈芨熙,等. 模具行业需求驱动的云制造服务平台[J]. 计算机集成制造系统,2012,18(7):1650-1656.

[184]罗贺,李升,汪永康,等. 云制造环境下服务监管角色的评估与选择[J]. 计算机集成制造系统,2012,18(10):2340-2347.

[185]崔立真,刘士军. 云制造 PaaS 平台中协同过程构建与定制方法[J]. 计算机集成制造系统,2012,18(10):2331-2339.

[186]Xun X. From cloud computing to cloud manufacturing [J]. Robotics and Computer Integrated Manufacturing,2012,28(1):75-86.

[187]Tai D Y,Xu F Y. Cloud Manufacturing Based on Cooperative Concept of SDN [J]. Advanced Materials Research,2012,33(2):482-484.

[188]刘强,王磊,陈新度,等. 云制造服务平台的资源使用及访问控制[J]. 计算机集成制造系统,2013,19(6):1414-1422.

[189]刘卫宁,马刚,刘波. 基于层次化的云制造服务组合研究[J]. 中国机械工程,2013,24(5):1349-1356.

[190]李林,蒋东林. 云计算协同技术背景下产学研创新合作模式研究[J]. 科技进步与对策,2013,15(4):32-35.

[191]Wu D Z,Greer M J,Rosen D W,et al. Cloud manufacturing: Strategic vision and state-of-the-art[J]. Journal of Manufacturing Systems,2013,30(10): 564-579.

[192]Huang B Q,Li C H,Yin C,et al. Cloud manufacturing service platform for small-and medium-sized enterprises [J]. The International Journal of Advanced Manufacturing Technology,2013,25(4):1261-1272.

[193]敬石开,姜浩,许文婷,等. 考虑执行可靠性的云制造服务组合算法[J]. 计算机辅助设计与图形学学报,2014,18(3):392-400.

[194]李伯虎,张霖,任磊,等. 云制造典型特征、关键技术与应用[J]. 计算机集成制造系统,2012,18(7):1345-1356.

[195]李春泉,尚玉玲,胡春杨. 云制造的体系结构及其关键技术研究[J]. 组合机床与自动化加工技术,2011,28(7):104-107.

[196]孟祥旭,刘士军,武蕾,等. 云制造模式与支撑技术[J]. 山东大学学报(工学版),2011,41(5):13-20.

[197]尹超,黄必清,刘飞,等. 中小企业云制造服务平台共性关键技术体系[J]. 计算机集成制造系统,2011,17(3):495-503.

[198]李伯虎,张霖,任磊,等. 再论云制造[J]. 计算机集成制造系统,2011,17(3):449-457.

[199]张霖,罗永亮,陶飞,等. 制造云构建关键技术研究[J]. 计算机集成制造系统,2010,16(11):2510-2520.

[200]李波,张国军,施松新. 支持协作的模具行业云制造平台及关键技术[J]. 计算机集成制造系统,2012,18(7):1604-1612.

[201]尹翰坤,尹超,龚小容,等. 汽摩零部件新产品开发云制造平台总体框架及关键技术[J]. 计算机集成制造系统,2013,19(9):2332-2339.

[202]张映锋,张耿,杨腾,等. 云制造加工设备服务化封装与云端化接入方法[J]. 计算机集成制造系统,2014,20(8): 2029-2037.

[203]姚锡凡,于淼,陈勇,等. 制造物联的内涵、体系结构和关键技术[J]. 计算机集成制造系统,2014,20(1): 1-10.

[204]侯瑞春,丁香乾,陶冶,等. 制造物联及相关技术架构研究[J]. 计算机集成制造系统,2014,20(1): 1-20.

[205]Atzori L,Iera A,Morabito G. The internet of things: A survey [J]. Computer Networks,2010,54(15): 2787-2805.

[206]高杨,李健. 基于物联网技术的再制造闭环供应链信息服务系统研究[J]. 科技进步与对策,2014,31(3):19-25.

[207]Moore J F. Predators and prey: A new ecology of competition [J]. Harvard Business Review,1993,71(3): 75-86.

[208]Peltoniemi M. Business ecosystem as a tool for the conceptualization of the external diversity of an organization [C]//Proceedings of the Complexity,Science and Society Conference,2005.

[209]顾新建,祁国宁,唐任仲. 智慧制造企业——未来工厂的模式[J]. 航空制造技术,2010,20(12): 25-28.

[210]SMLC. Implementing 21st century smart manufacturing report [EB/OL]. https://smart-process-manufacturing.ucla.edu/[2013-03-02].

[211]James T. Smart factories [J]. Engineering and Technology,2012,7(6): 64-67.

[212]Weiser M. The computer for the 21st century [J]. Scientific American,1991,265(3): 94-104.

[213]顾新建,代风,陈芨熙. 智慧制造与智慧城市的关系研究[J]. 计算机集成制造系统,2013,19(5): 1127-1134.

[214]Barack H O. Remarks by the president in state of union address[R]. 2011.
[215]Smart Manufacturing Leadership Coalition (SMLC). Implementing 21st Century Smart Manufacturing[R]. Workshop Report,SMLC and U. S. DOE,2011.
[216]National Economic Council,Council of Economic Advisers and Office of Science and Technology Policy. A Strategy for American innovation: Securing our economic growth and prosperity[R]. 2011.
[217]Executive Office of the President President's Council of Advisors on Science and Technology (PCAST),Report to the President on Ensuring American Leadership in Advanced Manufacturing [R]. 2011.
[218]Executive Office of the President National Science and Technology Council. A National Strategic Plan for Advanced Manufacturing [R]. 2012.
[219]Final report of the Industrie 4.0 Working Group. Securing the future of German manufacturing industry Recommendations for implementing the strategic initiative INDUSTRIE 4.0 [R]. 2013.
[220](德)工业 4.0 工作组. 把握德国制造业的未来:实施"工业 4.0"攻略的建议[R]. 2013.
[221](德)乌尔里希·森德勒,等. 工业 4.0:即将来袭的第四次工业革命[M]. 北京:机械工业出版社,2014.
[222](德)阿尔冯斯·波特霍夫,恩斯特·安德雷亚斯·哈特曼. 工业 4.0(实践版):开启未来工业的新模式、新策略和新思维[M]. 北京:机械工业出版社,2015.
[223]王喜文. 工业 4.0:最后一次工业革命[M]. 北京:电子工业出版社,2015.
[224]Government Office for Science and Department for Business,Innovation & Skills. The future of manufacturing:A new era of opportunity and challenge for the UK(Foresight project looking at the long-term picture for the UK manufacturing sector between now and 2050.) [R]. 2013.
[225]中华人民共和国国务院. 中国制造 2025 [R]. 2015.
[226]中国工信部规划司. 工信部解读《中国制造 2025》[R]. 2015.
[227]王喜文. 中国制造 2025 解读:从工业大国到工业强国[M]. 北京:机械工业出版社,2015.
[228]Shi Y,Gregory M,Naylor M. International manufacturing configuration map: A self-assessment tool of international manufacturing capabilities [J]. Integrated Manufacturing Systems,1997,8(5):273-282.
[229]Shi Y,Gregory M. International manufacturing networks - to develop global competitive capabilities [J]. Journal of Operations Management,1998,16(4):195-214.
[230]Colotla I,Shi Y,Gregory M J. Operation and performance of international manufacturing networks [J]. International Journal of Operations and Production Management,2003,23(10): 1185-1206.

[231]Shi Y. Internationalisation and evolution of manufacturing systems: Classic process models, new industrial issues, and academic challenges [J]. Integrated Manufacturing Systems, 2003,14(4):357-369.

[232]Shi Y,Fleet D,Gregory M. Global manufacturing virtual network (GMVN): A revisiting of the concept after three years fieldwork [J]. Journal of Systems Science and Systems Engineering,2004,4(4): 331-346.

[233]Shi Y,Gregory M. Emergence of global manufacturing virtual network and establishment of new manufacturing infrastructure for faster innovation and firm growth [J]. Production Planning and Control,2005,16(6):621-631.

[234]Liu Q,Shi Y. Grid manufacturing: A new solution for cross-enterprise collaboration [J]. International Journal of Advanced Manufacturing Technology,2008,36(1): 205-212.

[235]Zhai E D,Shi Y,Gregory M J. The growth and capability development of electronics manufacturing service (EMS) companies [J]. International Journal of Production Economics, 2007,107(1):1-19.

[236]Zhang Y F,Gregory M J,Shi Y. Global engineering networks (GEN): Drivers,evolution, configuration,performance and key patters[J]. Journal of Manufacturing Technology Management,2008,19(3):299-314.

[237]Wu X B,Ma R,Shi Y J,et al. Secondary innovation: The path of catch-up with "Made in China" [J]. China Economic Journal,2009,2(1):93-104.

[238]Wu X B,Ma R F,Shi Y J. How do latecomer firms capture value from disruptive technologies? [J]. IEEE Transactions on Engineering Management,2010,57(1):51-62.

[239]Zhu S,Shi Y J. Shanzhai Manufacturing-An alternative innovation phenomenon in China: Its value chain and implications for Chinese science and technology policies [J]. Journal of Science and Technology Policy in China,2010,1(1):29-49.

[240]Pichawadee K,Shi Y J,Gregory M J. Onlogies: Exploring geographical dispersion in Thailand-based food supply chain (FSC) [J]. Benchmarking:An International Journal,2011,18(6):802-833.

[241]Salgado Omar,Shi Y J,et al. Emerging capabilities in manufacturing companies: Taxonomy of multinationals transformation [J]. International Journal of Business and Globalisation, 2012,9(3):275-310.

[242]Rong K,Lin Y,Shi Y J,et al. Linking Business Ecosystem Lifecycle with Platform Strategy: a triple view of technology,application and organisation [J]. International Journal of Technology Management,2013,62(1):75-94.

[243]Zhang Y F,Gregory M J,Shi Y J. Managing global engineering networks Part I:Theoretical foundations and the unique nature of engineering[J]. Journal of Mechanical Design,2014,

228(2)：163-171.

[244]Weiller C, Shang T J, Neely A, et al. Competing and co-existing business models for EV: Lessons from international case studies [J]. International Journal of Automotive Technology and Management, 2014, 15(2)：126-148.

[245]Hu G Y, Rong K, Shi Y J, et al. Sustaining the emerging carbon trading industry development: A business ecosystem approach of carbon traders [J]. Energy Policy, 2014, 73(10)：587-597.

[246]Lu C, Rong K, You J, et al. Business ecosystem and stakeholders' role transformation: Evidence from Chinese emerging electric vehicle industry [J]. Expert Systems with Applications, 2014, 41(10)：4579-4595.

[247]Fleury A, Shi Y J, Fleury M T L, et al. Framing international operations management: Contributions from emerging country multinationals [J]. Advances in International Management, 2015, 28(2)：351-377.

[248]Rong K, Wu J X, Shi Y J, et al. Nurturing business ecosystems for growth in a foreign market: Incubating, identifying and integrating stakeholders [J]. Journal of International Management, 2015, 16(10)：587-597.

[249]Rong K, Hua G Y, Lin Y, et al. Understanding business ecosystem using a 6C framework in Internet-of-Things-based sectors [J]. International Journal of Production Economics, 2015, 159(1)：41-55.

[250]Rong K. Nurturing Business Ecosystems from Firm Perspectives: Lifecycle, Nurturing Process, Construct, Configuration Pattern [D]. Cambridge: University of Cambridge, 2011.

[251]Zhang R. How to Nurturing a Disruptive Innovation under Business Ecosystems [D]. Cambridge: University of Cambridge, 2013.

[252]许亮，王若．谈现代企业商业生态系统的建立[J]．昆明理工大学学报，1998，23(4)：38-41.

[253]范保群．商业生态系统竞争方式及其启示[J]．商业经济与管理，2005，14(11)：3-7.

[254]王兴元．商业生态系统理论及其研究意义[J]．科技进步与对策，2005，19(2)：175-177.

[255]梁运文，谭力文．商业生态系统价值结构、企业角色与战略选择[J]．南开管理评论，2005，8(1)：57-63.

[256]范保群，王毅．战略管理新趋势：基于商业生态系统的竞争战略[J]．商业经济与管理，2006，15(3)：3-10.

[257]田秀华，聂清凯，夏健明，等．商业生态系统视角下企业互动关系模型构建研究[J]．南方经济，2006，23(4)：50-57.

[258]赵湘莲，陈桂英．未来新的商业模式——商业生态系统[J]．经济纵横，2007，26(8)：85-87.

[259]张蓓．构建中国零售业商业生态系统[D]．上海：同济大学，2007.

[260]张文红．商业生态系统健康评价方法研究[J]．管理现代化，2007，153(5)：40-42.

[261]王娜．商业生态系统健康评价体系探讨[J]．价值工程，2007，26(11)：20-22.

[262]杜国柱，舒华英．企业商业生态系统理论研究现状及展望[J]．经济与管理研究，2007，27(7)：75-79.

[263]陆杉，高阳．供应链的协同合作：基于商业生态系统的分析[J]．管理世界，2007，22(5)：160，161.

[264]杜国柱，王博涛．商业生态系统与自然生态系统的比较研究[J]．北京邮电大学学报(社会科学版)，2007，9(5)：34-38.

[265]李东．面向进化特征的商业生态系统分类研究——对33个典型核心企业商业生态实践的聚类分析[J]．中国工业经济，2008，21(11)：119-129.

[266]杜国柱．企业商业生态系统健壮性评估模型研究[D]．北京：北京邮电大学，2008.

[267]肖磊，李仕明．商业生态系统：内涵、结构及行为分析[J]．管理学家：学术版，2009，26(1)：43-49.

[268]钟耕深，崔祯珍．商业生态系统理论及其发展方向[J]．东岳论丛，2009，30(6)：27-33.

[269]宋阳．基于商业生态系统的中小企业成长机制研究[D]．北京：中国矿业大学，2009.

[270]朱跃东，柴欣．商业生态系统理论的应用——基于阿里巴巴的分析[J]．中国商界，2010，26(2)：20-22.

[271]孙连才，王宗军．基于动态能力理论的商业生态系统下企业商业模式指标评价体系[J]．管理世界，2011，26(5)：184，185.

[272]李爱玉．健康商业生态系统的评价量化模型[J]．华北水利水电学院学报，2011，32(1)：139-141.

[273]潘剑英，重鸣．商业生态系统理论模型回顾与研究展望[J]．外国经济与管理，2012，34(9)：51-58.

[274]李强，揭筱纹．基于商业生态系统的企业战略新模型研究[J]．管理学报，2012，9(2)：233-237.

[275]Hannan M T，Freeman J. The population ecology of organizations [J]. American Journal of Sociology，1977，82(5)：929-964.

[276]Moore J F. Predators and prey：A new ecology of competition [J]. Harvard Business Review，1993，71(3)：75-86.

[277]Power M E，Tilman D，Estes J A，et al. Challenges in the quest for keystones[J]. BioScience，1996：609-620.

[278]Moore J F. The Death of Competition：Leadership and Strategy in the Age of Business Ecosystems [M]. Boston：John Wiley & Sons Ltd，1996.

[279]Moore J F. The rise of a corporate form [J]. Washington Quarterly，1998，21(1)：167-181.

[280]Iansiti M,Levien R. Keystones and Dominators-Framing the Operational Dynamics of Business Ecosystem [M]. Boston: Estados Unidos,2002.

[281]Iansiti M,Levien R. The Keystone Advantage: What the New Dynamics of Business Ecosystems Mean for Strategy,Innovation,and Sustainability [M]. Boston: Harvard Business Press,2004.

[282]Peltoniemi M,Vuori E. Business ecosystem as the new approach to complex adaptive business environments[C]//Proceedings of EBusiness Research Forum,2004: 267-281.

[283]Korhonen J,von Malmborg F,Strachan P A,et al. Management and policy aspects of industrial ecology: an emerging research agenda[J]. Business Strategy and the Environment, 2004,13(5): 289-305.

[284]Iansiti M, Levien R. Strategy as ecology [J]. Harvard Business Review, 2004, 82(3): 68-78.

[285]Peltoniemi M,Vuori E,Laihonen H. Business ecosystem as a tool for the conceptualisation of the external diversity of an organisation[C]//Proceedings of the Complexity,Science and Society Conference,Liverpool,2005: 11-14.

[286]den Hartigh E,Tol M,Visscher W. The health measurement of a business ecosystem[C]//Proceedings of the European Network on Chaos and Complexity Research and Management Practice Meeting,2006: 1-39.

[287]Moore J F. Business ecosystems and the view from the firm [J]. The Antitrust Bulletin, 2006,51(1): 31-32.

[288]Peltoniemi M. Preliminary theoretical framework for the study of business ecosystems[J]. Emergence: Complexity & Organization,2006,8(1):10-18.

[289]Garnsey E,Leong Y Y. Combining resource - based and evolutionary theory to explain the genesis of bio-networks[J]. Industry and Innovation,2008,15(6): 669-686.

[290]Kim H,Lee J N,Han J. The role of IT in business ecosystems [J]. Communications of the ACM,2010,53(5): 151-156.

[291]Zhang J,Liang X J. Business ecosystem strategies of mobile network operators in the 3G era: The case of China mobile[J]. Telecommunications Policy,2011,35(2): 156-171.

[292]肖志辉. 移动互联网研究综述[J]. 电信科学,2009,25(10):30-36.

[293]张明华. 基于WLAN的室内定位技术研究[D]. 上海:上海交通大学,2009.

[294]潘晓,郝兴,孟小峰. 基于位置服务中的连续查询隐私保护研究[J]. 计算机研究与发展,2010,47(1):121-129.

[295]王玉祥,乔秀全,李晓峰,等. 上下文感知的移动社交网络服务选择机制研究[J]. 计算机学报,2010,33(11):2126-2135.

[296]罗军舟,吴文甲,杨明. 移动互联网:终端、网络与服务[J]. 计算机学报,2011,34(11):

2029-2051.

[297]周傲英,杨彬,金澈清,马强．基于位置的服务:架构与进展[J]．计算机学报,2011,34(7):1155-1171.

[298]胡爱群,李涛,薛明富．移动网络安全防护技术[J]．中兴通讯技术,2011,17(1):21-26.

[299]朱浩．基于移动互联网环境的网络服务聚合体系架构和实现方法[J]．现代电信科技,2011,41(11):34-38.

[300]胡渭琦．移动互联网的位置管理和多接口合作技术的研究[D]．北京:北京邮电大学,2011.

[301]廖军,王蓓蓓,高一维．移动互联网终端发展研究[J]．移动通信,2012,36(Z1):39-43.

[302]张玉忠,袁立宇,徐雄．个性化推荐在移动互联网业务中的应用[J]．电信科学,2012,28(3):27-31.

[303]张金增,孟小峰．移动 Web 搜索研究[J]．软件学报,2012,23(1):46-64.

[304]石涉．移动互联网络安全认证及安全应用中若干关键技术研究[D]．北京:北京邮电大学,2012.

[305]涂静,田增山,周非．移动互联网安全终端的设计与实现[J]．电子技术应用,2013,39(10):62-64.

[306]田野,王文东．移动互联网中的网络技术[J]．中兴通讯技术,2013,19(10):13-18.

[307]杨勇,邝宇锋,魏骞．移动互联网终端应用开发技术[J]．中兴通讯技术,2013,19(10):19-23.

[308]郭云川,方滨兴,殷丽华,等．一种面向移动计算的机密性与完整性模型[J]．计算机学报,2013,36(7):1424-1433.

[309]赵国锋,赖雯静,徐川,等．移动互联网的业务访问特性[J]．计算机学报,2013,36(7):1388-1398.

[310]胡海洋,李忠金,胡华,等．面向移动社交网络的协作式内容分发机制[J]．计算机学报,2013,36(3):613-625.

[311]李敏,秦志光．移动互联网能力开放平台的层次安全服务模型[J]．电子科技大学学报,2013,33(2):289-294.

[312]杨焕．智能手机移动互联网应用的界面设计研究[D]．武汉:武汉理工大学,2013.

[313]陈锋．面向用户体验的移动互联网资源管理研究[D]．北京:中国科学技术大学,2013.

[314]吴吉义,李文娟,黄剑平,等．移动互联网研究综述[J]．中国科学:信息科学,2015,45(1):45-69.

[315]Yu J,Benatallah B,Casati F,et al. Understanding mashup development[J]. Internet Computing,IEEE,2008,12(5): 44-52.

[316]Shaikh J,Fiedler M,Collange D. Quality of experience from user and network perspectives[J]. Annals of Telecommunications- Annales des télécommunications, 2010, 65 (1- 2):

47-57.

[317]Singh A, Ramakrishnan C R, Smolka S A. A process calculus for mobile ad hoc networks[J]. Science of Computer Programming, 2010, 75(6): 440-469.

[318]Oliver E. A survey of platforms for mobile networks research[J]. ACM Sigmobile Mobile Computing and Communications Review, 2009, 12(4): 56-63.

[319]Tsai F S, Etoh M, Xie X, et al. Introduction to mobile information retrieval[J]. IEEE Intelligent Systems, 2010, (1): 11-15.

[320]Bernaschi M, Cacace F, Davoli A, et al. A CAPWAP-based solution for frequency planning in large scale networks of WiFi Hot-Spots[J]. Computer Communications, 2011, 34(11): 1283-1293.

[321]Min J H, Cha H, Ha R. System-level integrated power management for handheld systems [J]. Microprocessors and Microsystems, 2009, 33(3): 201-210.

[322]Kim T, Lee J, Cha H, et al. An energy - aware transmission mechanism for WiFi - based mobile devices handling upload TCP traffic[J]. International Journal of Communication Systems, 2009, 22(5): 625-640.

[323]Adzic V, Kalva H, Furht B. A survey of multimedia content adaptation for mobile devices [J]. Multimedia Tools and Applications, 2011, 51(1): 379-396.

[324]Yi P, Wu Y, Zou F, et al. A survey on security in wireless mesh networks[J]. IETE Technical Review, 2010, 27(1): 6-14.

[325]Adams B, Phung D, Venkatesh S. Sensing and using social context[J]. ACM Transactions on Multimedia Computing, Communications, and Applications (TOMM), 2008, 5(2): 11.

[326]Coppola P, Della Mea V, Di Gaspero L, et al. The context-aware browser[J]. Intelligent Systems, IEEE, 2010, 25(1): 38-47.

[327]Hu H, Lee D L. Range nearest-neighbor query[J]. IEEE Transactions on Knowledge and Data Engineering, 2006, 18(1): 78-91.

[328]Liu H, Darabi H, Banerjee P, et al. Survey of wireless indoor positioning techniques and systems[J]. IEEE Transactions on Systems, Man, and Cybernetics, Part C: Applications and Reviews, 2007, 37(6): 1067-1080.

[329]Lee J, Rosenberg C, Chong E K P. Energy efficient schedulers in wireless networks: Design and optimization[J]. Mobile Networks and Applications, 2006, 11(3): 377-389.

[330]Al-Surmi I, Othman M, Ali B M. Mobility management for IP-based next generation mobile networks: Review, challenge and perspective[J]. Journal of Network and Computer Applications, 2012, 35(1): 295-315.

[331]Incel O D. A survey on multi-channel communication in wireless sensor networks[J]. Computer Networks, 2011, 55(13): 3081-3099.

[332]Chen Y, Yang Q, Yin J, et al. Power-efficient access-point selection for indoor location estimation[J]. IEEE Transactions on Knowledge and Data Engineering, 2006, 18(7): 877-888.

[333]Gardellin V, Das S K, Lenzini L, et al. G-PaMeLA: A divide-and-conquer approach for joint channel assignment and routing in multi-radio multi-channel wireless mesh networks[J]. Journal of Parallel and Distributed Computing, 2011, 71(3): 381-396.

[334]Wong V W S. Joint logical topology design, interface assignment, channel allocation, and routing for multi-channel wireless mesh networks[J]. IEEE Transactions on Wireless Communications, 2007, 6(12): 4432-4440.

[335]Oliva L, De A, Banchs A, et al. An overview of IEEE 802.21: Media-independent handover services[J]. Wireless Communications, IEEE, 2008, 15(4): 96-103.

[336]Lane N D, Miluzzo E, Lu H, et al. A survey of mobile phone sensing[J]. Communications Magazine, IEEE, 2010, 48(9): 140-150.

[337]Kumar K, Lu Y H. Cloud computing for mobile users: Can offloading computation save energy[J]. Computer, 2010 (4): 51-56.

[338]Yan B, Chen G. AppJoy: Personalized mobile application discovery[C]//Proceedings of the 9th International Conference on Mobile Systems, Applications, and Services, ACM, 2011: 113-126.

[339]Lei Y, Quintero A, Pierre S. Mobile services access and payment through reusable tickets[J]. Computer Communications, 2009, 32(4): 602-610.

[340]Yu J, Benatallah B, Casati F, et al. Understanding mashup development[J]. Internet Computing, IEEE, 2008, 12(5): 44-52.

[341]Darwin C R. On the Origin of Species by Means of Natural Selection, or the Preservation of Favoured Races in the Struggle for Life [M]. London: John Murray Publishing, 1866.

[342]许庆瑞. 技术创新管理[M]. 杭州:浙江大学出版社,1990.

[343](美)约瑟夫·熊彼特. 经济发展理论[M]. 北京:商务印书馆,1990.

[344]汪应洛. 系统工程理论、方法与应用[M]. 北京:高等教育出版社,1992.

[345]McVea W M. KADS: a knowledge aided mechanical design system[C]//Ameriean Soeiety of Mechanical Engineers, Design Engineering Division, The 6th Intemational Conference on Design Theory and Methodology, 1994: 381-382.

[346] Hill T M, Bleakman M, Earl C, et al. Knowledge-based integrated design/cost systems [C]//IEE Conference Publication, 1994: 332-337.

[347]吴晓波. 二次创新的周期与企业组织学习模式[J]. 管理世界,1995,10:168-172.

[348]Dixon J R. Knowledge-based systems for design[J]. Journal of Meehanieal Design, Transactions of the ASME, 1995, 117B: 11-16.

[349]Pahl G, Beitz W. Engineering Design: A Systematic Approach[M]. Berlin: Springer-Verlag,

1996.

[350]赵克勤,宣爱理．集对论——一种新的不确定性理论方法与应用[J]．系统工程,1996,14(1):18-23.

[351]汪应洛,孙林岩,黄映辉．先进制造生产模式与管理的研究[J]．中国机械工程,1997,24:63-73.

[352]汪应洛,李垣,刘益．企业柔性战略——跨世纪战略管理研究与实践的前沿[J]．管理科学学报,1998:22-25.

[353]Chandrasekaran B, Josepheson J, Benjamins V R. Onlogies: What are they? Why do we need them[J]. IEEE Intelligent Systems,1999,14(1):20-26.

[354]Gu P, Sosale S. Product modularization for life cycle engineering[J]. Robotics and Computer Integrated Manufacturing,1999,15(5):387-401.

[355]Barabasi A L, Albert R. Emergence of scaling in random network [J]. Science,1999,286(5): 509-512.

[356]许庆瑞,郭斌,王毅．中国企业技术创新——基于核心能力的组合创新[J]．管理工程学报,2000,14:1-9.

[357]Stone R, Wood K. Development of a functional basis for design its design method and applications [J]. Journal of Mechanical Design,2000,122(4):359-370.

[358]Albert R, Jeong H, Barabasi A L. Attack and error tolerance in complex networks [J]. Nature,2000,406(7): 387-482.

[359]倪义芳,吴晓波．论企业战略管理思想的演变[J]．经济管理,2001,(6):4-11.

[360]Bianconi G, Barabasi A L. Bose-Einstein condensation in complex networks[J]. Physical Review Letters,2001,86 (7): 5632-5635.

[361]Zhang W Y, Tors B, Britton G A, et al. A knowledge-based expert system for finctional design of engineering systems. Engineering with Computers,2001,17(4):339-353.

[362]Choi T Y. Supply networks and coplex adaptive systems: Control versus emergence [J]. Journal of Operations Management,2001,19(3):351-366.

[363]吴晓波,郭雯,刘清华．知识管理模型研究述评[J]．研究与发展管理,2002,14:52-58.

[364]兰红波,丁玉成,洪军,等．基于 Web 的快速模具远程制造服务系统[J]．机械工程学报,2002,38(9):1-7.

[365]邓志鸿,唐世渭．Ontology 研究综述[J]．北京大学学报(自然科学版),2002,38(5):730-738.

[366]Salvador F, For A C, Rungtusanatham M. Modularity, product variety, production volume, and component sourcing: Theorizing beyond generic prescriptions[J]. Journal of Operation Management,2002,20(5):549-575.

[367]青木昌彦,安藤晴彦．模块时代:新产业结构的本质[M]．上海:上海远东出版社,2003.

[368]宗鸣镝,蔡颖,刘旭东．产品模块化设计中的多角度、分级模块划分方法[J]. 北京理工大学学报,2003,23(5):552-556.

[369]潘双夏,高飞,冯培恩．批量客户化生产模式下的模块划分方法研究[J]. 机械工程学报,2003,(7): 1-6.

[370]Lau H,Hui I K,Pun K F. Design and implementation of an integrated knowiedge system [J]. Knowiedge-Based Systems,2003,16(2):69-76.

[371]Goble C,Wroe C,Stevens R. The my grid project: Serviees. architeture anddemonstrator [C]// Proeeedings UK OST e-Science 2nd All Hands Meeting,London,2003.

[372]杨善林,李宏艳．基于协同电子商务的ERP与CRM的整合[J]. 合肥工业大学学报:自然科学版,2004,27:1-4.

[373]郭鸣．基于语义Web本体驱动的产品信息表达[D]. 杭州:浙江大学,2004.

[374]钱辉．生态位、因子互动与企业演化——企业生态位对企业战略影响研究[D]. 杭州:浙江大学,2004.

[375]吴斌．制造企业服务化转型及其影响因素研究[D]. 哈尔滨:哈尔滨工业大学,2004.

[376]侯亮,唐任仲,徐燕申．产品模块化设计理论、技术与应用研究进展[J]. 机械工程学报,2004,40(1):56-60.

[377]Kim K,Tatar D G. Designing knowledge management systems: Reuse and integration of findings in computer supported cooperative work[C]//Proceedings of the IEEE Intemational Conference on information Reuse and Integration,IRI-2004,2004:338-343.

[378]Verma K,Sivashanrnugam K,Sheth A,et al. METEOR-S WSDI: Asealable infrastructure of registries for sematic publication and diseovery of web serviees [J]. Journal of Information Technology and Management,2004,6(1): 17-40.

[379]Zhuge H. Resource spaee model,its design method and applications[J]. Journal of Systems and Software,2004,72(1):71-81.

[380]Wang S W,Tan J R,Zhang S Y,et a1. Case-based product configuration and reuse in masscustomization[J]. Chinese Journal of Mechanical Engineering,2004,17(2): 233-236.

[381]杨善林．智能决策方法与智能决策支持系统[M]. 北京:科学出版社,2005.

[382]李向前．企业价值研究[D]. 长春:吉林大学,2005.

[383]林彦．客户资源价值评价体系及价值挖掘研究[D]. 南京:南京航空航天大学,2005.

[384]Cardoso J,Miller J,Su J,et al. Academic and industrial researeh: Do their APP roaches differ in adding semanties to web serviees? semantie web servies and web proeess composition [C]//Semantic Web Services and Web Process Composition, First Luternational Workshop,San Diego,CA,2004.

[385]马庆国,徐青,廖振鹏,张彩江．基于复杂适应系统的个体知识转移影响因素分析[J]. 科研管理,2006,27:50-54.

[386]马庆国，王小毅．认知神经科学、神经经济学与神经管理学[J]．管理世界，2006，21：139-149.

[387]张晓林．基于价值链的服务企业理论与创新研究[D]．天津：天津大学，2006.

[388]李晓明．企业环境、环境因子互动与企业演化研究[D]．天津：天津大学，2006.

[389]闫栋，祁国宁．大规模软件系统的无标度特性与演化模型[J]．物理学报，2006，55(8)：3799-3084.

[390]赵静，俞鸿，骆建华，等．应用复杂网络理论研究代谢网络的进展[J]．科学通报，2006，51(11)：1241-1247.

[391]Chen H，Wu Z. DartGrid：A semantic infrastructure for building database grid applications [J]. Journal of Concurrency and Computation，2006，18(14)：1811-1828.

[392]Garg A，Deshmukh S G. Maintenance management：Literature review and directions [J]. Journal of Quality in Maintenance Engineering，2006，12(3)：205-238.

[393]许箫迪．高技术产业生态位测度与评价研究[D]．南京：南京航空航天大学，2007.

[394]刘利华．生产性服务企业的集成化发展模式与策略研究[D]．重庆：重庆大学，2007.

[395]杨静，高琳琦．顾客偏好的动态挖掘算法[J]．信息与控制，2007，36(1)：125-128.

[396]高建华．区域竞争生态位研究[D]．郑州：河南大学，2007.

[397]刘夫云，祁国宁．配置产品尺寸参数传递方法及其应用[J]．机械工程学报，2007，43(4)：144-151.

[398]周宏明，薛伟，詹永照，等．面向产品配置的相似度计算模型及实现方法[J]．中国机械工程，2007，18(13)：1531-1535.

[399]Umeda Y，Fukushige S，Tonoike K，et al. Product modularity for life cycle design[J]. CIRP Annals-Manufacturing Technology，2008，57(1)：13-16.

[400]杨善林，朱克毓，付超，等．基于元胞自动机的群决策从众行为仿真[J]．系统工程理论与实践，2009，29：115-124.

[401]范晓屏，马庆国．基于虚拟社区的网络互动对网络购买意向的影响研究[J]．浙江大学学报：人文社会科学版，2009，39(5)：149-157.

[402]葛骅，褚学宁，张在房．产品/维修服务集成设计模型[J]．计算机集成制造系统，2009，15(7)：1262-1269.

[403]BARABÁSI A-L. Scale-free networks：A decade and beyond [J]. Science，2009，325：412，413.

[404]孙莉莉．基于生态位理论的品牌寿命研究[D]．北京：北京工业大学，2010.

[405]谭建荣，顾新建，祁国宁，等．制造企业知识工程理论、方法与工具[M]．北京：科学出版社，2010.

[406]王鹏．云计算的关键技术与应用实例[M]．北京：人民邮电出版社，2010.

[407]王建民，任艮全，张力，等．MRO支持技术研究[J]．计算机集成制造系统，2010，16(10)：

2017-2025.
[408]许庆瑞．研究、发展与技术创新管理[M]．北京：高等教育出版社，2010.
[409]黎英．基于图论的语义 Web 服务聚类方法[J]．计算机工程，2011，37(22)：51-55.
[410]张卫．基于 XaaS 的制造服务链形成与应用研究[D]．杭州：浙江大学，2011.
[411]汤进，陈展展，罗斌，等．基于复杂网络和最优子序列双射的形状描述与匹配[J]．电子学报，2011，39(8)：1757-1765.
[412]杨建梅．复杂网络与社会网络研究范式的比较[J]．系统工程理论与实践，2011，30(11)：2046-2055.
[413]李楠，刘敏，严隽薇．面向钢铁连铸设备维护维修的工业物联网框架[J]．计算机集成制造系统，2011，17(2)：413-418.
[414]马风华．第二产业生产服务研究[M]．北京：经济科学出版社，2011.
[415]李顺喜．企业生态位选择与优化研究[D]．武汉：武汉理工大学，2012.
[416]王琦峰．面向服务的制造执行系统理论与应用[M]．杭州：浙江大学出版社，2012.
[417]安筱鹏．制造业服务化路线图：机理、模式与选择[M]．北京：商务印书馆，2012.
[418]田景红，张卫，王正肖，等．基于元胞自动机的制造服务系统自组织过程[J]．计算机集成制造系统，2013，19(5)：1151-1163.
[419]张春英，郭景峰．集对社会网络 α 关系社区及动态挖掘算法[J]．计算机学报，2013，36(8)：1682-1692.
[420]蔡三发．制造服务化决策．实施与控制[M]．北京：清华大学出版社，2013.
[421]章小初，吴晓波．移动互联网时代的价值创造[M]．北京：科学出版社，2014.
[422]赵立龙．制造企业服务创新战略对竞争优势的影响机制研究[M]．杭州：浙江大学出版社，2015.
[423]张旭梅，但斌，韩小鹏．现代制造服务：理论与实践[M]．北京：科学出版社，2015.
[424]江平宇，张富强，付颖斌．服务型制造执行系统理论与关键技术[M]．北京：科学出版社，2015.
[425]盛步云，张成雷，卢其兵，等．云制造服务平台供需智能匹配的研究与实现[J]．计算机集成制造系统，2015，21(3)：822-830.
[426]杨腾，张映锋，王晋，等．云制造模式下制造服务主动发现与敏捷配置方法[J]．计算机集成制造系统，2015，21(4)：1124-1133.
[427]江平宇，丁凯，冷杰武，等．服务驱动的社群化制造模式研究[J]．计算机集成制造系统，2015，21(6)：1637-1649.
[428]邵新宇，李培根，马卫东，等．CIM 及并行工程中的设备环境建模[J]．华中理工大学学报，1995，22(2)：14-17.
[429]熊有伦．机器人技术基础[M]．武汉：华中理工大学出版社，1996.
[430]周光辉，江平宇，张映峰．基于 Web 的网络化分散制造电子服务操作平台[J]．计算机集

成制造系统,2002,8(4):294-298.

[431]江平宇,陈献国. 基于Web的同步远程协同产品设计的实现[J]. 机械工程学报,2002,38(3):34-38.

[432]周光辉,江平宇. 基于移动Agent的网络化制造资源的封装和集成[J]. 计算机集成制造系统,2002,8(9):728-732.

[433]杨叔子,吴波. 先进制造技术及其发展趋势[J]. 机械工程学报,2003,39(10):73-78.

[434]张旭梅,郭佳荣,张乐乐,等. 现代制造服务的内涵及其运营模式研究[J]. 科技管理研究,2009,29(9):227-229.

[435]郑力,江平宇,乔立红,等. 制造系统研究的挑战和前沿[J]. 机械工程学报,2010,46(21):124-136.

[436]张旭梅,童洁. 风电产业现代制造服务的商务模式研究[J]. 科技进步与对策,2012,29(10):55-59.

[437]张旭梅,韩小鹏,徐广业,等. 产品改进与增值性服务冲突下制造商的选择策略研究[J]. 管理学报,2015,12(1):134-141.

编 后 记

《博士后文库》(以下简称《文库》)是汇集自然科学领域博士后研究人员优秀学术成果的系列丛书。《文库》致力于打造专属于博士后学术创新的旗舰品牌，营造博士后百花齐放的学术氛围，提升博士后优秀成果的学术和社会影响力。

《文库》出版资助工作开展以来，得到了全国博士后管委会办公室、中国博士后科学基金会、中国科学院、科学出版社等有关单位领导的大力支持，众多热心博士后事业的专家学者给予积极的建议，工作人员做了大量艰苦细致的工作。在此，我们一并表示感谢！

《博士后文库》编委会